2013 年度中央财政支持地方高校发展专项资金建设项目"公安学及公安技术学科创新团队"成果

重庆高校物证技术创新团队资助项目成果（合同号：KJTD201301）

 西南政法大学刑事侦查学院公安学学术文库

情态证据研究

蔡艺生　著

群众出版社

·北京·

图书在版编目（CIP）数据

情态证据研究/蔡艺生著. —北京：群众出版社，2014.7
（西南政法大学刑事侦查学院公安学学术文库）
ISBN 978-7-5014-5252-1

Ⅰ.①情… Ⅱ.①蔡… Ⅲ.①证据—中国—文集
Ⅳ.①D925.013.4-53

中国版本图书馆 CIP 数据核字（2014）第 153631 号

情态证据研究

蔡艺生　著

出版发行：群众出版社
地　　址：北京市西城区木樨地南里
邮政编码：100038
经　　销：新华书店
印　　刷：北京市泰锐印刷有限责任公司

版　　次：2014 年 7 月第 1 版
印　　次：2014 年 7 月第 1 次
印　　张：15
开　　本：787 毫米×1092 毫米　1/16
字　　数：257 千字

书　　号：ISBN 978-7-5014-5252-1
定　　价：48.00 元

网　　址：www.qzcbs.com
电子邮箱：qzcbs@sohu.com

营销中心电话：010-83903254
读者服务部电话（门市）：010-83903257
警官读者俱乐部电话（网购、邮购）：010-83903253
公安综合分社电话：010-83901870

目　录

导　言

约五百年前，随着中世纪的结束和新大陆的发现，人类开始相继进入"现代社会"。尤其是近一百多年来，一种新的社会形态成为绝对主流，即把"理性主义"、"人的主体性"和"世界为一客观实在"作为基本生活形态的生存方式，这种理念和方式是前所未有的。[①] 司法作为定分止争的工具，其变革尤为显著。现代司法以理性主义自居，强调客观、具体和可描述化。[②] "客观"，指的是该证据能被第三方重复检验和证实。"具体"，是对证据客观性的一种回应与保障，指的是情势整体表现出了具体的怀疑理由，即整体情况上的评断必须能够得出一种具体的某个人已经在从事某种非法行为的怀疑。"可描述性"，指的是能够用语言文字进行语义描述或记录。从某种意义上讲，其根本就在于可用文字记述，即司法中的证据和行为等都应该能用语言进行描述并书面化，最终才借由文字以考量其是否是具体的或客观的。于是，从侦查阶段开始，就需要各种大量的书面工作，要求将所有侦查过程及所得书面化。起诉和审判更是需要各种各样的文字化，如起诉书、辩护词、法庭记录、判决书、证人证言、鉴定结论和专家证言等。整个诉讼过程都是在用语言或文字描述着所谓的案件实体及程序事实，非语言性的因素都被排除在外。人们用文字从纷繁复杂的现实世界中剥离出了事实的"构成要件"，让整个司法都固定在文字的疆域中，实现了司法的"确定性"。在我国甚至形成了"默读式审判"。罪与非罪的分水岭不在于事实，而在于表述事实的文字，在于控辩双方的"文笔"和"语法"规则。这种对事实的破坏性分析，违背了司法应有的认知规律。司法以一

<hr>

① [英] 迈克尔·波兰尼：《个人知识——迈向后批判哲学》，许泽民译，陈维政校，贵州人民出版社 2000 年版，第 2 页。

② Craig S. Lerner Reasonable Suspicion and Mere Hunches, Vanderbilt Law Review, Vol. 59：2：407，414.

种粗暴的方式矫正着现实世界。

当我们的司法排除非语言因素时，我们就粗暴地把世界截然割裂开来，并抛弃了一个更为真实的世界。语言能够表述的世界只是现实世界当中的一部分而已，我们的大部分行为和意识都不是以将其语言化或文字化为目的的，我们的大部分时间都不是在说话，更不是在记录。

首先，在理论层面上，现代司法存在偏差。

一是语言只是信息交流的方式之一。相对于利用语言进行的信息传递，我们的感官和心理同样也适合通过其他渠道或媒介获取信息。这是一种司法所不能否定的认知规律。在现实生活中，人们也总是通过表情、声音、身体姿态或社会氛围等表达或获得信息。这一系列语言或非语言的表达构成了饱满的现实世界，也是人们认识世界和交流的方式。司法试图以语言文字来评价事实，但是又怎么能用语言的规范来简单评价并否定非语言因素呢？非语言因素自有其存在方式和评价体系。这是对语言和文字提出了过分的要求。在人类的历史长河中，语言文字的出现仅是某一阶段的产物，虽然目前具有优越性，但是也具有局限性，更不代表着其他的交流方式就该被概括性地否定。

二是书面化的事实必然存在信息偏滑。将作为整体的事实进行抽离，"提炼"出法律所需要的要素并予以书面固定，是否能够保持事实的本来面目？文字本来就不是一个封闭的系统，而是具有开放性和多义性。一定存在某些文字无法表达的东西，词语的定义与选择也不完全一致，并且当通过所记录的文字进行再理解时，所蕴含的语境的不一致必然导致解释的失真。现实世界是一个新鲜的"苹果"，而司法的偏差在于只要一个干瘪的"苹果"。后者仍然是完整意义上的苹果吗？

其次，在实践层面上，现代司法存在偏差。现代司法的架构越来越偏向以语言和文字为基础，似乎越能文字化、越能固守文字的界限，越是现代司法。语法规则甚至替代了司法规则，这是极其荒谬的。其实，司法不应该也无法拒绝一个更为广袤的非语言世界。

一是传统司法曾经极大地承认并运用非语言信息。我国封建社会的基本审判方式"五听断狱讼"，就是通过观察"辞、色、气、目、耳"来判断是非曲直的，并将口供或证言称为"情辞"。有"情"有"辞"。西方知情陪审团时期，陪审团都是被告人的邻居或证人等。审判时，陪审团可以通过观察被告人的表情、身体姿势或语言特征等，来确定被告人是否在撒谎、是否有罪。由于陪审团都是被告人的熟人，所以可以轻易而准确地通过被告人的身体反应来确定其是否有罪。在美国殖民地时期，案件以被告人在法庭上的表现和姿态为判决基础，被告人自己的表现——感染力、非作证式的辩论和在法庭上的综合行为表现——将会说服陪审团作出无罪或罪轻的判决。

二是现代司法诸多规则或原则的基础或根源就在于非语言信息的运用。法庭上的非语言信息又称为情态证据。英美学者普遍认为，虽然没有具体规则规范情态证据，但是它（情态证据）一直被视为证据。[①] 情态证据至今仍被（西方）法律认可为判断证人可靠性的重要基础，[②] 在现代司法中起着至关重要的作用。确保审判者能够观察证人作证时情态的机会，为公开审判（开庭审判）提供了历史的和现代的正当性。陪审团制度、当庭作证、对质权、传闻规则和交叉询问等都是以情态证据为基础而确立的。[③] 现代司法体系中，辩诉交易、不起诉、量刑建议、污点证人、弹劾解除陪审员、陪审团裁决、证人能力及可靠性、量刑、保释听证会、证据资格、藐视法庭、人身保护令案件、一审法院在事实认定上的地位和诉讼策略等法律或判例中都认可情态证据的存在和运用。情态证据存在于或附着于司法的诸多方面，甚至起着"让尾巴摇狗"[④] 的效果。

笔者并非否定现代司法，而是在呼吁各界重视一个非语言世界的存在和司法遭受语言文字禁锢的现象。这导致情态证据被我国的司法理论和实践所双重否定，从而否定着饱满的"事实"和司法基本的认知规律。司法的这种偏差，将使得其正当性和合理性遭受严重质疑。因此，必须纠正现代司法在认知规律上的偏差，重新认识情态证据应有的价值与功能。本书以情态证据在我国刑事诉讼中的应用为视角，以情态证据的基本理论、历史沿革和相关法律问题为基本内容，共分四个部分进行论述。

第一部分为情态证据绪论。在本部分，笔者尝试从情态证据的定义入手，阐明情态证据的内涵和外延，并论述其特征，进而阐述其分类和运用现状，最终论证其科学性与合理性。

---

①③A John Henry Wigmore，Evidence § 946（James H.Chadbourn rev.ed.1970）.

②Cal.Evid. Code § 780（a）（West 1999）.

③Olin G.Wellborn Ⅲ，Demeanor，76 Cornell L. Rev.1076（1991）.

④People v.Croft，805 N.E. 2d 1233，1240（Ⅲ.App.2004）.

第二部分为情态证据的历史考察与比较研究。笔者在本部分将首先从情态运用的兴起入手，还原情态信息在世俗和宗教领域的缘起及变革。其次，展示情态证据制度在古代的确立及其发展，尤其是刻画情态证据在陪审制度、传闻证据规则和对质原则等诉讼规则的产生和发展过程中的基础性作用。同时，笔者将阐述情态证据在各个国家或地区的具体运用及其脉络。最后，展示情态证据在现代司法中遭受的限制。

第三部分为情态证据的相关法律问题。笔者试从情态证据的现有实践存在和理论构建中，勾画情态证据的运用原理，并厘清其证据归类和证据效能。在这一系列勾画中，笔者不仅从微观处寻找情态证据的技术存在，更从宏观处寻找其制度性保障和运用。最终，以当下社会思潮和法学思潮为依托，勾画情态证据的应然图景。

第四部分为情态证据与当代中国刑事诉讼。在本部分，笔者尝试阐述我国现行法对情态证据的态度，并分析其原因，而后通过对我国学术及证据制度语境的展示，论证建立情态证据制度的必要性和可行性，并最终提出我国情态证据制度的初步设想。

在理性主义思潮的影响下，人类社会充斥着量化和精密的倾向。司法也当然地以理性自居或以理性为导向。人类架构了控辩审的诉讼构造，创制了越来越多的规则来规范证据的可采性和可靠性，使之更加客观、具体和可描述。19世纪的法庭科学只有显微镜检验和毒物检验，20世纪以来，无数"科学技术"占据了法庭。质疑情态证据的人似乎认为，情态证据已经不合时宜或者完成了历史使命。但是我们不应该忽视一个相对应的问题：司法程序仍然在发展过程当中。司法并不是自始存在，也不是一直如此。相对于精密科学，情态证据相关的心理学研究等虽尚未成熟，但已经体现了某种优越性。情态证据在现代司法体系中的不足是可以理解的，但是现代司法人员应该更精通情态这种"沉默的语言"。[①]

笔者并非否定法治，而只是在提醒：人类认识世界的层次性和局限性；司法发生偏差，将会导致简单化和粗暴化；语言文字在带来便利的同时还存在"文本与文义的悖论"；规则控制给人们带来的满足感和安全感是存在忽视问题和否定发展的可能性的；现代社会下的人类应该对司法进行新的思考，赋予司法新的理解和内涵。

---

① Broadcast Music, Inc. V. Havana Madrid Restaurant Corp., 175 F.2d 77, 80(2d Cir.1949).

或许，最根本的原因正如美国里文森教授所说："我们多大程度上允许陪审团考虑情态证据，取决于我们在案件审判中准备赋予陪审团什么样的角色。如果是有限的角色，则限制陪审团使用情态证据；如果是积极的角色，则可以合理地允许使用。"[1] 而陪审团代表的是社会对政府权力的制约，代表的是社会常识对法律的更新。或许，我们多大程度上认可情态证据，取决于我们准备赋予一审庭审的审判者什么角色、赋予司法什么角色。

---

[1]Laurie L.Levenson, Courtroom Demeanor：The Theater of The Courtroom, Legal Studies Paper, No 2007－30,July 2007.p. 30.

第一章　情态证据绪论

引言

"情态证据"目前在我国处于一种奇怪的境地，即在诸多学者中，没有人专门研究情态证据；在诸多论文和专著中，很少提及情态证据；在法学教材中，没有情态证据的章节；在高校课堂教育中，基本不论及情态证据。似乎理论界在对情态证据进行整体性的忽视。或许是因为情态证据违反了当下我们对证据以及相应的刑事诉讼原则的理解和定义，以至于少有人提及。不过，在我国传统司法中，曾经大量使用情态证据。例如，"五听断狱讼"曾为我国封建社会的基本审判方式。[①] 在我国现代司法实践中，情态证据虽然不为法律所认可，却也起着线索、展示、辅助甚至实质证据的作用。例如，在四川省成都市成华区检察院公诉的一起强奸案件中，公诉人"促成"[②] 了情态证据。最后，该证据得到了法院的采纳。[③]

在国外传统司法中，情态证据也起着至关重要的作用。但是随着证

[①] 杜建录主编：《西夏学》，上海古籍出版社 2010 年版，第 152 页。

[②] 情态证据具有可促成性，即可以在法庭上通过策略设计而激发被告人或证人的情态。详见本章第二部分。

[③] 在女钢琴教师被强奸案中，因被害人证据保留上的重大疏忽，致使犯罪嫌疑人拒不承认是强奸。不过在庭审中，被害人悲伤欲绝地陈述了自己被被告人两次强奸的过程，陈述时泣不成声。而被害人的母亲，在陈述女儿被凌辱后的一些痛苦反应时，也怒骂犯罪嫌疑人毁了自己女儿的一生。面对被害人母女激烈的反应，此后在庭审中的被告人便没再为自己辩护。不但如此，他甚至还主动表示，自己愿意给被害人补偿 2.5 万元精神伤害赔偿费。被害人和被告人两人在庭审中的表情神态，让法官和检察官一目了然。法院审理后认为，虽然被告人在 2009 年 7 月 13 日的 7 小时内对被害人实施两次强奸的行为无直接证据，但因有证人的证词、被害人的伤情证明及鉴定结论相互印证，并参考被告人和被害人二人在庭审中的"情态"表现判定，被告人犯强奸罪的罪名成立，故判处有期徒刑 3 年半。嘉陵：《"情态证据"揭开强暴真相》，载《十堰晚报》2011 年 3 月 28 日第 9 版。

据法等相关法律的发展，现代司法更加强调证据规则和程序规则的标准化，司法认知手段逐渐剥离于社会正常的认知手段，情态证据也逐渐受到限制。不过关于情态证据的实质作用，国外的学术界与实务界从来没有否认过。英美学者普遍认为，虽然没有具体规则规范情态证据，但是它（情态证据）一直被视为证据。① 国外诉讼制度和证据规则等也从来没有彻底地否定情态证据。相反大部分欧美学者认为：基于一个将近三千年前的原则，司法制度将制度性前提深植于司法框架中，即"观察证人情态的机会具有重大的价值"，② 甚至"确保审判者能够观察证人作证时情态的机会，为公开审判（开庭审理）提供了历史的和现代的正当性。陪审团制度、当庭作证、对质权、传闻规则和交叉询问等都是以情态证据为基础而确立的"。③

在本章，笔者试从情态证据的定义入手，阐明情态证据的内涵和外延，并论述其特征，进而阐述其分类和运用现状，最终论证其科学性与合理性。

一、情态证据的定义

什么是情态证据，这是笔者在展开论述前必须予以先行介绍的问题。国内外关于情态证据的定义众说纷纭，但是穷其诸多表述，仍有基本的内涵与外延。

（一）"情态"的词义

情态证据的英文表述为"Demeanor evidence"。美国《Webster 新世界词典》将"Demeanor"定义为证人行为上的迹象、明显的外部表现和身体暗示，"外化的行为、行为方法、表现和态度。"④ 《法律百科辞典》（*Law Encyclopedia*）认为："Demeanor"，是指揭示某人个性的行为，包括举止、神情、仪态、态度、神采、仪容、做派等。情态不在于一个人说了什么，而在于其中蕴含的态度。

西方对"Demeanor"的法律定义具有动态性，先后涵盖了以下外延：证人作证时的声调和语气、回答时的迟疑或迅速、外表、姿势、手

---

① 3A John Henry Wigmore, Evidence § 946(James H.Chadbourn rev.ed.1970).
② Olin G.Wellborn Ⅲ, Demeanor, 76 Cornell L.Rev.1075(1991).
③ Olin G.Wellborn Ⅲ, Demeanor, 76 Cornell L.Rev.1076(1991).
④ Webster's New World Dictionary 375(2nd ed.1984).

势、感情、忍耐、表现、哈欠、眼部动作、隐晦或明显的扫视、耸肩、声音的音高、镇定、尴尬、坦率或轻率的表现等。① 司法实践中，陪审员则认为"Demeanor"是指外在的身体行为，如"眼睛的睁闭、脸颊的颜色和大拇指的摆弄"。② 法官在给陪审团的指示中，则常常以"态度和行为"指代"Demeanor"，以力求将陪审员的注意力集中到"非语言的迹象"中。在缅因州地方法院的一次审判中，法官如此定义情态："考虑证人的证言时，证人口头表述的是一方面，而另一方面是证人的情态证据，即证人是如何作证的，证人在证人席上给人的印象。"③ 最终，美国法律采用了"Demeanor"的一般字义解释"身体的外貌，外在的表现或行为"。④

在国外法学界，学者们对"情态"进行总结归类，将其归为三类："面部表现、声音情况和身体姿态"。⑤

在我国，"情态"的一般内涵与"Demeanor"基本吻合。情态，一意为情状。例如，《韩非子·二柄》："人主欲见，则群臣之情态得其资矣。"陈奇猷《韩非子集释》："情态，谓表见于行为之情状。"二意为神态。例如，清代袁枚《随园诗话补遗》卷四："诗写雏姬情态易，写雏伶情态难。"三意为人情与态度。例如，《初刻拍案惊奇》卷二十："只这两句言语，道尽世人情态。"四意为娇媚的神态。例如，瞿秋白《赤都心史》四十三："'跳舞剧'的题目不适于我们今日的生活：情态的诱媚，英雄气概的短少。"以上都是指代了某种外貌、行为或态度。

综上所述，笔者认为在司法视野下，"情态"的词义指的是：面部、声音或身体等各部分及其整体上的表现。

①Black's Law Dicionary 430(6th ed.1990).Citing Rains v. Rains, 8 a.2d 715,717(1939).

②Chapman v. Troy laundry co.,47 p.2d 1054,1062(1935).

③Kelly A.Preston v.William Tracy，缅因州最高法院判决报告，2008 年 2 月 28 日。

④see Faircloth v.State, 208 so.2d 66,70(1968).

⑤see Paul Ekman & Vallace v.Friesen,The Repertoire of Nonverbal Behavior:Categories,Origins, Usage, and Coding,1 Semiotica 49(1969).

（二）情态证据的定义①

根据国内外司法实践及理论的一般理解，基于情态证据的来源和获取时间的不同，对情态证据有以下两种界定：

1. 狭义的情态证据

它包括以下基本特征：一是情态证据只能来源于被告人或证人的情态。② 其他人的情态则可能因为与案件不具关联性或可能构成的危险大大超过其可能带来的利益而被排除。例如，庭审现场旁听群众的情态，虽然可能反映了群众对案件事实的某些认识而具有相应的价值，但是其不具有必要的关联性和可靠性。二是情态证据的获取时间只能是在庭审的时候（甚至仅限于被告人或证人在证人席上作证的时候）。庭审现场给被告人或证人提供了一个"纯粹"的场合，使得其情态能够妥善地表现，并及时地得到获取和评价。例如，法官当庭观察证人的情态，并及时形成心证等。

因此，狭义的情态证据指的是在庭审时，被告人或证人的面部、声音或身体等各部分及其整体上表现出来的能够证明案件真实情况的材料。③

2. 广义的情态证据

它包括以下基本特征：一是情态证据不仅来源于被告人或证人的情态，还包括其他相关主体。例如，辩护律师的情态，被害人或被告人家属旁听庭审时的情态，或者检察官的情态等。二是情态证据的获取时间还包括庭审之外的时间。例如，警察讯问犯罪嫌疑人时，根据情态感知其是否正在撒谎；警察根据情态信息判断某可疑人员存在犯罪嫌疑，进而对其进行盘查；警察根据驾驶员的情态判断其是否酒驾等。《美国洛杉矶郡警察局警察培训资料》对此有所解释："有罪的人常企图使用一些字眼，意图让人相信他说的都是实话，但是，他的身体和面部表情会

① 任何研究都需要概念，而对于概念的定义往往成为了研究的起点。不过必须重申的是，概念应该具有开放性，即概念应该是一种研究得出的产物，是随着研究的深入而不断被赋予新的内涵和外延的，而非相反，甚至成为研究的桎梏。而且概念必然附着于某个体系内，正是在该体系内概念被赋予了准确的含义。脱离概念所依附的体系而简单理解或套用概念是错误的。在本书的研究中，情态证据的概念也相应地具有开放性和特定性。

② 在此，证人包括被害人、专家证人和一般证人。

③ 我国《刑事诉讼法》对证据的定义是：证明案件真实情况的一切材料。基于定义的统一性，笔者将情态证据定义为某种特定条件下的"材料"。

告诉你什么是真实可信的，什么是虚假的。情态之所以背叛它正在说谎的主人，是因为它们总是产生于意志之外并不由自主地流露出来。"①

因此，广义的情态证据指的是行政执法、侦查及诉讼过程中，相关人的面部、声音或身体等各部分及其整体上表现出来的能够证明真实情况的材料。

3. 情态证据的定义析评

之所以对情态证据有不同的界定，主要在于其生成、固定、提取、保存和使用的不同。

首先是情态证据自身的客观条件限制。情态证据具有瞬时性，即其产生是微妙而稍纵即逝的。同时，对于情态证据的固定、提取和保存也存在诸多现实的困难，容易产生变异和偏滑。因此，情态证据如果没有一个合理的生成环境，同时及时地让审判者进行直接的判断，那么其可靠性就会大打折扣，进而造成其他不合理的危险。

其次是现代诉讼规则的限制。现代诉讼规则普遍强调证据的确定、具体和可描述性，同时还强调不得被强迫自证其罪、沉默权和直接言词原则等。而在新的历史条件下，情态证据更多的是一种"只可意会，不可言传"的材料，并且对情态证据的运用还存在着侵犯犯罪嫌疑人或被告人相关诉讼权利的争议。因此，情态证据与现代司法基本理论存在诸多对立，需要进行相应的限缩。同时，司法实务中，庭审之外的情态证据的运用往往需要先行的"证据转化"。例如，警察根据自身几十年的经验，根据某人的情态判断出该人正在进行某种犯罪。之后，如果该案进入到庭审，则警察必须将该"直觉"进行具体化、客观化和可描述化，以契合现代诉讼规则对证据的要求。而在此过程中，情态证据仅仅成为了某种线索或者成为了一种隐形的存在，并没有进入到司法评价视野中。

因此，基于情态证据的客观条件和现代诉讼规则的限制，情态证据的定义应采狭义说，以契合目前基本的司法认知及其运作，也使之具有相应研究的必要性、可能性和可行性。笔者在本文的论述中，除非特别说明，否则"情态证据"即指"狭义的情态证据"。

---

① 中国刑警学院刑侦系译：《美国洛杉矶郡警察局警察培训资料》，http://10.112.16.54/dvbbs7，2008 年 9 月 6 日。

二、情态证据的特征

要分析情态证据的特征，就不能忽视证据法的整体语境，尤其是其传统和主流思潮。根据现代司法体系的要求，证据必须是客观、具体和可描述的。[①] 简而言之，"客观"指的是该证据能被第三方重复检验和证实。"具体"是对证据客观性的一种回应与保障，它指的是情态整体表现出了具体的怀疑理由，即整体情况上的评断必须能够得出一种具体的某个人已经在从事某种非法行为的怀疑。[②] "可描述性"指的是能够用语言文字进行语义描述或记录。相比之下，情态证据从其产生、传递、编码到判断都具有显著特征，具体如下：

（一）即时性

情态证据的即时性包含两层含义。首先，情态作为生理对心理活动的即时反应，一旦特定心理活动停止，情态随即停止。[③] 因为在庭审中，被告人或证人的心理活动是随着环境的变化而变化的。而且这种下意识的情态反应也会及时地被意识所尽力控制或改变。其次，相当一部分的情态语境也是即时的，不可重复的。例如，庭审中某一时段的整体氛围给予证人的特定感觉等。因此，情态证据往往是稍纵即逝的。正是情态证据的这种特性，使得西方司法体系以此为正当根据之一形成了诸多规则。例如，事实判断必须依赖一审庭审等。[④]

（二）依赖性

依赖性，指的是情态证据的解读高度依赖于情态的语境。因为情态往往是个体在特定环境下潜意识心理活动的反应，而人类对情态的认识和界定远远没有达到用语言文字描述的水平，即情态反应千变万化，没有统一、稳定和清晰的编码或词义。其信息的解读需要法官或陪审团对社会、庭审、被告人（证人）和其他相关人等整体情况进行综合考量。这就使得情态证据具有了某种"整体性"和"模糊性"。例如，陪审员根据证人作证的环境、与他人互动的情态等，整体上感知了证人的"态

---

①"可描述的"指的是可以用语言或文字予以阐述。Craig s. Lerner Reasonable Suspicion and Mere Hunches, Vanderbilt Law Review, vol.59:2:407,414.

②Cavanagh, Francis a: Probable Cause in a World of Pure Imagination: Why The Candyman Warrants Should Not Have Been Golden Tickets to Search. St. John's Law Review, 2006, summer.

③陈麒巍：《情态证据刍论》，载《中国刑事法杂志》2009年第1期。

④笔者将在第二章详细展开论述。

度"。但是如果把该情态信息进行肢解、剥离，则难以从某个情态本身得出可靠而具体的结论。即使对庭审的整体情况进行重现和把握，也仍难以得出准确的结论。正是这种依赖性，以及由此导致的模糊性，使得事后的检验和证实难以找到可靠的对象和依据，并且难以适用"客观"的评判标准。

（三）难以描述性

难以描述性，是指情态证据难以用语言文字进行描述并记录。首先，情态证据往往没有清晰的编码和词义。其实，人类的语言文字还远远不能准确地对世界进行表达。没有一个句子能充分陈述自己的意义。总是有一个先期假设的背景，这一背景由于其不定性而无法分析。没有什么东西是可以被准确地说出来的。[①] 而情态证据恰恰是一种"难以用文字进行简单或有力的描述的思维方式下"得出的事实。[②] 这种思维方式是经验不断积累后"自然掌握的一种能力，这种能力能够发现不正常和可疑现象"。[③] 在情态证据的表达中，其具体的语境难以尽述，其微妙的情态难以细述。恰如我国一句谚语"只可意会，不可言传"。[④]

（四）特殊效力性

特殊效力性指的是情态证据具有较大的证明力。因为"眼见为实"是一种基本的认知，情态证据作为一种当庭的生动形象的表达，无疑具有直接的感官影响力。而且这种情态表达往往是没经过他人加工和解读的，是审判者自己有意无意地观察和判断，拥有审判者概括性或下意识

---

①［英］A. N. 怀特海：《科学与哲学论文集》，伦敦出版社 1948 年版，第 73 页.

②Craig s.Lerner Reasonable Suspicion and Mere Hunches，Vanderbilt Law Review，Vol.59：2：407，411.

③People v. cowman，233 cal. App. 2d 109,117(1963).

④其实，言传本身可能造成对意会的束缚甚至破坏。正如证据本身可能就是对案件事实的一种"肢解"以及由此而导致的"臆测"和"可操作性"。在一部美国电影《三日危情》中，女主角被指控故意谋杀。证据是：当天同事看到她和被害人吵架的证言，同事看到她从案发现场（车库）开车驶出的证言，凶器（消防罐）上有她的指印，她的衣服上有被害人的血迹。虽然她的丈夫一再强调自己的老婆不可能是杀人凶手，并一再上诉。但是法院仍然最终判决有罪。而事实是，女主角和被害人当天发生争吵后就回家了；她在走进车库取车时恰好与刚杀完人而逃出的犯罪嫌疑人身体碰撞，由此而染上了被害人的血迹；她走进车库时并没有看到被害人躺在地上，只是看到了消防罐并随手捡起放到墙角，由此而留下了指纹。最后，她的丈夫不得不采取协助越狱的方式将自己的爱人救出。法律就此实现了所有效果中最坏的一个：鼓励人们的法外行为和街头正义。

的信任。正如美国的约翰·W.斯特龙教授所说："事实裁判者可以从中得出自己的看法的证据具有特殊的效力，而那些包含他人所表述的见解的证据则无此效力。"①"因此，当情态和语言表述发生冲突时，人们更愿意相信情态所传达出的信息。"② 亦即情态相比于语言和文字更容易使人相信。同时，非语言（情态）交流更是表达和感受情感的主要媒介。③ 在情感交流中，超过90%的信息是可以通过情态交流的。④ 正如法国著名社会学家古斯塔夫·勒庞所说："在同理性的永恒斗争中，失败的从来就不是感情。"⑤ 因此，情态证据的特殊效力性还表现在可能激发他人的情绪化反应或概括性认同。这种特殊效力甚至可以激发良知或"更新"法律。⑥

（五）可促成性

可促成性指的是情态证据可以经由一定的设计而被激发出来。就本质而言，情态是一种本能性的应激反应。只要当事人留有心理印记，外界加以适当的压力设计，就可以激发合理的情态，并为周围人所感知和判断。宏观而言，世界各国的司法设计都体现了一定的"促成性"。例如，我国的"坦白从宽，抗拒从严"促成着犯罪嫌疑人的配合，西方的辩诉交易等也是如此。微观而言，个案中也可以经由证据出示或讯问设计等实现"促成"。例如，在成都市成华区2009年公诉的一起强奸案中，公诉人精心准备了大量的问题当庭讯问被告人，并安排被害人突然出现在庭审现场，使得被告人因心虚而展现了浑身颤抖、汗流不止、吞吞吐吐和脸色苍白等情态。最终，该情态被作为证据采纳。西方国家也

①［美］约翰·W.斯特龙主编：《麦考密克论证据》，汤维建等译，中国政法大学出版社2004年版，第436页。

②Laura K.Guerrero&Kory Floyd,Nonverbal Communication in Close Relationships 2-3(2005).

③Laura K.Guerrero&Kory Floyd,Nonverbal Communication in Close Relationships 2-3(2005).

④Edward J.Imvinkelreid, Demeanor Impeachment:Law and Tactics, 9 AM. J. Trial Advoc. 186 (1985).

⑤［法］古斯塔夫·勒庞：《乌合之众——大众心理研究》，冯克利译，中央编译出版社2005年版，第55页。

⑥在贩卖黑奴的罪恶活动中，曾经发生过黑奴在公海上起义的事件。这条船后来漂流到美国，起义的黑人们被指控犯罪而起诉到法庭。当时的美国政府迫于西班牙等国的压力，决意判决黑人被告有罪，并选择了一名"合适"的法官来审判。该法官本来也只是来"走过场"。面对语言不通的被告人，法官当庭感受着他们悲愤的情态。最终，法官被激发了内心的良知，进而顶住所有压力判决黑人被告无罪。

通过交叉询问和对质等激发"令人可疑"的情态，使得情态证据的可促成性得到了淋漓尽致的表现。

三、情态证据的分类

我国古代"五听断狱讼"制度将情态证据分为五类：语言情态证据、脸部情态证据、呼吸情态证据、听觉情态证据和眼睛情态证据（辞、色、气、耳、目）。1969 年，美国 Ekman 和 Friesen 教授提出了情态表现的模型，将各种情态表现分为三类：脸部、身体和声音。同时，根据情态同语言和意识的联系情况，将其具体分为语言性情态（Emblems）、插图性情态（Illustrators）、调节性情态（Regulators）、情感性情态（Affect Displays）和共鸣性情态（Adaptors）。[①] 也有学者认为，可以从情态证据的表达程度入手，将其分为极端性情态证据和一般性情态证据。或者，根据情态产生主体将其分为被告人情态证据、被害人情态证据或证人情态证据等。再或者，根据情态证据的功能，将其分为独立性情态证据和辅助性情态证据等。

笔者认为，情态证据的分类必须契合其特征，同时便于司法理解和运用，尤其应该符合现代证据法理论体系。依据情态的表现部位进行分类的方式忽视了其依赖性和整体性；依情态同语言和意识的联系进行分类的方式过于繁杂，难以把握；依情态表达程度进行分类的方式难以操作；依情态表达主体进行分类的方式过于简单；依情态的证据效能进行分类的方式则忽视了情态证据学规律。综上所述，根据情态证据的特征，结合证据归类和证据效能，可以将其分为语言性情态证据、情感性情态证据和展示性情态证据。

（一）语言性情态证据

语言性情态证据指的是与口头语言有高度的相似性，甚至可以用词汇或句子替代的情态。例如，被告人在法庭上对出庭作证的被害人做出射击的动作和口型，则无疑是在说"你死定了"。或者，法官要求证人指出案发当时所看到的犯罪嫌疑人时，证人明确地看向或指向被告人，则无疑是在说"就是他"。这种情态是有意识的表现，而且往往表现为身体动作。其目的在于进行或阻止信息交流，可以进行直接观察和评

---

①Paul Ekman & Wallace V.Friesen,The Repertoire of Nonverbal Behavior:Categories,Origins,Usage, and Coding,1 Semiotica 49(1969).

论。语言性情态类似于聋哑人手语，获得了清晰的编码和词义，一般不存在解读的困难和多义性。因此可以将其归类为证人证言，而适用相应的证据规则。例如，在 1979 年美国诉 Ball 案中，Ball 被指控抢劫，被害人举证称犯罪嫌疑人有金牙。被告人主张沉默权，并且在整个庭审中双唇紧闭。在结案陈词时，控方称被告人为"闭唇者"（暗示被告人害怕张嘴暴露金牙），并要求陪审团基于该情态裁断被告人罪名成立。[①]上诉法院认为控方对被告人情态的描述是恰当的。在 1972 年美国诉 Williams 案中，Williams 被指控抢劫，被害人举证称犯罪嫌疑人缺门牙。不过，被告人在庭审中一直紧闭嘴唇并拒绝作证。在结案陈词时，控方指出被告人从不张开嘴巴，并要求陪审团从该情态作出不利被告人的推断。最终，法庭支持了控方的评论。[②]

（二）情感性情态证据

情感性情态证据，是指下意识地表现出来的传递情感信息的情态。情感性情态可以对口头语言及其他对象表达重复、质疑、否定或恐惧等情感。例如，被害人在作证中与被告人目光接触时表现出惊恐万分的情态；或者被告人在看到关键证人出现时表现出紧张的情态；或者证人在作证时虽然说出的是肯定的回答，却表现出了迟疑和紧张的情态。情感性情态证据自身往往不具有清晰的意义，而必须结合具体语境进行综合感知和判断。根据情感性情态证据所联系的对象和表现方式的不同，可以将其分为两类：

一是与自我口头语言相联系，主要由脸部表现的情感性情态。这种情态是基于文化、社会阶层和家庭等因素认可的某些特定环境下应有的情感表现。当事人既可能有意释放否定情感情态，也可能完全出于一种下意识的情态反应。在特定情况下，该情态可以抑制和隐藏。例如，在口头表达同意的情况下，却是满脸茫然和否定的情态。但是这种有意的情态反应本身可能暴露出一种情感性情态，从而被他人窥知其内心意图。例如，证人作证时极力想表现一种自信的情态，反而可能导致紧张情态的陆续暴露。同时，这种有意的情态表现如果过于明显，则可能上升为语言性情态。例如，被告人有意表现出无辜且无助的情态，则无疑是想说："我是无辜的。"

---

① 591 S.W.2d 715（Mo.Ct.App.1979）.

② 42 Mich.App.278,201 N.W.2d 286（1972）.

二是与某些刺激相联系的模式化的情感性情态，又称"共鸣性情态"。这种情态是在自我满足、人际交往和使用工具等过程中养成的定型模式下，个体基于类似态度和情感等共鸣而表现出的情态。这些共鸣情态模式的养成类似早期的习惯，主要用于处理感觉、排泄、摄食、修饰、表达，保持基本的人际交往关系，或者完成某些任务。一旦情态模式定型后，个体在遇到某些类似刺激时，会基于态度和情感的共鸣而表现出与该模式相适应的情态，进而为外界窥知其内心信息等。这种情态表现往往是下意识的，难以控制的。① 例如，遇到危险时双手抱胸的防御动作。当被告人在庭审中遇到他感觉到危险的刺激时（如关键证人出现），就可能会做出双手抱胸的动作，从而让裁判者察知其内心信息，或反证该证人的可靠性。

（三）展示性情态证据

展示性证据又称示意性证据，指的是能够向事实裁判者传达相关的第一手感官印象的一切现象。② 在西方的证据理论与实务中，展示性证据本身并没有在案件的审理过程中起作用，它们是为了使其他证据更容易被事实裁判者所理解这一目的而被提出的。③ 展示性情态证据指的是对证言具有解释和说明作用的情态。它本身并不是一种独立的证据，其存在是为让裁判者更准确而全面地理解证言。因为口头语言具有某些不确定性，而"用词语加（情态）示范来解释一个意义，尽力消除这个意义的不确定性残余"。④ 例如，证人在说明某个物品的大小时，辅之以手的比画。根据展示性情态与语言联系情况的不同，又可以将其分为两种：

一是与即时的语言交流节奏交织的展示性情态，又称"插图性情态"。这种情态基于情绪、文化和族群的不同而变化，并与口头语言紧密相连，目的在于展示信息内容或者强调意见，以辅助交流。例如，讲

---

① Paul Ekman & Wallace V. Friesen, The Repertoire of Nonverbal Behavior: Categories, Origins, Usage, and Coding, 1SEMIOTICA 49(1969).

② ［美］约翰·W. 斯特龙主编：《麦考密克论证据》，汤维建等译，中国政法大学出版社2004年版，第435~436页。

③ ［美］约翰·W. 斯特龙主编：《麦考密克论证据》，汤维建等译，中国政法大学出版社2004年版，第438页。

④ ［英］迈克尔·波兰尼：《个人知识——迈向后批判哲学》，许泽民译，陈维政校，贵州人民出版社2000年版，第381页。

到重点时，通过手握拳头向下捶的姿势来增强表达效果。

二是与语言交流的连贯性和转换步调相联系的展示性情态，又称"调节性情态"。这种情态随着交流的角色和目标而变化，以维持和保障交流进行，并不与具体的语言联系。该情态往往是一种非自愿的下意识的表现，因而是很难抑制的。其他观察者可以响应，但是难以直接地评论。例如，点头或眼神的积极接触，以鼓励交流继续（类似与口头语言的"嗯"）。插图性情态与即时的语言交流节奏交织，而调节性情态则是与语言交流的连贯性和转换步调相联系。

四、情态证据的运用现状[①]

在现代社会中，人们普遍具有一种观念："法庭是一个控制下的实验室，在该实验室中，法律得以运行。在这种实验室模式下，律师展示证据，法官进行'质量监督'，然后陪审团得出'试验结果'。在此场域中，那些难以预料的感情和行为是没有存在空间的。因此审判变成了单纯的各方适格证据的组合，包括证人证言、展示性证据和双方协议。证人席外的被告人和律师等的情态，包括法庭内外其他主体的情态都不会影响审判结果。"但是，"任何有经验的出庭律师都知道，审判中这种纯净的空间是不存在的，它只能是一种幻想"。[②] 情态证据至今仍被法律认可为判断证人可靠性的重要基础，[③] 在现代司法中起着至关重要的作用。确保审判者能够观察证人作证时的情态，为公开审判（开庭审判）提供了历史的和现代的正当性。陪审团制度、当庭作证、对质权、传闻规则和交叉询问等都是以情态证据为基础而确立的。[④] 在现代司法体系中，辩诉交易、不起诉、量刑建议、污点证人、弹劾解除陪审员、陪审团裁决、证人能力及可靠性、量刑、保释听证会、证据资格、藐视法庭、人身保护令案件、一审法院在事实认定上的地位和诉讼策略等法律或判例中都认可情态证据的存在和运用。情态证据存在于或附着于司

---

①本部分主要以美国和中国为样本。

②Professor Laurie L.Levenson：Courtroom Demeanor：the Theater of the Courtroom，Legal Studies Paper No.2007-30.p. 2.

③See，e.g.，Cal.Evid. Code § 780(a) (West 1999).

④Wellborn，supra note 13，at 1076.

法的诸多方面，甚至起着"让尾巴摇狗"① 的作用。

在司法程序中，各方都在自觉或自发地使用情态证据。当然，这种使用包括法定意义上的情态证据使用和策略意义上的情态证据使用。前者指的是一种在法律视野中，并为法律所认可的情态证据使用；而后者往往是一种游走于法律空白或灰色地带的情态证据的灵活有效的使用。②

（一）侦查程序中的情态证据运用③

相对于审判阶段对证据资格和可靠性的严苛要求，侦查阶段的证据规则束缚总是相对宽松的。而且审判阶段可以是大量卷宗和书证、物证等的堆砌，但是侦查阶段必须是侦查员与证人、被害人和犯罪嫌疑人等的"面对面"交流。因此在各种面对面的博弈中，侦查员最能感受到"情态"的可贵，深知情态所表达的含义——情态不仅可以透露对方的内心，更可以据以辨别对方言语的真伪。在各种查缉活动中，侦查员对稍纵即逝的情态的把握甚至影响着相关人的生命和财产安全。当侦查员愈加精于某些业务时，愈能形成对情态的把握与运用。例如，在讯问中对情态的观察和利用等。不过，这种精通和对情态的运用却难以适应现代司法，而必须进行相应的"证据转化"。因为情态难以具体地言说和记录。"我们所知道的比所能说的要多。而且，当我们更专业于某项任务时，我们的知识就变得更加不可言喻和描述。"④ 不过，这些都不影响情态在侦查阶段的大量运用。理由如下：

一是各国法律对侦查自由裁量权的高度许容与尊重。相对于起诉和审判，侦查具有更多的动态性。这种动态性决定了不可能为侦查设置僵化的规则，相反，必须为其预留相当的自由裁量空间。因此世界各个国家和地区的法律都赋予了警察相应的灵活应变的权力。例如，法律对各

---

① "让尾巴摇狗"是美国法律界的一句谚语，表示"细微的要素"可以改变"整个审判结果"。例如，警察在庭审时作证如果使用了"这是我的直觉或第六感"等类似用语，就会导致整个案件的败诉。See People v.Croft, 805 N.E. 2d 1233,1240(Ⅲ.App.2004)。当然，笔者以情态证据为"尾巴"是基于当下整体语境下的比喻，而非认为情态证据就只能是"尾巴"。

② 基于我国现行法律对情态证据秉持基本的否定态度，对情态证据运用现状的考察将以国外司法实践为主。

③ 为了论述的完整性，在此，情态证据指的是广义上的情态证据。

④ Craig S.Lerner Reasonable Suspicion and Mere Hunches, Vanderbilt Law Review, Vol.59：2：407,411.

种侦查策略的允许。英国《1984年警察与刑事证据法》并没有明文禁止以欺骗、威胁和引诱的策略手段讯问犯罪嫌疑人。这当然就包括了对被讯问或询问对象情态的使用和利用情态实施相应策略。例如，通过犯罪嫌疑人冒冷汗的情态发现讯问已经触及了关键环节，进而加大该环节的讯问力度。或者对警察临场自由裁量权的认可。例如，警察可以通过街上某个人"形迹可疑"的情态表现而决定上前盘查。警察执法手册或规范甚至有相关的指导。如《美国洛杉矶郡警察局警察培训资料》写道："有罪的人常企图使用一些字眼，意图让人相信他说的都是实话，但是，他的身体和面部表情会告诉你什么是真实可信的，什么是虚假的。情态之所以背叛它正在说谎的主人，是因为它们总是产生于意志之外并不由自主地流露出来。"①

二是侦查惩戒和司法审查的紧迫性迥异。普遍认为，侦查阶段是最容易不当侵犯人权的阶段，因此应该加大对侦查权的监督与制约。其中，以非法证据排除规则最为著名。通说认为，通过排除非法证据可以消除警察非法取证的利益驱动，进而防止警察未来的违法行为。据此，似乎侦查阶段的相关主体也必然如审判阶段般恪守证据规则，包括其中对情态证据的限制乃至否定内容。然而，事实并非如此。首先，并非所有的案件都会进入到审判阶段。有的案件可能在侦查阶段就被撤销，或者在审查起诉阶段就被不起诉等。其次，在案件最终进入审判阶段时，侦查早已终结。而且在司法实践中，非法证据排除问题很少被提起。况且还存在大量可以"回旋"的可能，如补正、解释或证据转化等。于是，破案压力往往大于许久之后才可能遇到的证据排除压力。因为看上去关注警察个体违法行为的非法证据排除规则，并没有考虑到警察是在警察机构对自己工作的期待、自身接受的机构培训（不论是正式的还是非正式的）以及对惩罚违法行为的机构纪律的恐惧中完成工作的。这些机构的奖惩措施对他而言要比将他违法所得的证据排除的威胁重要得多。② 而且侦查惩戒针对的是具体的行为人，具有现实性和持续性，而证据排除后果的最大承受者则是被害人或社会，并非侦查员本人。在这

---

① 参见中国刑警学院刑侦系译：《美国洛杉矶郡警察局警察培训资料》，http：//10. 112. 16. 54/dvbbs7，2008年9月6日。

② ［美］约翰·卡普兰：《非法证据排除规则的限度》，陈虎译，载《刑事法评论》第22卷，北京大学出版社2008年版，第13页。

种情况下，侦查员不可能弃大量的情态信息不用。毕竟，对情态信息的运用是一种常识性的认知手段。①

综上所述，侦查阶段对情态信息的运用不仅有其必要性和可能性，尤其具有现实性。同时，普遍认为我国司法实质上是"侦查中心主义"，即强调犯罪控制和公检法三机关的相互配合，赋予公安机关较大的权力。可见情态证据在我国司法实践中具有实质作用。

（二）起诉程序中的情态证据运用

在世界各国的司法体系中，检察官都拥有相当大的权力。在各种权力的行使过程当中，部分权力不需要经过审判的严格检验，其行使具有相应的自由度。

在英美法系和大陆法系，法律赋予了检察官相当大的自由裁量权，包括"免予起诉、辩诉交易和量刑建议"等。② 这些实质上是法律允许并认可了检察官的一种能力，即分辨犯罪嫌疑人是真心悔过还是纯粹为了利益而假装忏悔。例如，在美国，合作证人成为刑事诉讼程序的一个关键特征。如果检察官相信犯罪嫌疑人提供了真实的信息，并且相信该人能在接下来的审判中协助指控犯罪的话，检察官就可以给其提供一个部分或全部罪行的辩诉交易的机会，并签订书面的合作协议。在合作证人接受审判时，检察官会依照《美国量刑指导手册》向法官提交量刑建议书。③ 量刑建议书列明合作证人对案件的实质帮助，包括参与了何种秘密侦查、庭上作证和其他协助等，甚至检察官可以为合作的犯罪嫌疑人提供全部的豁免权。而检察官的这些自由裁量权的基础就在于对犯罪嫌疑人可靠性的判断。此时的可靠性判断没有了证据规则的严格束缚，检察官可以相对自由地依据自己多年的诉讼经验或专业能力进行判断，其中就包括对情态证据的使用。而且美国绝大多数检察官都充分相信认罪程序。④ 辩诉交易也已经取代正式审判成为美国处理刑事案件的主要程序，国内学者一般认为美国辩诉交易的适用比例在90%以上。据估计，目前德国20%到30%的刑事案件都进行过协商，社会普遍认为

---

①详见本章第五部分论述。

②Stephanos Bibas&Richard A.Bierschbach,Integrating Remorse And Apology Into Criminal Procedure,114 YALE L.J.85,94(2005).

③See U.S.Sentencing Guidelines Manual § 5K 1.1(2007).

④See Ellen Yaroshefsky,Cooperation with Federal Prosecutors:Experiences of Truth Telling and Embellishment,68 FORDHAM L.REV.917,932(1999).

未来这种协商性司法的适用数量还会继续增加。① 我国虽然没有辩诉交易和协商性司法，但是仍然存在法定不起诉、酌定不起诉和证据不足不起诉，仍然存在检察官的某些自由裁量权的空间。可见情态证据在国内外起诉程序中发挥着显著作用。

（三）审前程序中的情态证据运用

国外审前程序的存在与发展，与其陪审团制度息息相关。审前程序一般包括两类：一是"罪状认否程序"，二是"挑选陪审员程序"。这两个程序都需要运用情态证据。

1. 罪状认否程序中的情态证据运用

罪状认否程序中，被告人可以做出三种答辩：有罪答辩、无罪答辩和不予争辩。如果是无罪答辩，则法庭进入审判程序。但是如果被告人答辩有罪或不予争辩，法庭将直接确认被告人的罪行，省略之后的定罪程序，直接进入量刑程序。法庭必须在公开的法庭上向被告人本人告知案件性质、量刑、权利和后果等事项，并且审查被告人的答辩是自愿而非暴力、威胁或偏离辩诉交易的许诺的结果。法庭也应当调查被告人的有罪答辩或不予争辩是否是控方律师与被告人或其辩护人协商的结果（即辩诉交易的结果）。法庭还必须对满足该答辩的事实基础进行调查。②

但是这一系列的审查并不包含对证据的严格质证与认证，其可供印证的最主要依据就是被告人或相关人的情态证据。正如西方学者所说，三千年来的司法体系都坚信一个前提预设"观察证人情态的机会具有重大价值"。③ 亦如龙宗智教授所说："在一种真假难辨的情况下进行对质，事实判断者（侦查人员、法官或陪审团）根据对质陈述中的矛盾与不合情理，根据对质一方陈述人的言语神态，如不敢正视被告、目光闪烁不定、言词含糊矛盾等情况，根据对质过程中双方语言和神情的比较等，可以判断有关陈述的真伪。"④ 因此法官在罪状认否程序中通过控辩双方当庭的情态，可对其证言等进行识别，并作出判断。这不仅是

---

① ［德］约阿希姆·赫尔曼：《国外刑事法制协商性司法——德国刑事程序中的辩诉交易》，程雷译，载《中国刑事法杂志》2004 年第 2 期。

② 李昌盛：《有罪答辩的文化基础》，载《人民法院报》2005 年 6 月 17 日。

③ Olin G.Wellborn Ⅲ, Demeanor, 76 Cornell L. REV.1075(1991).

④ 龙宗智：《论刑事对质制度及其改革完善》，载《法学》2008 年第 5 期。

一种"证据"匮乏下的无奈，更是法官长久以来经验积累和智慧结晶所形成的一种专业能力的必然表现。可见情态证据在罪状认否程序中起到了关键作用。

2. 陪审团选择程序中的情态证据运用

陪审团候选人在组成正式的陪审团成员及其候补陪审员之前，都必须经过法官和控辩双方的严格筛选，以剔除那些因环境和经历造成的有心理倾向的陪审团候选人，避免造成不公正判断。陪审团候选人必须获得控辩双方的一致认可，才可以入选陪审团。具体程序是：先由法官向候选陪审员询问常规性、普遍性的问题。然后由检察官和律师提问，具体可能问到种族、职业、家庭情况、个人经历、曾经是否是某类案件的被害人等案外问题。通过提问和回答，实际上控辩双方对陪审员候选人已经做了一个心理测试，对于他对本案的态度有了了解，在此基础上再向法官提出某陪审员可能不能公正裁判的理由，法官同意后将其排除。但是控辩双方都有 8 个"无因排除"权利，即不需要向法官说明理由，只是凭感觉排除其中的一些人。而这种排除不管是"有因"抑或"无因"，显然都是检察官和辩方律师根据多年的经验，从语言和非语言迹象（情态）进行推断，排除那些可能对己方不利的候选人。特别是进行无因排除时，检察官可以仅仅根据"感觉"。① 根据近十年来的判例，检察官可以诸如"发型"②、"肢体语言"③、"不合时宜的首饰"④、"年轻"⑤ 和"心智问题"⑥ 等原因来证明自己的无因排除并非基于种族歧

---

①当然，这种排除不能事实上基于某种偏见，如通过"无因排除"剔除有色人种、少数族裔或女性等。这是美国宪法给陪审团候选人提供的平等保护。如果出现上述情况，辩护律师可以以控方侵犯了平等保护规则而主张"Batson 反对"，只要辩方的反对符合表面证据标准，证明责任就转移到了控方，最终由法官作出最后裁定（反之亦可）。

②因为陪审员候选人染了紫红色的头发而主张无因排除。See State v. Jones, 729 So.2d 57, 61 (La.Ct.App.1999).

③因为陪审员候选人的肢体语言表现出了他为辩方律师所吸引，而主张无因排除。See State v. Brown, No.19236, 2003 WL 21210456, at 5 (Ohio Ct.App.May 23, 2003).

④因为陪审员候选人佩戴黄金首饰却身穿 T 恤，而主张该着装显示其某方面缺陷因此需要无因排除。See State v. Banks, 694 So.2d 401, 408, (La.Ct.App.1997).

⑤因为陪审员候选人太年轻且同时佩戴黄金镶钻耳环而主张无因排除。See State v. Perrilloux, 864 So.2d 843, 849-850 (La.Ct.App.2003).

⑥因为陪审员候选人在问卷中填写的兴趣是吃、染发和观看欧普拉的电视节目，检察官认为其心智不成熟而主张无因排除。See State v. Herring, 762 N.E.2d 940, 953 (Ohio 2002).

视或性别歧视。这些理由获得了法官的认可。而法官的认可必须基于自己对情态证据和陪审团候选人对问题的回答以得出的公正而可靠的结论。[1]

O'Connor 法官在 J. E. B. 诉 Alabama ex rel. T. B. 案中为"无因排除"辩护道：陪审团选择过程没有主张的理由、质询和法庭的控制。实质上，某些排除理由是无法阐明的，因为辩护律师（检察官）对陪审员候选人心理的判断往往是基于经验感觉和专业猜测，这些感觉和猜测都来自于陪审员候选人在宣誓过程中的反应或者该候选人的形象或姿态。并非所有的合理怀疑都可以用文字阐述。非语言线索可能比语言回应更能揭示陪审员候选人的倾向。[2] 由此可见，情态证据在陪审团选择程序中起着关键作用。

（四）庭审程序中的情态证据运用

事实上，审判并不严格遵循立法者的所有规范，也绝不会严格按照学者的想象进行。审判自有其运行规律，并受到诸多显性或隐性要素的影响。社会生活中，人们通过别人的表现来判断一个人，在法庭上也是如此。[3] 控辩双方都会在庭审中尽可能利用一切方法来"说服"陪审团或法官。这就包括对情态证据隐形的使用或者直接评价被告人的情态等。在某些深入分析的刑事审判中，陪审团根据被告人的法庭情态来断定他的诚意和罪过。被告人给陪审团的印象能够对审判结果产生巨大的影响。[4] 这种情态证据的使用，一方面可能是为了对陪审团或法官起潜移默化的作用，另一方面也可能是为了更好地证明被告人的主观动机或佐证证人证言等。

1. 庭审程序中情态证据的运用范围

虽然就狭义的情态证据而言，其范围仅限于庭审中被告人或证人的情态，甚至仅限于证人席上证人的情态。不过，为了司法公正，基于客观规律和价值选择，各国司法都赋予了法官各种权力以及相伴随的自由裁量权，以确保诉讼功能和价值的实现。所以，"法官（陪审团）基于

---

①Rosales Lopez V. United States,451 U.S.182,188(1981).

②J.E.B.v.Alabama ex rel.T.B.,511 U.S.127(1994).

③David L.Wiley,Beauty and the Beast:Physical Appearance Discrimination in American Criminal Trials,27 ST.MARY'S L.J.193,211−12(1995).

④William T.Pizzi,Irene V. Blair &Charles M.Judd,Discrimination in Sentencing on the Basis of Afrocentric Features,10 Mich.J.Race & law 327(2005).

他们的经验，他们对案件的‘感觉’和证人的情态来决定诉讼中哪一方占优势。司法体系的前提是法官（陪审团）观察并评估证人，享有必须得到尊重的事实发现的特权”。① 特别是在刑事诉讼中，要解决的并不是简单的"谁干的"的问题，还包括道德价值判断，即该被告人是否应该被处罚，或者处罚该被告人是否实现了社会利益。为了回答这些问题，必须让审判者越过证人席，观察庭审乃至社会。这正是陪审团的价值和功能所在。陪审团不应该感觉被强制去作出某个特定的决定。② 而是使用他们所有的感官，包括他们的直觉来作出决定。③ 陪审团往往会忘记大部分的庭审内容，却能够记住整体的印象和态度，这是他们作决定的基础。④ 而且陪审团判决不需要说明理由。因此，法官和陪审团存在考量各方情态的可能和现实（尤其是在死刑案件中，陪审团被允许考虑被告人的所有方面，包括其性格，以决定适用何种刑罚⑤），这不仅是合理的，也是合法的。

为此，控辩双方当然不可能忽视情态的运用。虽然各国学者都主张检察官具有客观的义务，但是在司法实践中，检察官也具有胜诉的要求。特别是在对抗式诉讼制度下，检察官更是力求胜诉。在种种因素的作用下，检察官自然不可能抛开客观存在并具有特殊效力的情态证据。同时，律师的一个重要任务甚至主要任务是胜诉。因此，律师采用各种诉讼策略以争取胜诉的事实是广泛存在的，其诉讼策略就包括对情态的运用。⑥ 美国学界认为：律师拥有进攻性的性格是其宪法性权利。对于每个执业律师而言，他们很乐意越过善意辩护和攻击性辩护之间的界限。他们都乐于使用各种诉讼策略去说服陪审团或法官，甚至是使用不

---

①Craig S.Lerner Reasonable Suspicion and Mere Hunches, Vanderbilt Law Review, Vol.59:2: 407,413.

②Musladin,127 S.Ct.at 656.

③Robert K.Bothwell&Mehri Jalil,The Credibility of Nervous Witnesses,7 J.SOC.Behav.& Personality 581(1992).

④Janice Schuetz & Kathryn Snedaker, Communication and Litigation: Case Studies of Famous Trials 217 (1988).

⑤因此，如果陪审团在死刑案件中考虑被告人在法庭上的情态或反应，则是正常的。Scott E. Sundby, The Capital Jury and Absolution:The Intersection of Trial Strategy, Remose, and the Death Penalty,83 CORNELL L. REV.1557,1561-66(1998).

⑥Victor Gold, Covert Advocacy:Reflections on the Use of Psychological Persuasion Techniques in the Courtroom, 65 N.C.L.REV. 484-485(1987).

合理的情态等心理策略。① 20 世纪初，美国就有评论家主张律师必须自觉掌握关于情态的社会科学研究。② 关于情态证据重要性的大量有针对性的研究也从那个时候开始流行起来。控辩双方运用情态证据的目的和手段是基本一致的，即通过种种方式支持本方主张并弹劾对方。而控辩双方都必须知道的是，在张嘴说话之前，诉讼就已经开始了。辩护的关键不仅在于说什么，还在于怎么说。③ 当然，律师对情态证据的使用相对更具有自由度。

因此，庭审程序中情态证据的运用范围如下：

（1）被告人或证人的情态。被告人无疑是庭审的焦点和核心。诉讼是为了解决被告的责任和处罚问题，不管是从实体上抑或程序上，被告都是全案的焦点。因此陪审团很难不去关注被告人。陪审团观察被告人的每一个动作，严肃地评估那迅速的一瞥、一闪而过的议论等一般人觉得无足轻重的细节。④ 例如，被告人在看到对方证人出现时的慌张或沮丧，或者通过口型或动作等威胁证人或对方律师，或者用求助的眼神望向自己的律师或旁听席上的亲人等。这些情态毫无疑问都是具有相当的价值的。这种情态证据的运用范围并不限于证人席，还包括被告席。因为在评价证人可靠性或被告人的恶意等方面，世界上没有也不可能有详细的规则或方法。在短暂的庭审中，要判断证人是否可靠，被告人是否有罪或悔过，都是一项困难的任务。同时，陪审团又被要求用自然的和习得的智慧和经验，而非对法律和证据法的理解来判断。因此，陪审团必然有意无意地利用庭上（乃至庭下）一切可能有用的信息来判断。无数实证研究表明，陪审团在决定过程中，确实考虑到了法庭上的所有行为，而不仅仅是证人席上的证人证言。大多数时候，法庭相信陪审团能够通过评估这些"非证据"（情态证据等），并合理地使用这些"非

①See generally Brian E. Mitchell, An Attorney's Constitutional Right to have an Offensive Personality United States v. Wunsch and Section 6068(F) of the California Business and Professions Code, 31 U.S.F.L.REV.703,703(1997).

②See e.g., Rolla R.Longenecker. Some Hints on The Trial of A Lawsuit 68(1982).

③See Stephen H. Peskin, Non - Verbal Communication in the Courtroom, 3 RTIAL DIPL. J. 8 (1980).

④Hazel Thornton, Hung Jury: The Diary of A Menendez Juror 47(1995).

证据"来作出决定。①

而证人（包括专家证人）证言的可靠性判断也需要依赖于对相附随的情态证据的考量。陈述本身所具有的"力量"可以影响陪审团（法官）关于陈述者可靠性的判断。而陈述者的情态表明其所处的社会地位和身份也可以影响对其可靠性的判断。② 在某些专家证人作证时，或者对某些难以理解的证据质证时，法官或陪审团可能无法从逻辑上理解其含义，但是可以从证人的情态上感受到证人是否确信抑或心虚，从而感知证据内容。虽然逻辑（专业）会有鸿沟，但是人类的感情以及稳定范围内的情态却是没有鸿沟的。

（2）检察官或律师的情态。法庭不能将庭上律师的提问和辩论视为证据，因为他们并不是证人。③ 美国宪法第五修正案正当程序条款规定，除非基于审判中（证人席上）提出的证据（其他法庭中发生的事实都不具有可采性），任何人不得被定罪。④ 不过，他们的情态仍旧会影响法官或陪审团的判决或裁定。因为"交流只有在一个人对另一个人具有格外强的信心的时候，即徒弟对师傅、学生对教师、广大听众对杰出的演讲者或著名的作者有信心的时候才能被接受"。⑤ 法官或陪审团可能无法感知案件的真实全貌，但是会有意无意地从检察官或律师的言词中感知他们对所主张事实和法律的确信情况和真实态度，进而影响判决。例如，在古希腊和古罗马的历史上，律师最开始都是由演说家担任的。公开场合演说的能力使他们在社会中拥有影响力。他们的演说能力也成了他们成为律师的主要原因，因为他们有能力代替他们的当事人进行更好的辩论。⑥ 所以，检察官或律师具有通过情态影响审判者心证的可能与条件，他们应该在法庭上表现出自信而又平易近人的情态，让法官和陪审团对其产生好感和信任感。

---

①Professor Laurie L. Levenson: "Courtroom Demeanor: the Theater of the Courtroom", Legal Studies Paper No.2007-30.p. 7.

②Victor Gold, Covert Advocacy: Reflections on the Use of Psychological Persuasion Techniques in the Courtroom, 65 N.C.L.REV. 484(1987).

③See Caljic 1.02. 3 Federal Jury Practic & Instructions § 103.01(5th ed.).

④See Schuler,813 F.2d at 981-982.

⑤[英] 迈克尔·波兰尼：《个人知识——迈向后批判哲学》，许泽民译，陈维政校，贵州人民出版社2000年版，第319页。

⑥Stephen H.Peskin,Non-Verbal Communication in the Courtroom, 3 RTIAL DIPL.J.8(1980).

（3）法官及旁听人员的情态。法庭是人与人相互影响的地方，这种影响不仅包括陪审团和证人或被告人之间的影响，还包括陪审团和法官、律师、检察官、旁听者和陪审员之间的影响等。这种影响既通过语言进行，也通过情态等非语言的方式进行。这些影响都或多或少地决定审判及量刑结果。当陪审团进入法庭时，他们知道两个事实：一是审判是一件严肃的事情，二是法官必须被相信和遵循。因为在陪审团看来，控辩双方、专家证人和一般证人等在法庭上的目的就是胜诉，而法官则是公正无私的。因此，法官拥有对陪审团的概括性的信任，其在审判中的情态很容易影响陪审团的决定。控辩双方对法官的情态表现很自然地会被陪审团进行相应的"解读"。法学学者、实务人员和社会学家都认为，审判法官的语言和非语言行为可能对审判程序和结果有重要影响。[1] 所以，法官不仅应该公正和无私，还应该满足公正的"表现"。[2]在刑事审判中，绝不能让陪审团因法官的"表现"和行为而觉得被告人是有罪的。[3]

与此同时，旁听者也往往会被陪审团认为是较为中立的人，他们的情态反应对法官或陪审团具有某些"借鉴"意义。而且支持控辩某一方的旁听者的某些情态表现，也会加深法官或陪审团的某些有意无意的印象。

2. 庭审程序中情态证据的运用方式

庭审程序中情态证据的运用方式包括直接评论和间接暗示两种。前者是法定意义上的使用，后者则更多的是一种策略式的使用。

（1）对情态证据的直接评论。对情态证据的直接评论指的是控辩双方就某个情态证据进行明示，并当庭举证和质证。对情态证据的直接评论存在两种情况：一是情态证据是被告人或证人在证人席上明示的；二是被告人的个性本身或心智本身就是争议焦点。不过，随着证据规则的日益严苛，这种直接评论的运用方式将受到更多的限制。

首先，根据笔者考证，控辩双方对情态证据的直接评论，如果是针

①J.P.Ryan, A.Ashman, B.D.Sales & S.Shane-Dubown, American Trial Judges:Their Work Styles and Performance(1980).

②Blanck, Rosenthal, Hart & Bernieri, The Measure of the Judge:An Empirically-based Framework fo Studying Trial Judges'Behavior,75 Iowa L.Rev.653,655-57(1990).

③Blanck, Rosenthal & Cordell, The Appearance of Justice:Judges'Verbal and Nonverbal Behavior in Criminal Jury Trials,38 Stan.L.Rev.89(1985).

对被告人或证人在作证时的情态，则一般是可以的；如果是针对非作证时的情态，则世界各地尚无稳定而统一的准则。例如，在美国 Commonwealth 诉 Smith 案中，马萨诸塞州法院认定，检察官可以评论被告人在庭审中的局促不安、傻笑或大笑等情态。因为陪审团被授权观察被告人在庭审中的情态。[①] 在美国 Bizzell 案中，Bizzell 被指控伤害、意图谋杀和其他犯罪。检察官在开庭陈述中提醒陪审团注意观察 Bizzell 的行为，这些行为将会表明他是有罪的。事实正如检察官所预料，Bizzell 在庭审中频繁地以大笑和愤怒等方式打断庭审，以至于被告人的辩护律师都提醒他"注意"。于是检察官评论道："被告人的行为表明他已经失控了，正如被告人在谋杀被害人时的失控状态。你们也都看到了这一点。"最终，法院判决被告人罪名成立，上诉法院支持了该判决。[②] 不过，美国也有一些法院认为，对证人席外情态的评论构成违宪，因为任何证据都只能来自于证人席。

其次，在被告人个性或心智本身就是争议焦点时，对其情态的评论也是合法的。例如，在 Campbell 诉 State 案中，法院认定：当被告人作证或被告人个性本身就是争议焦点时，对被告人的情态表现的评价就是合理的。[③] 在 Brothers 诉 State 案中，法院认定：如果被告人的心智就是主要争议焦点，同时被告人意图通过情态给陪审团造成自己心智不正常的印象时，控方对被告人的情态的评论就是合理的。[④] 在 Wherry 诉 State 案中，法院认定：被告人主张精神病抗辩时，检察官在结案陈词时突出评论被告人的情态以弹劾其抗辩，这是恰当的。[⑤] 在某些情况下，甚至这种对情态的评论可以凌驾于专家证人的证言之上。在 1998年美国 Cook 案中，被告人被指控临时起意杀害了自己 14 个月大的女儿。被告人的辩护律师主张 Cook 精神失常，并聘请专家证人出庭作证。在结案陈词中，控方以陪审团应该通过自己观察被告人及其情态来得出其是否精神失常的判断，而不应该盲从专家证人。"相比专家证人，你们对被告有着更多的观察。你们看到了被告在法庭中的反应。你们看到了当证人讲到被害人的死亡时，被告的哈欠和轻松表情。他已经被带到

---

①Commonwealth v. Smith,444 N.E.2d 374,380(Mass.1983).

②2005WL 2842055,at 5(Cal.Ct.App.2005).

③Campbell v. State,501 A.2d 111,114(Md.Ct.Spec.App.)(1985).

④Brothers v.State,183 So.433,436(Ala.1938).

⑤Wherry v. State,402 So.2d 1130,1133(Ala.Crim.App.1981).

了法庭。使用你们的知识，使用世界和人类普遍的知识，你们知道那代表了什么，你们有能力观察被告。你们在判断被告主观动机上比专家证人更优秀。这是你们的工作，也是你们到这里的原因。"①

（2）对情态证据的间接运用。情态证据的间接运用指的是并不对情态证据进行直接评论，而是利用情态证据对法官或陪审团形成内心暗示，以达到潜移默化的目的。

①对被告人或证人情态证据的间接运用。在作证前，检察官或律师会对己方证人进行全方位的训练和排练，包括着装、发型、用词、声音、语调、讲话方式、回答问题的速度、身体姿态和总体状态等。② 这些训练和排练目的是为了让被告人或证人给审判者留下合适的印象。因为"相比那些面善的人，面恶的人更容易被认为是罪犯"。③ 例如，在 Patricia Hearst 被控银行抢劫案中，律师要求她着装要让自己显得拘谨且消极，这将会支持自己的主张——她的恶意和行为都是控方强加的。④ 在弗吉尼亚州 Lorena Bobbitt 被控故意伤害丈夫案中，辩护律师的辩护主张是"Lorena Bobbitt 不可能伤害得了她那粗鲁的、身为退役海军陆战队员的丈夫"。为了支持该主张，律师要求被告人在法庭上尽可能表现得弱小而无助：暗淡的穿着、无辜的外表、当看到她丈夫时的颤抖等。而控方也通过让被害人在出庭时不要戴领带等训练准备，让他看起来更像一个不可能殴打了老婆的好男人。⑤ 在 Menendez 兄弟案中，Erik 和 Lyle 兄弟二人被指控枪杀了自己的父母。律师的辩护主张是"兄弟二人曾经受过父母的性侵害，而且两个孩子太无辜和无助了，以至于不可能犯下被指控的罪行"。律师让兄弟俩身着圆领毛衣、按式钮扣衬衫和宽松的裤子，以看起来更像年幼的在校男孩。同时让两个被告在庭上"适时"地哭泣和"悲情互动"。

---

①48 M.J.64,65（C.A.A.F.1998）。最终，辩方以使用性格证据为由提出上诉。上诉法院虽然认为该控方评论有问题，但是需要辩方举证说明为什么控方的评论是不可以的。同时，并没有推翻该判决。

②Criminal Defense Techniques 1 A-6 to 1A-10（Juliet Turner ea al.eds.，1997）。

③David L.Wiley，Beauty and the Beast：Physical Appearance Discrimination in American Criminal Trials，27 ST.MARY'S L.J.193，211-12（1995）.

④David L. Herbert and Roger K.Barrett，Attorney's Master Guide to Courtroom Psychology：How to Apply Behavioral Science Techniques for New Trial Success 308-09（1981）.

⑤Julie Hinds, Dressing for a Hoped-For Success, USA TODAY, at 3A,available at 1994 WLNR 2334687.

律师对证人作证的总体训练指导是：保持一个好的姿势；作证时看着陪审团，但不能盯着；听到提问时，不能看着律师寻求答案；使用一些柔和而自然的举止和姿态；[①] 谈吐自信大方，身子稍微向前倾斜，不能频繁更换姿势，避免句子末尾的声调上扬等。而不断地清嗓子是紧张，重复词汇或停顿是不自信，关键证言前的停顿是伪证的表现等。

对于对方证人，检察官或律师可以通过情态刺激来攻击其可靠性，即以自己的肢体或问题来促使对方证人紧张或拘谨，或产生特定的情态，以攻击其可信度。例如，律师在对对方证人进行询问时，可以慢慢地逐渐逼近证人席，证人可能会变得紧张，而法官或陪审团就可能会觉得证人在撒谎。[②] 在强奸案中，被告的辩护律师往往会讯问被害人以前的性经验，这类问题往往会让被害人愤怒或紧张，这一系列的情态反应都会在法官或陪审团心中埋下质疑的种子。[③] 或者在对方证人作证时，被告人以一种痛心疾首的姿态，失神地对着证人微微地摇头，并默默流泪。这往往会让法官或陪审团觉得这是被告人面对背叛和诬蔑时的无奈表现，也会让证人受到干扰和影响，进而展现令人不可信的情态，如不解、停顿或惊慌等。检察官和律师还可以通过情态干扰降低对方证据的证明力。例如，律师可以安排人员到庭旁听审判，并适时地做出各种情态表现，以干扰、攻击对方证人或证据等，这可以干扰法官或陪审团对关键证据信息的注意、理解和记忆；通过频繁的反对，不仅可以打断对方的节奏和思路（在开庭陈述和结案陈述以及交叉询问时都使用此策略），还可以造成一种对方漏洞百出的假象；仅仅为了干扰而打断证人陈述；将书或随身物品假意掉到地上或桌上，以吸引陪审团的注意力；短暂休庭时，在门厅走廊处做出模糊的评论或姿态等。[④]

②对检察官或律师情态证据的间接运用。在法庭中，为了对法官或陪审团形成良性暗示，检察官或律师都必须有合理的表现，包括具有特殊效力的情态表现。检察官或律师不能背诵式地宣读开庭陈词或结案陈

①Boccaccini, M. T. (2002). What do we really know about witness preparation? Behavioral Sciences and the law, 20, 166.

②Captain Jeffrey D. Smith, The Advocate's Use of Social Science Research into Nonverbal and Verbal Communication: Zealous Advocacy or Unethical Conduct?, 134 MIL. L. REV. 173(1991).

③Victor Gold, Covert Advocacy: Reflections on the Use of Psychological Persuasion Techniques in the Courtroom, 65 N.C.L.REV. 488(1987).

④Franklin Strier, Making Jury Trials More Truthful, 30 U.C.DAVIS L.REV.95, 97-122(1996).

词，否则会给人一种事先排练的做作的感觉，进而影响可靠性。而彬彬有礼的律师总是能获得法官更多的认同。① 系着色彩鲜艳的格子领带的律师往往会给人以喜好炫耀的感觉。庭审中不断甩动笔的律师会给人以紧张不自信的感觉。开庭陈词或结案陈词时注意随陈词内容而面向不同人，尤其注意面向陪审团时温和地与之做眼神交流，并保持适当距离。同时，检察官和律师必须对法官和法庭表现出尊重，还应该尊重法庭上的其他人，包括书记员、法警、法官助手和陪审员，甚至还应该尊重对方律师和证人。这些情态表现能让陪审团觉得自己是一个可信任的人。当然，严禁与对方律师太过亲近，否则会让陪审团质疑其专业性和忠诚度。甚至在休庭时，控辩双方都不应该太过于放松，如阅读报纸、闲聊其他事情或者打无关电话，否则会让陪审团质疑其专心和努力程度。

③对法官或旁听群众情态证据的间接运用。诚如笔者所言，法庭是一个人与人相互影响的地方，法官和旁听群众的情态也可以影响控辩双方的情绪等，而旁听群众的情态则可以影响法官或陪审团的感官和判断。例如，某强奸案中，被害人家属身着印有"妇女反对强奸"的T恤，悲壮地坐在被告人后面。② 或者身着制服的警察荷枪实弹，以随时准备制止被告人危险行为的情态坐在被告人后面。或者是旁听者在听到某段证言或看到某个证据时的起哄或议论等。这些显然都能对法官或陪审团产生一定的影响。

总而言之，关于检察官或律师在诉讼中各种情态的法律或策略运用，美国学界和实务界进行了长达百年的专门研究，内容涵盖了心理学、空间关系学、人体动作学、肢体语言学、语言学、时间符号学、辅助语言学等。③ 各国司法实践及立法都对此做出了不同的回应，如对传闻证据规则、证据可采性、藐视法庭、伪证罪、量刑规则、法官对陪审团的指示、证人可靠性、被告人着装、庭审旁听、证据关联性和性格证据等的相应修正。

（五）量刑程序中的情态证据运用

在陪审团量刑中，陪审团依据自己对所听到的证据和被告人的情态

---

①Perry,S.(2008).The judge, your client, and the victim.Communications Lawyer,2(1),20-11.
②See,e.g.Norris v. Risley,918 F.2d 828,830-831(9th Cir.1990).
③这些研究既推动也反映着英美法系国家对情态证据广泛而深入的运用。

和性格的评估进行量刑，这是一种合法的实践。[1] 法官的量刑，也需要综合考虑被告人的悔过程度和犯罪事实等。而情态理所当然地成为主要判断依据之一。法官被认为具有探查被告人灵魂并判断其是否真心悔过的能力。[2] 而对被告人内心主观思想的判断，很大程度上需要根据其情态来进行。例如，被告人在庭审中，对作证的证人做出"你死定了"的口型或威胁的动作、表情等，则可以表明被告人的恶意，并作为量刑的根据，甚至成为陪审团判决的"证据"，因为该情态清楚地表明了犯意。[3]

同时，从1978年开始，美国联邦法院通过 Grayson 判例认定：如果被告人作伪证，法官可以对其加刑。因为"被告人在作证时是否诚实或虚伪……是他世界观和价值观的证明……而且也表现出被告人改造的前景"。"观察被告人的机会（尤其是在被告人放弃沉默权而选择作证时）能为合理处置提供有用的内在认识"，同时，"被告人在宣誓作证中撒谎的故意，是（对其量刑的）准确而具体的有效依据"。[4] 根据美国量刑指导规则，基于被告人表现为伪证行为的反社会性的评估，法官可以在法定范围内增加其刑罚。法官基于个人对被告人情态的观察而断定伪证罪，就可以被视为理由充分。[5] 甚至法官可以从证人的情态和证言中推断出被告人强迫或者允许证人作伪证，并增加其刑罚。[6] 在美国现代量刑指导中，如果被告人通过提供假证言故意妨碍司法公正，则可以提升两个犯罪等级进行量刑，[7] 即根据法律规定，法官可以根据被告人在庭上作证时的情态对其增加几年乃至十年以上的刑期。

在量刑听证中，法庭观察到的被告人的情态和缺乏悔改之意的事实，可以纳入考虑。[8] 甚至法官在考虑是否适用死刑时，可以将被告人

---

①412 U.S. 17,33(1973).

②Stanton Wheeler ET AL., Sitting in Judgment:The Sentenciong of Whitecollar Criminals 115-118 (1988).

③e.g.,United States v.Gatto, 995 F.2d 449,454(3d Cir.1993);United States v. Mickens,926 F. 2d 1323,1328-29(2d Cir.1991);United States v.Maddox,944 F.2d 1223,1229-30(6th Cir.1991).

④United States v. Grayson,438 U.S.41,50-51(1978).

⑤United States v. Beaulieu,900 F.2d 1537(10th Cir.1990).

⑥United States v.Pavlico,961,F.2d 440,443(4th Cir.1992);United States v. Campbell,684 F.2d 141,154-55(D.C. Cir.1982);Fabiano v. Wheeler,583 F.2d 265,269-70(6th Cir.1978).

⑦United States Sentencing Guidelines § 3CI.I(1987).

⑧State v.Rizzo,833 A.2d 363,431-32(Conn.2003).

在法庭中连续摇动的手势纳入考量，这并不违反被告人的正当程序权利和不得被强迫自证其罪的权利。①

（六）上诉程序中的情态证据运用

在西方司法视野下，上诉的理由只能是法律问题而不能是事实问题。而某个问题是法律问题抑或事实问题，其分水岭在于该可靠性判断需不需要基于情态。②

法官通过观察证人的证言和情态来评估其可靠性，基于此理由，上诉法院在证人可靠性问题上要遵从审判法院的裁定。因为"只有审判法官（包括陪审团）能够注意到情态和声调的变化，这种判断深深地根植于听众（指法官或陪审员）对证人证言的理解和信念中"。③"情态证据是只存在于审判法庭（区别于上诉法庭）的要素。"④ 这也为上级法院在案件事实问题上尊重审判法院的体制提供了权威而古老的正当性。例如，取消陪审团候选人资格⑤、陪审团选择程序时的"波士顿质疑（Batson Challenges）"、人身保护令案件中的州法院决定、《联邦民事程序规则》第52条中的"确定错误标准"⑥、量刑程序。诸如此类程序中，上级法院必须尊重下级法院的决定，其原因就在于情态和可靠性的联系，这业已得到司法体系的认同。

（七）其他程序中的情态证据运用

在证据排除和听证等各种程序中，仍然离不开对情态证据的运用。

1. 法官在证据排除中的情态运用

美国《联邦证据法》第403条赋予法官排除证据的自由裁量权，以排除那些可能导致误导、迷惑和不公正的证据。⑦ 具体分为两种情形：一是证据本身存在不公正偏见，如某些情况下的品格证据。二是虽然证据本身具有可采性，但是由于使用了不正当的情态策略等诉讼策略而导

---

①Schiro v. State, 479 N.E.2d 556, 559-60 (Ind.1985).

②Thompson v.Keohane, 516 U.S. 99, 111, 114 (1995); Miller v Fenton, 474 U.S. 104, 133-14 (1985).

③Anderson v. City of Bessemer City, 470 U.S. 564, 575 (1985).

④Lilly v. Virginia, 527 U.S.116, 137 (2001).

⑤Rosales Lopez v.United States, 451 U.S. 182, 188 (1981). Patton v.Yount, 467 U.S.1025, 1038 (1984).

⑥FED.R.CIV.P.52(a); Anderson v.City of Bessemer, 470 U.S.564, 575 (1985).

⑦Victor J.Gold, Federal Rule of Evidence 403: Obsevations on the Nature of Unfairly Prejudicial Evidence, 58 WASH.L.REV.497, 497-98 (1983).

致证据被排除，即当证据的使用可能导致陪审团不正确地评估其证据价值时，法官可以排除该证据。例如，控方评论证人的情态，使得陪审团可能严重高估证人的可靠性。

同时，法庭对是否允许专家证人作证具有较大的自由裁量权。[①] 一方面，此权力可以让法官根据专家证人的整体情况（包括情态）决定是否允许其作证；另一方面，法官也具有是否允许专家证人协助对某些情态进行专业解释的权力。这可以为情态成为一种法定证据提供法律依据。

2. 法官在藐视法庭裁断中的情态运用

法官拥有以藐视法庭罪惩罚那些干扰司法程序的不当行为的固有权力。而且既然该权力是固有的，它就能够不经立法授权和控制。[②] 藐视法庭罪的惩罚范围极其宽泛：凡不服从或不尊重法庭或法官、可能影响司法运作之言行，皆可入罪。例如，1981 年英国《藐视法庭法案》规定，藐视法庭，是一种严重的罪行，可以被判罚款或监禁。藐视法庭包括不遵守法庭命令、违反对法庭作出的承诺、妨碍司法公正等行为。该罪名是控制控辩双方法庭行为的有力工具，包括防止控辩双方不当的情态策略。而对于情态策略的判断必须基于对情态证据的把握。

3. 法官在听证中的情态运用

在美国，诸如人身保护令案件、保释等，虽然不需要审判，但都需要举行听证。在这些听证中，法律不可能也没有划定详细而清晰的界限，于是情态证据相对自由地发挥着作用乃至关键的作用。例如，人身保护令案件中，之所以需要证据听证的原因之一便是对情态证据的需要。当未解决的事实存在争议时，情态证据是评价可靠性的一个关键因素。[③] 在保释听证会上，法官要求与被告人面对面，通过对其情态的研究来作出决定，并拒绝以视频的方式进行听证。[④] 行政法法官有时甚至会在听证记录中记下证人的情态细节。[⑤]

---

①Daubrt v. Merrell Dow Pharmaceutical, Inc.,509 U.S.579(1993).

②Louis S.Raveson, Advocacy and Contempt:Constitutional Limitations on the Judicial Contempt Power,65 WASH.L.REV.477 (1990).

③Marshall V.Lonberger,459 U.S.422,434(1983).

④Ronnie Thaxton, Injusice Telecast:The Illegal Use Of Closed-Circuit Television Arraignments And Bail Bond Hearings In Federal Court,79 IOWA L.REV 175,201 n.220(2004).

⑤Sham, Demeanor Evidence:Elusive and Intangible Imponderables, 47 A.B.A.J.582(1961).

综上所述，不仅仅在以上程序中会用到情态证据，在对证人、检察官和律师的可靠性评判，在庭审中对举证和质证的监督和控制中也会用到情态证据。如在陪审团选择程序中的"波士顿质疑"，美国联邦高等法院强调了法官依据自己的观察评估检察官动机的能力，并解释道："该问题的关键是检察官关于没有种族歧视的解释是否值得相信。关于此问题，证据必然很少，而最好的证据往往是主张该质疑的律师的情态。"①

我国从法律上（证据资格、证明力和证明标准等）否定了情态证据，更由于庭审沦为"走过场"的现实，使得情态证据的运用举步维艰。但是在司法实践中，情态证据仍在发挥着一定的间接作用，尤其是在民事诉讼中。我国民事诉讼法对此虽然没有明文规定，但目前情态证据在理论界和司法实务中常常被引用和采用。② 这在实务界被称为"直觉观察法"——"法官应当训练自己具备一种从当事人言词之外另行获取案件重要信息的感知能力"；"在庭审中，我一般都两眼直视着当事人，尤其当事人陈述关键案情的时候，一定要认真注视对方。在与法官的对视中，有的当事人可能会转移视线，语音打战，有的当事人则目光坚定，言词恳切，这为准确地判断案情提供了宝贵的'第六感'……"③

五、情态证据的科学性与合理性

20 世纪初以来，西方学者开始正视并研究情态证据，但质疑之声不断。质疑情态证据的人认为，在追求"理性主义"和证据的"客观、具体和可描述"的今天，情态证据的"感性色彩"和"主观、整体和难以描述"特征显得"格格不入"，甚至"不可原谅"。因为"撒谎情态"是不存在的，或者是极其细微的；情态证据也是难以发现和解释的，容易引起偏见等危险；情态证据的采纳显然也违反了现有的法律规

①Hernandez v.New York,500 U.S.352,365(1991). 因此有评论认为，司法并不否定情态证据，而是否定法官之外的人对情态证据的使用，即出于一种对控辩双方（尤其是警察）的不信任。

②史友兴、徐立强、刘岚：《镇江运用"直接言词原则"还原真相》，载《人民法院报》2004 年 6 月 11 日。江苏省镇江市京口区法院在 2004 年 5 月 19 日判决一起债务纠纷案时，从原告躲闪的眼神、无力的表述中发现疑问否定了原告的虚假陈述，还原了案件真相，让原告债权人输了官司，还了被告债务人一个公道。

③赵俊梅：《直觉观察法：发现表象背后的真实》，载《人民法院报》2002 年 9 月 11 日。

范和原则；情态证据相比其他科学证据具有明显的劣势和不足。值得提醒的是，在美国，虽然相当一部分的研究结论质疑情态证据，但是这些研究都没有获得司法和立法的回应。仅有三个司法裁定引用了质疑者的建议，并认为情态证据的重要性被高估了。但三个引用都是短暂而微弱的。联邦法律坚持情态证据的传统观点。例如，继续要求证言必须当庭作出，情态证据继续被视为传闻证据规则的正当性基础，法官对陪审团的指示中仍然包含对情态证据的使用等。这些争论最终演化成了学者与司法传统和实践的争论，成了学界和社会大众的争论，甚至成了实验研究和公众情感与认知的争论，这是值得玩味的。不过相当一部分的哲学思考、心理学基础研究尤其是法庭实证研究等都认同情态的功能与价值。也有越来越多的学者认为，情态证据具有其特殊性，不应进行武断的制度和技术解构；情态正是西方直接言词原则、对质原则、交叉询问和陪审团制度等的根源和基础。现代心理学等也为此提供了大量的依据。人们越来越意识到，情态证据是对人类本能和心理的一种司法运用，是基于压力而导致人的情绪发生变化时，由自主神经系统作用引起的动作或生理变化，具有其科学性与合理性。

从证据法视角而言，情态证据争论的关键在于证据资格，即证据"三性"（客观性、合法性和关联性）或可采性。从实体视角而言，证据必须具有确定性；从程序视角而言，证据应该符合法律规范并具有内在价值，即证据应该具有确定性（准确性）、系统贴切性（深刻性，符合现有司法体系）和内在意义（有用性）。这三个特征具备越多就越被认为是科学的，[①] 亦即对司法越有价值。为此，笔者将从确定性、系统贴切性和内在意义入手，阐述世界各国情态证据运用的正当性和合理性，以期从多个视角的交叉中还原出情态证据的本来面目。

（一）情态证据的确定性

确定性，是指符合事实，具有客观性。这也是科学证据的主要特征，即客观性或可靠性。对情态证据的最大非议就在于其"不稳定性"和"多义性"。笔者认为，情态证据的确定性在于其为交流所必需；能够更准确而真实地反映出主观意志和事件真相，是难以控制的；更易于人们所感知和乐于接受；难以被忽视。

---

①[英] 迈克尔·波兰尼：《个人知识——迈向后批判哲学》，许泽民译，陈维政校，贵州人民出版社 2000 年版，第 206 页。

1. 情态为交流所必需

现代研究表明，人们获得的信息有 75% 是通过视觉感官接收而来的。在人类百万年来的发展历程中，视觉系统早于语言系统一百多万年产生和发展，更加完善和有效。相比语言系统，人们更容易通过视觉发现差异变化，并因此而获得准确信息。人类交流过程中，有 60%～65% 的信息是通过非语言行为（即情态）传递的。尤其是当非语言迹象和语言表述发生冲突时，人们更愿意相信非语言迹象所传达出的信息。非语言交流更是表达和感受情感的主要媒介。① 在情感交流中，超过 90% 的信息是可以通过情态交流的。②

毫无疑问，语言有许多局限性，特别是在表达主观情感时。然而情态则可以准确地反映交流者的内心感受。例如，在证明案发当时被害人的疼痛时，单纯用疼痛的词汇难以表达当时的真实情况。此时，被害人陈述"疼痛"时的"痛苦"表情则足以传递出当时的贴切情形。而这种痛苦的感觉会以直接的形式进行准确的传递。在陈述案发当时被告人或被害人等的感受，以此来还原诸如胁迫、欺骗等带来的实质性影响时，也唯有情态可以更好地表现当时的情形。毕竟司法解决的是控辩双方经历的事实和主观状态，包括是否真心悔过等，而非法官或陪审团所武断理解的事实。而这种事实的传递和还原必须依赖情态证据。没有情态的交流，就像是"脱了水的苹果"。

2. 情态难以自主控制

在人类当下的"科学"视野中，确定性往往意味着可验证性和可重复性，但是这种验证和重复本身往往代表着可控制性，即可以人为操作。例如，物证可以伪造，或者销毁，或者拒绝出示等。而情态则是难以自主控制的。因为情态是一种本能性的必然。对情态的控制往往会表露出更多的异常情态。

首先，人不可能拒绝情态的表达，即使你选择了不表达，那仍然是一种情态表达。"在开口之前，交流就已经开始了。"③ 甚至在你选择了沉默之后，交流仍会继续。例如，为了拒绝作证，被告人可以保持沉

①Laura K.Guerrero&Kory Floyd,Nonverbal Communication in Close Relationships 2-3(2005).

②Edward J.Imvinkelreid, Demeanor Impeachment:Law and Tactics,9 AM.J.TRIAL ADVOC.186 (1985).

③Stephen H.Peskin,Non-Verbal Communication in the Courtroom, 3 RTIAL DIPL.J.1(1980).

默。但是即使是保持沉默，非语言的情态表达仍在继续，如拒绝作证的被告人看到关键证人出现时的恐惧等。

其次，情态难以伪装。有些情态是极难伪装的。例如，美国芝加哥大学数年的研究表明：瞳孔大小的变化是兴趣或态度的明确表现。瞳孔是由独立的神经系统控制的。瞳孔放大表明了一种积极的反应，瞳孔缩小则是一种消极的反应。[①] 又如，人们在感受到危险或紧张时一刹那的面部和身体反应也是难以伪装的，或者是不由自主地散发出来的紧张感觉。当然，某些人可能会经过训练和准备而对某些情态进行相应的伪装。但是正如美国前总统林肯所说："最高明的骗子，可能在某个时刻欺骗所有的人，也可能在所有的时刻欺骗某些人，但不可能在所有的时刻欺骗所有的人。"情态是一种整体的反应，在长时间的庭审压力下，这种伪装不可能持续，肯定会透露出某种不协调。1970 年由日本机器人专家森昌弘提出的"恐怖谷理论"是一个关于人类对机器人和非人类物体的感觉的假设，当机器人与人类相像超过 95% 的时候，哪怕它与人类有一点点的差别，都会显得非常显眼刺目，让整个机器人显得非常僵硬、恐怖，让人有面对行尸走肉的感觉。同理，当人们开始对情态进行伪装时，只要露出破绽就会非常显眼。例如，证人的表现如果看起来像是经过准备和排练的，则更会让法官或陪审团觉得虚假。[②] 已经有越来越多的研究证明了这一点。

3. 情态更易被感知

人类的眼睛有高度进化了的中心视觉，也有模糊的附带视觉（如余光）。余光中的运动会吸引我们的注意力，然后中心视觉会关注该运动。视觉是一个动态的过程：接收外界运动信息，通过大脑分析，然后和其他感官（如听觉等）一起形成理解。审判法庭就是通过这些过程区分哪些意见是欺骗或误导，哪些是纯粹的辩护，并形成裁判。[③] 文字和逻辑的发展，使得人类更加否定自我的感官。当理论就像一幅屏障那样被架放在我们的感官和我们的感官本来会对之获得更直接的印象的事物之间的时候，我们就越来越依赖理论的指导，用它来解释我们的经验；相应地，就把我们的原始印象的地位降低为可疑的、可能使人误入歧途的

---

①Stephen H.Peskin,Non-Verbal Communication in the Courtroom, 3 RTIAL DIPL.J.1(1980).

②Bella M.DePaulo et al.,Deceiving and Detectiong Deceit,in The Self and Social Life 340.

③David L.Deehl ,Demonstrative Evidence in Federal Court.

表象了。① 但是在人们的社会生活和工作中，都普遍认可并使用情态信息。②

其实，相比文字语言的专业隔阂、地域隔阂、欺骗和隐瞒等主客观障碍，情态是一种跨越了各种鸿沟的普世性信息传递媒介。随着社会分工的深入和专业化的加深，基于各自的隔阂，人们不一定能"理性"地分析，却可以"感觉"。任凭控辩双方试图通过琐碎的细节和规则等混淆事实与法律，审判者尤其是陪审团总能根据自己的社会经验和智慧从纷繁复杂中直接而整体性地感受情态证据，并进行相应的裁断。从某种意义上而言，情态是一种动物（包括人类）与生俱来的通用"语言"，这种情感式的信息传递是社会普遍的认知方式。感情四溢的欢会气氛会不知不觉地融会起来，以同情的方式传达具体的经历，这样的经历使旁观者一见到别人剧烈的痛苦就被征服了。③ 是一种可信的把求知作为从一只动物传达给另一只动物的过程，是非言述层次上一次确实的知识交流。④ 使我们的言述遗产得以不断传承下去的信任感和说服性热情把我们再一次带回到原始的、先于言述而存在的所有人群甚至动物之中的伙伴之情上。⑤ 人们在智力上差异最大，但他们有着非常相似的本能和情感。⑥ 这种情态的"语言"是没有任何"资格障碍"的，更体现了一种可贵的"平等"和"自由"。

而且"眼见为实"是一种普世性的观念，这种"眼见"能产生直接的感官影响力。在司法中，法官或陪审员能从中得出自己的看法，而

①［英］迈克尔·波兰尼：《个人知识——迈向后批判哲学》，许泽民译，陈维政校，贵州人民出版社 2000 年版，第 5 页。

②详见本书第二章中的相应论述。

③［英］迈克尔·波兰尼：《个人知识——迈向后批判哲学》，许泽民译，陈维政校，贵州人民出版社 2000 年版，第 316 页。

④［美］托尔利：《狼的智慧》，祁洪彬等译，吕文赋校，辽宁教育出版社 2001 年版，第 185 页。皮亚杰在《智力心理学》第 125 页中也确认了思维发育过程中模仿的作用。转引自《个人知识》，第 317 页。

⑤［英］迈克尔·波兰尼：《个人知识——迈向后批判哲学》，许泽民译，陈维政校，贵州人民出版社 2000 年版，第 322 页。

⑥［法］古斯塔夫·勒庞：《乌合之众——大众心理研究》，冯克利译，中央编译出版社 2005 年版，第 15 页。

不必经过他人有意识地"加工"，这无疑令其具有了特殊的效力。[①] 在某些判例中，法官认定，证人的面部表情能够比语言传递更多的信息，[②] 甚至证人的眼球活动也可以作证[③]等。

4. 情态很难被忽视

基于人类是一种灵长类动物的本质和历经百万年的进化，直觉、欲望和情绪等诸多本能性的因素必然存在于人类的大脑深处，"人类行为的基础是心理"。[④] 正如法国著名社会心理学家勒庞所说："无意识在我们的所有行为中作用巨大，而理性的作用无几。理性不过是较为晚近的人类才具有的属性，而且尚未完美得能够向我们揭示无意识的规律，它想要站稳脚跟，仍然有待时日。"[⑤] 或许勒庞的话仍有其局限性，但是至少揭示了一个普遍的道理：人类及其所有人类行为都无法摆脱本能因素的影响。

人类本能具有一种不安感，正是这种不安感促使我们追求对自我和世界的清晰而连贯的认识和有效的控制。"即对未知的一种不安感，这是任何完全清醒的动物不能免除的。这种紧张来自动物对感知与行为的警觉，或更一般地说，是动物对它自身所处情景在求知上和实践上的理解。"[⑥] 在不安感的驱动下，人类寻求构建尽可能清晰的观念，竭力理解并满足我们理解欲望的方式。为了自己的目的而倾向于把当时情景中任何可得到的、能有所帮助的元素组合起来。我们把注意力集中在一个焦点上；在这一焦点中，我们附带地认知到决定一个问题的答案的资料，于是我们就形成了这个答案的观念。盯着已知的资料，但不是盯着这些资料本身，而是把他们当作通向未知事物的线索，当作通向未知事

---

①［美］约翰·W. 斯特龙主编：《麦考密克论证据》，汤维建等译，中国政法大学出版社2004年版，第436页。

②United States v.Irwin, 450 F.2d 968, 971 (9th Cir.1971).

③United States v. Butts, 630 F.Supp.1145, 1147 (D.Me.1986).

④McClellan, P.Who is Telling the Truth? Psychology, Common Sense and the Law (2006) 80 ALJ656.

⑤［法］古斯塔夫·勒庞：《乌合之众——大众心理研究》，冯克利译，中央编译出版社2005年版，第4页。

⑥［英］迈克尔·波兰尼：《个人知识——迈向后批判哲学》，许泽民译，陈维政校，贵州人民出版社2000年版，第143页。

40　情态证据研究

物的指针和构成未知事物的部件。①

因此，人类对于自我和世界认识和控制的获得，依赖于对所有可能得到的资料线索的占有与领会。在我们的眼睛、耳朵里，在我们的恐惧和欲望中，我们搜寻线索并确定其意义的冲动总是处于临界状态。理解经验的冲动以及指涉经验的语言，这两者显然都是为了实现求知控制这一原生努力的延伸。这种占有和领会往往是下意识地自动进行的。所以，基于对一个问题深度的执着追求，能使我们在寻求答案的过程中和休息期间有能力成功地整理自己的思维。② 同时，看到一切线索并加以整体性的归纳整理，这种归纳可以是有意识的，即通过有意识的思考获得结论。更多的情况下，是有意无意的结合。

所以，审判者在审判案件时，必然会搜集各种尽可能的信息，并将该信息有意无意地运用到判决中，这是受本能驱动的。而情态证据作为一种在法庭上展现的有益的线索，必然会进入到人们的视野并发挥其应有的作用。"证人迅速的不假思索的回答或相反的情况；他们的差异性和特殊性或者对这些本质的需求，他们的普遍的或具体的错误；他们的率直或推诿……这些表现和态度、声音、姿势、回答的确定性和速度、借口、勉强、沉默、违反法庭命令下的沉默、矛盾、辩解、情感的爆发或控制（恐惧、爱、厌恶、嫉妒或者报复）等都是暴露在观察之中的。"③ 而不管是法官或陪审团都不可能完全将其从意识之中排除或无视，因为这是违背本能的。诸如此类，现代心理学研究已经提供了无数论证。

（二）情态证据的系统贴切性

情态证据具有系统贴切性，即情态证据的存在与其他既存的法律理念、法律规范和诉讼原则等相符合，有利于司法的改革与发展。人们普遍认为："确保审判者能够观察证人作证时情态的机会，为公开审判（开庭审理）提供了历史的和现代的正当性。陪审团制度、当庭作证、对质权、传闻规则和交叉询问等都是以情态证据为基础而确立的。"④

---

① [英] 迈克尔·波兰尼：《个人知识——迈向后批判哲学》，许泽民译，陈维政校，贵州人民出版社 2000 年版，第 144 页。

② [美] 波利亚：《如何解决问题》，普林斯顿大学出版社 1945 年版，第 172 页。

③ Wigmore on Evidence, 3d Edition §1395, citing Appleton, Evidence, 220.

④ Olin G. Wellborn Ⅲ, Demeanor, 76 Cornell L. Rev. 1076 (1991).

因此，情态证据的系统贴切性毋庸置疑。① 不过质疑者认为，情态证据的运用侵犯了"不得被强迫自证其罪"、"律师与被告人交流特权"、"品格证据规则"和"对质原则"等诉讼特权或原则。同时，情态证据的运用还可能架空现代司法体系。②

笔者认为，不管是大陆法系抑或英美法系，重现真实都是司法的应有之义。司法程序的设置是为了在法庭中重现真实，以使陪审团（法官）发现的事实能够契合过去发生的事实，并最终确保控辩双方能够获得正确的判决。③ 而所有的事实，不管是过去、现在抑或未来的事实，都不是单纯由文字和语言构成的，更不是单纯由文字能够重现的。对案件事实的价值判断和选择等也依赖于对社会和被告人等的整体性认知。这些都不是单纯的文字或科学能够"包办"的，必须借助情态证据。同时，证人的情态一直被认为是一种"沉默的语言"，相比阅读书面证言，现场直接听取证言更能发现矛盾。④ 这不仅是一种情态证据对司法体系的契合，也是一种司法体系对社会体系的契合。因此，情态证据的存在是合乎司法传统和现实体系的。具体表现如下：

1. 情态证据与不得被强迫自证其罪规则

不得被强迫自证其罪规则是美国宪法第五修正案赋予犯罪嫌疑人及被告人的权利。这也一直被用于质疑证人席外情态证据的可采性。质疑者认为，被告人在庭上的情态信息可以视为自我内心意思的一种表露，这种表露可能会导致对自己的不利评价，乃至自我入罪。这种对被告人内心的"窥探"显然违反了不得被强迫自证其罪所强调的权利保障、司法诚信和程序公正的价值选择。而且对于那些主张沉默权的被告人的情态运用，也违反了不得从沉默中得出消极结论的权利规定。

但是美国大部分的司法辖区将自证其罪的范围限制在交流性和作证性的自我入罪中，即只有法官强迫被告人讲话，并且该证言被陪审团采

---

①笔者发现，我国司法遭遇的诸多困境都可以用情态证据来解释，而且这种解释更能获得社会各界的一致认可。

②质疑者认为情态证据的存在可能导致控辩双方都通过教导被告人或证人进行各种"非作证式"的"作证"，规避各种证据规则；而陪审团则被各种琐碎的情态所干扰，以至于忽视了事实的全貌和价值的原貌，最终导致整个司法体系被情态证据架空和虚置。

③Louis S. Raveson, Advocacy and Contempt: Constitutional Limitations on the Judicial Contempt Power, 65 WASH. L. REV. 477, 530(1990).

④Broadcast Music, Inc. V. Havana Madrid Restaurant Corp., 175 F. 2d 77, 80(2d Cir. 1949).

纳为证据时，才构成"自证其罪"。①如美国联邦高等法院曾经认可：法官可以为了声音比对的目的而强制采集被告人的声音样本。虽然这是对语言的采集，但目的是为了进行同一认定，而非语义内容，所以是可以的。② 在笔迹采集中，也有类似判例。③ 同时，美国新近判例也支持"对被告人在庭审中的情态表现的直接评论并没有侵犯美国宪法第六修正案所赋予的权利……（因为）检察官的评论服务于确保审判的实体真实这一根本的社会利益"。④ 因此，情态证据不构成语义性的证言，也非出于法官强迫而展现，更符合司法的根本目的。所以，情态证据的运用并不违反不得被强迫自证其罪原则。

2. 情态证据与对质原则

质疑者认为，根据美国宪法第五修正案，被告人有权与不利证据"对质"。而法官或陪审团在观察和评价被告人的情态时，被告人可能是完全不知情的，更没有与之对质的可能。因此情态证据侵犯了"对质原则"。笔者认为，被告人无法与反对自己的情态对质的理由，不仅不应该成为情态证据无效的原因，反而更应该成为情态证据必须受到重视的原因。因为如果否定情态证据，那么被告人在遭受情态的不良影响时，将没有相应的救济途径。而且对质原则正是为了更好地"还原事件真相"。情态相对于语言，是一种本能的内在反映，是一种不经过任何加工的"一手"信息，更能反映真实。这也符合传闻证据规则的基本要求。同时，这种质疑也将对质原则与其政策基础本末倒置了。因为西方学者普遍认为，对质原则和传闻证据规则的政策基础之一是审判者可以观察情态。

3. 情态证据与品格证据规则

质疑者认为，根据美国联邦证据法，为了防止混淆争论点、不公正的突袭和不正当的偏见，品格证据不可采用。因此，被告人是否有罪的

---

①E.Imwinkelried,P.Giannelli,F.Gilligan & F.Lederer,Criminal Evidence 194(1979).

②United States v.Wade,388U.S. 218,222-23,87 S.Ct.1926,1929-30,18 L.Ed.2d 1149,1154-55(1967).

③United States v.Mara,410 U.S.19,93 S.Ct.774,35L.Ed.2d 99(1973).

④Brett H.McGurk,Prosecutorial Comment on A defendant's Presence at Trial: Will Griffin Play in A Sixth Amendment Arena? 31 U. West. L.A. L. Rev.207(2000).

裁判不能基于其品格。① 情态证据证明的可能仅仅是被告人的品格，而非其犯罪事实或犯意，显然应该被排除在证据之外。

笔者认为，首先，情态证据并非品格证据。例如，语言性情态证据一般具有明显的词义，可以证明案件事实。其次，品格证据规则也并不排除所有品格证据。一是品格证据可以用于弹劾；二是品格本身作为争议焦点时，可以使用品格证据；三是某些特殊情形下，品格具可采性。例如，美国《联邦证据法》第 404（b）② 规定：不能使用其他犯罪、错误、行为的证据来证明某人的性格，以证明其随后类似行为。但是如果是基于以下目的则是可以的：证明动机、机会、意图、准备、计划、知识、身份，或者证明并非错误或者事故。同时，要求依被告人请求，控方在庭审前先行合理告知，如果是当庭告知的，则必须有正当的理由并经法庭批准。告知的内容是将在庭审时使用的此类证据的一般情况。此外，许多法院也都支持以上判例。美国《联邦证据法》第 413 条③：性犯罪中，可以使用品格证据。被告人的过去行为表现出实施所指控性侵犯行为的倾向的，具有可采性。

同时，美国学者普遍认为："在法庭外，犯罪嫌疑人的情态可以成为证据。例如，犯罪嫌疑人对证人的威胁或者串供等。那么，法庭内的情态也应可以成为证据。"④ 在辨认（动作辨认）、测谎和精神病鉴定等证据的产生过程中，辨认人或鉴定人也大量地运用情态。如果司法更愿意相信其他人对情态的判断，而否定法官或陪审团对情态的认知和判断能力，显然是不合理的。尤为关键的是，情态的产生、传递与感知是一种基本的社会常识和生活经验。如果司法一味否认和拒绝情态证据的存在，则可能导致社会对司法根本性的质疑和否定。

（三）情态证据的内在意义

内在意义指的是情态证据的有用性，即对司法的价值。在理性主义思潮的影响下，人类社会到处充斥着量化和精密的倾向。司法也当然以理性自居或以理性为导向。人类架构了控辩审的诉讼构造，创制了越来

---

①当然，在某些性犯罪或基于弹劾对方主张等特殊条件下，品格证据是具备可采性的。FED.R.EVID.404-415.

②FED.R.OF EVID.404（b）.

③FED.R.EVID.413.

④Edward J. Imvinkelreid, Demeanor Impeachment: Law and Tactics, 9 AM. J. Trial Advoc. 200 (1985).

越多的规则来规范证据的可采性和可靠性，使之更加客观、具体和可描述。19 世纪的法庭科学只有显微镜检验和毒物检验。20 世纪以来，无数"科学技术"占据了法庭。质疑情态证据的人似乎认为，情态证据已经不合时宜或者完成了历史使命。但是我们不应该忽视一个相对应的问题：司法程序仍然在发展过程当中。司法并不是自始存在，也不是一直如此。相对于精密科学，与情态证据相关的心理学研究等虽尚未成熟，但已经体现了某种优越性。① 情态证据在现代司法体系中的不足是可以理解的。② 但是正如美国 Frank 法官所说：现代司法人员应该更精通情态这种"沉默的语言"。③ 因为情态与言词共同消除着意义上的不确定性，表达着"事实"，并为信息交流（尤其是情感交流）所不可或缺。如果忽视情态证据，必然代表着对合理认知规律、司法规律乃至司法正当性和合理性的忽视和否定。

1. 情态证据的独立价值

近两百年来，人类不断地试图对世界进行高度的文字化和理性化，即现代社会趋向冷静的条理性思考，而传统的权威哲学家，如 18 世纪英国哲学家埃德蒙·伯克（Edmund Burke）和 19 世纪英国法官斯蒂芬（James Fitzjames Stephen）则坚信情感反应的价值。感性思考优于文字的分析式的思考，甚至代表着一种更真实而高级的思考方式。④ 毫无疑问的是，人类与其他生物或物品的根本区别是人性或情感。在科学上，客观真理的发现来源于我们对某种合理性的领悟。这种合理性能使我们肃然起敬，能引起我们沉思和仰慕。⑤ 任何不受求知热情指导的探讨过程都会不可避免地陷入琐碎的荒漠之中。⑥ 因为思维以及科学本身还有别的成分是由远远超过动物智力范围的默会能力指导的。学者一直把自

---

① Willett,A Marix of Meaning,41 J.Mo.B.253-254.(1985).

② Edward J.Imvinkelreid, Demeanor Impeachment:Law and Tactics,9 AM.J.TRIAL ADVOC.233 (1985).

③ Broadcast Music,Inc.V.Havana Madrid Restaurant Corp.,175 F.2d 77,80(2d Cir.1949).

④ Craig S.Lerner Reasonable Suspicion and Mere Hunches,Vanderbilt Law Review, Vol.59:2:411 -412.

⑤［英］迈克尔·波兰尼：《个人知识——迈向后批判哲学》，许泽民译，陈维政校，贵州人民出版社 2000 年版，第 7 页。

⑥［英］迈克尔·波兰尼：《个人知识——迈向后批判哲学》，许泽民译，陈维政校，贵州人民出版社 2000 年版，第 205 页。

己的研究限制在语言的肯定性运用上。① 情态证据的运用则可以突破这种片面的"语言的肯定性运用",同时传递感情并引起共鸣,进而促进法律的真正实现。

法庭审判的焦点是人,而非一系列模糊的事实。庭审中情态的产生、传递与互动等,将使得审判者意识到,他们的裁判不是抽象的,它将会影响许多人,特别是被告人。当审判者意识到他们的决定将影响到一个活生生的人时,他们将会更全面而慎重地裁断。② 因为审判者看到的不仅仅是事实,还包括被告人对自身罪行的态度。③ 而且审判不仅是事实判断、法律判断,也必然暗含道德判断,代表了一种涉及被告人道德责任和对未来的合法性预期的"判断"。研究表明,陪审员在开庭后4分钟内就会形成关于被告人是否有罪的初始印象。这些评估主要基于他们的视觉印象。陪审员倾向于接受视觉和非语言信息而拒绝语言信息。④ 其他司法人员也是如此,"人们通过感性进行判断,然后用逻辑进行证明"。⑤ 而这些感觉、感性或道德判断等的最佳媒介就是情态。在此,情态证据的价值是独立而无法取代的。

在庄严的法庭上,痛苦、愤怒、仇恨和冤屈等情感和事实通过"超语言"的情态可以越过种种无知、麻木、偏见和狭隘等消极情感,直接叩击灵魂深处,将人们带回普世性的理性与良知当中。⑥ 在此,司法人员可以不再麻木,不再变成单纯的法律执行的机器,以致走到被告人,乃至社会和人性的对立面。其他人员在情感的共鸣中也能逐渐感悟千百万年来逐渐积淀在灵魂深处的人性,并回归平静。社会在司法的有血有肉的运行中,也能逐渐体会公平和正义,体会人性的回归。在这一系列司法过程当中,康德所指的"普遍意志"终于能够通过情态在人类灵

---

① [英]迈克尔·波兰尼:《个人知识——迈向后批判哲学》,许泽民译,陈维政校,贵州人民出版社 2000 年版,第 201 页。

② Milern S.Ball,The Play's the Thing:An Unscientific Reflection on Courts Under the Rubric of Theater, 28 STAN.L.REV.81,105-106(1975).

③ Weller's Absence Plays Uncertain Role in Trial.

④ Lawrence J.Smith & Loretta A.Malandro,Corutroom Communication Strategies § §5.93 at 538.

⑤ Lawrance J.Smith & Loretta A.Malandro,Courtroom Communication Strategies § 4.06(1987).

⑥ 希特勒的宣传部部长戈培尔为了收集消灭犹太人工作的一手资料,亲自枪杀了一名犹太人。结果,戈培尔在看到该犹太人被杀的血腥场面后,受不了人性的刺激,晕倒了。[英]迈克尔·波兰尼:《个人知识——迈向后批判哲学》,许泽民译,陈维政校,贵州人民出版社 2000 年版,第 316 页。

魂深处"共鸣",并发挥着无与伦比的作用。不仅能促使法律更好地实施,更能促进法律的实时"更新"。[①] 这才是司法的终极目的,才是真正的司法实现。这是单纯的语言文字运用所无法做到的。

2. 情态证据的工具价值

司法人员作为社会中的人,不可能脱离社会影响。尤其是陪审团本身就被鼓励运用民间智慧和经验去裁断案件,将日常生活带到法庭上。而证人、被害人、被告人或旁听群众等本身是社会中的人,更不可能脱离社会的认知经验。社会对司法的评价也是基于社会普遍认知。"如果法律直接规定了普遍影响当事人的事项,其文字意义就依附于民众和字典赋予它们的含义。如果一项已通过的法律规定特别的贸易、公务或交通,其文字就依附于人们所熟悉的贸易、公务或交通知识。"[②] 所以,"对某个人的生活有控制权,即对某个人的意志有控制权"。[③] 当社会经验控制了司法人员的生活时,就不可避免地控制了其意志。因此,法律不应也不可能规避社会经验。在信息时代,人类社会遭受了前所未有的冲击,人们的思维方式和生活方式有了重大的变更,司法也需要变更,并思考新的证据种类和证明方式。

(1) 情态证据能更准确生动的传递信息。人们的行为必然伴随着情态,不管是作为被感知的人抑或作为表达的人,都不可能脱离情态。因此,情态加上语言才是完整而真实的表达。[④] 同时,也只有这种表达才能让审判者更好地接收和理解信息,[⑤] 让司法获得群众的认可。

首先,人们的思维更加"可视化"或称"图像化",想象力在视图化媒体的"侵略"下更为单一或缺乏。所以自 20 世纪末开始,展示性证据成为民事和刑事法庭所不可或缺的部分。这些证据更具有说服力,比其他证据更具有价值。文字阐述仍然是庭审的中心,不过它仅仅是

――――――――――

①司法不仅是通过法律、法规判断个案,也通过个案判断法律、法规。

②[英] 鲁珀特·克罗斯:《法律解释》,孔小红等译,西南政法学院法学理论教研室 1986 年版,第 89 页。

③[美] 马丁·夏皮罗:《法院:比较法上和政治学上的分析》,张生、李彤译,中国政法大学出版社 2005 年版。

④现实生活中,存在脱离了语言的情态,但绝对没有脱离情态的语言。司法强调剥离情态的语言的运用,这种"痴狂"是十分荒唐的。

⑤如同看电影剧本和看电影的区别,后者总是更容易传递饱满而真实的信息,而且更容易为我们所记忆或感受。

"二手的感觉"，而展示性证据（广义的展示性证据）则是直接作用于审判者的感官，填补着想象力的空白和混乱。这种信息传递更加稳定而直接，更能避免事实的多义性和偏滑。例如，在某些案件中，检察官为了让陪审团感受被害人在临死前的痛苦，当庭将自己绑到一棵假树上，并模仿被害人临死前的哀求和痛苦。这种情态表现毫无疑问比文字解说更能准确地传递被害人的痛苦，避免审判者根据印象中的电视、电影的演绎等经验记忆或者领导的指示等进行臆测。

其次，网络、电视和手机等传媒的影响，使得各种群体、物品或事件等往往被"符号化"，形成概括性的观念。例如，社会对"富二代"的普遍性仇视等。这种概括性观念使得司法原有的封闭三方结构遭受破坏。"为了达到争议解决的目的的三方结构是法院的基本社会逻辑，这一逻辑如此令人信服以至于法院已经成为了一个普遍的政治现象。"①但是当审判者根据自己从媒体得来的信息来想象案件和被告人等的主观意图时，当审判者有意无意地根据媒体对案件的报道来定罪量刑时，传统司法的三方结构发生了变化。当网络等媒体将人们"圈养"起来，以致社会常识和观念等发生变化乃至歪曲时，这种司法结构的变化已经不可避免。② 这就更需要情态证据等来实时修正概括性观念的偏差，实现司法的个案正义。

（2）情态证据的运用可以保障司法权威。情态证据的"不可控制"将使得司法难以"操作"，加上审判者在情态证据观察和判断方面所具有的绝对垄断地位，将使得司法独立得到更好的尊重，司法权威得到更好的保障。

首先，条理化是现代理性主义思潮的一个重要表现。在司法中，其体现为法律的成文化、审理的公开化和司法人员思维上的节点化。③ 于是法律预先设定了一个个的"节点"，而后控辩审三方按图索骥。由

---

①G. Simmel，The Sociology of Georg Simmel，New York：The Free Press，1950.

②正如近几年热播的动画片《喜羊羊与灰太狼》，里面充斥着羊的成功与智慧和狼的愚蠢与潦倒。这使得我那4岁的女儿有一天语重心长地对我说："狼好可怜。"假设，某天羊来控告狼谋杀，并由我的女儿来审判，而审判主要是文字化书面证据的展示，那么狼获得应有惩罚的几率是很小的。

③节点化是笔者对当下司法人员思维方式的一种描述，指的是忽视整体、过程、语境和实质，而单纯根据法律所选定的"节点"按图索骥。按图索骥并非绝对错误，但关键问题是："图"画准确了没有，"索骥"的人有没有相应的能力或私心，有没有合理的奖惩机制？

此，司法认知方式显然区别于社会认知方式，司法判断方式显然区别于社会判断方式。其造成的一个后果就是案件事实越来越"干瘪"（简单化），司法的"可操作性"越来越强，即可以通过对各种证据的操作来实现对司法的操作。因此，当人们通过非语言和语言信息都感受到了犯罪事实的存在，而法律却简单地以语言信息为托词否定犯罪存在时，整个司法体系都会遭受根本性的质疑。① 西方由于有自由心证和陪审团制度的存在，相对缓和了司法的"可操作性"。我国司法的可操作性则没有其他制度的缓冲与保障，这导致了司法实践当中"捞人"和案外因素干扰的存在。情态则是行为人心理印记在法庭环境下的展现，不仅可以展示饱满的事实，而且难以控制和伪装，更难以"操作"。行为人一旦置身于此种环境，也必然会增加其内心中对司法的敬畏。② 审判者能更合理地对个案进行全面而深入的认知和判断，而人们也会更尊重这种契合内心信念的司法的权威。

其次，各种科学证据的适用越来越侵蚀着审判者的裁判空间。一方面，专家证人由于其知识优势甚至成了"实质上的法官"。而在情态证据的观察和判断上，审判者具有绝对的便利性和不可替代性。另一方面，即使是专家证人，也无法隐藏自身的情态，都会因情态在某种程度上暴露内心的真正想法，法官可以据以跨越记忆或知识的障碍进而判断其证言或意见的可靠性。因此情态证据作为一种当庭产生的证据，具有促成、观察、评论和判断上的便利性。情态证据的适用，能够有效突破专家证人在专业知识上、侦查机关在证据收集上和控辩双方在证据选择上的"垄断"，保障"审判中心主义"，保障司法权威。

（3）情态证据的运用可以节约司法资源。司法不仅为了寻求真相，

① 蔡艺生：《解除司法的语言禁锢》，载《法制日报》2011年6月18日第10版。
② 或许有些学者仍旧会将情态证据斥为不稳定和不确定，但是正如《圣经》所载"上帝以一种神秘方式统治着世界"。或许，正是这种世界的不稳定和不确定带来了人类不断追求真相的欲望，并给控辩双方施加了一种如影随形的恐惧，利于案件事实的显露。毕竟，自然界和人类社会从来都不是也不可能是确定的，这才是世界的真实和美妙之处。例如，英美法系始终无法准确定义"排除合理怀疑"，大陆法系也无法准确定义"自由心证"，相应的解释或指示往往只是一种概括性的话语。任何试图将其量化的努力都被否定。而"确定性"不应该成为"僵化"。当一切都确定后，人类的想象力和创造力也就消失了，发展也就停止了。或许最大的确定性的表现就是：动车因某种原因停在铁轨上后，乘客想下车避险，乘务员以确定的"不能中途开门下车"的规定阻止乘客下车。最终，动车追尾，几百人伤亡。这样的确定性是违反人性的、没有灵魂的、荒谬的。

还必须保证审判程序的公平、保障法律程序的价值和提高司法效率。[1]
因此，司法也是一种价值选择过程。在该选择过程中，司法资源是一个
重要的考量因素。正如塞耶所说的："不运用司法认知往往会使审判充
满了技术性，更为可怕的是延长了审判时间。"[2] 情态证据对司法资源
的节约体现在以下两个方面：首先，情态证据是判断言词证据可靠性的
绝佳证据来源。因为与证据相伴随的种种细节不仅可以反映更真实的信
息，同时也是难以伪装的。其次，情态证据作为庭审中被告人或证人的
情态，可以由裁判者直接感知和判断，以评估其证言或主观态度等。相
比其他证据，情态证据在证据收集和运用上具有更多的便利性。

毋庸置疑的是，没有任何证据是完美的。笔者也并非认为情态证据
是不可置疑的。不过，必须承认的是，相对情态，证人证言等其他证据
更加稀少或更容易造假。例如，伪造物证、伪造鉴定结论，或者通过欺
骗、威胁、引诱或刑讯获得证言等。情态证据作为一种法庭中各方监督
下的即时意思表达，毫无疑问更具有"客观性"和"合法性"。正如边
沁所说："被告人自己是'最安全'的证据，因为他是最不愿意以虚假
的证据而损害自己的，他的证词是最值得信赖的。"[3] 被告人的情态更
是如此，因为这是一种出于趋利避害本能的反应。在短时间的庭审中，
如何对事实和价值做出抉择？至少，在证人证言穷尽的情况下，情态证
据将是一个相对较好的选择。

本章小结

情态是一种"沉默的语言"，而庭审中的情态更被理所当然地认为
是一种证据。从某种意义上说，不包含情态运用的制度是不存在的，因
为这是人类认知的正常和必然的方式。同时，不包含情态的证据也是不
存在的，因为证据必须由人去言说和展示。休谟曾经说过："哲学的谬
误仅仅是可笑，哲学的奢华也不影响我们的生命。"[4] 但是，情态证据
的"谬误"或"奢华"不仅仅关系到情态证据自身，更关系到整个司

---

①Sohinka,Lederman and Bryant,The Law of Evidence in Canada,2nded.(Toronto:Butterworths,
1999), at pp.3-6.

②James Bradley Thayer, A Prelimiary Treatise on Evidence at the Common Law, Boston: Little
Brown,1898,pp. 530.

③孙长永：《沉默权制度研究》，法律出版社 2001 年版，第 153 页。

④［英］大卫·休谟：《人性论》，商务印书馆 1983 年版，第 303 页。

法体系。从 20 世纪初开始，西方学者们开始正视并研究情态证据。不过，这些研究并没有为情态证据带来必要而充分的理论支撑。相反，不断有研究结果质疑情态证据，甚至认为司法对情态证据运用传统的屈从是不可原谅的。当然，更有研究对情态证据进行了逐步的条理化，并明晰了情态证据的相关理论范畴，指明了情态证据的优越性。总体而言，相关研究都不足以说服对方，而国外的立法和司法实践都坚持着对情态证据的肯定和运用，我国则是基本没有相关研究。

西方有句谚语："真正的雄辩是众所周知。"而司法也应该如此，司法公信力不应来自于对社会的强制或经济交换，而应该来自于对社会的说服。一旦司法变得晦涩难懂，各种偏见和危险必然滋生，甚至司法的正当性和合理性也会受到质疑。毕竟依靠神化自我和愚弄民众而获得权威的方式已经连同中世纪恐怖专制制度一样被历史车轮碾碎。或许正因为此，国外学者在论述某项制度或规则时，往往使用的是朴素的语言和例子，法国社会学家皮埃尔·布迪厄更是强调学术表达的原始性，以取得信息传递的真实性和"众所周知"的效果。

情态证据的科学性和合理性并非来自于某些人的论证，而是来自于人类的本能和认知经验，其在人类历史上有着深厚的渊源。而今情态证据依然存在，也在许多根本性的方面契合司法体系，并对司法的运行和实现有着不可替代的作用。这些都是"众所周知"的。特别是 20 世纪末以来，随着信息时代的到来并在社会中占据不可撼动的地位，所谓的"事件真相"已经千疮百孔。信息技术将人类"圈养"起来，而越来越多的人选择了屈从或盲从。在此，司法所仰仗的构造或证据已经发生了动摇，司法的权威也越来越遭受到质疑。无数的冤假错案或不当判决，让人们越来越否定法律乃至政府。而情态，可以将生命带入司法，将灵魂带回躯体。

或许我们必须反思，目前被我们所奉为圭臬的某些司法准则，说不定只是传统司法中的一种无奈选择，是某一时代某些人的权宜之计。现代科技给我们的司法提供了更多的可能，例如 DNA 技术、摄像技术、视频通信和微表情技术的发展。某些技术将案件"肢解"分析，更需要某些技术将案件"重组"感知。亦如人体构成有血、有肉、有骨骼更有灵魂，司法也不可能全是骨骼，更不应失去灵魂。越来越多的英美学者在思考，当案件被程序撕裂，当司法沦为法律和科技的游戏的时候，社会公共利益在哪里？人性在哪里？

在陌生人社会的今天，我们越来越质疑每一个人，甚至愿意为此而罔顾人性。如2011年10月16日广东佛山交通肇事中，一名两岁的小女孩被两辆车碾轧，十八名路人经过竟然无一上前施救或报警。① 质疑一切的后果是，人性消失了，人也消失了，留下的只有行尸走肉。似乎一夜之间，人类重回蒙昧和野蛮时代。

既然我们一味地强调法律至上，那么自然而然就会让人认为：除了法律，其他规则都不重要、都不需要遵守了。这种思想败坏了整个社会的根基，最终也必然维护不了法律！法律和程序正义是可以约束滥权，但也是不负责任和冷漠者的最佳借口。② 既然我们认为"刑讯逼供"是非法的，是无能的表现，那么司法通过种种所谓法律或科学证据武断地排斥社会常识和观念，是否也构成另一种"刑讯逼供"？亦如原始社会的巫师为了树立权威而实施的种种神化自身和愚弄民众的可笑伎俩。司法与社会的"隔绝"理论上是可以防止多数人的暴政，但是何为"暴政"？多数人的暴政与少数人的暴政，哪个更普遍、更具危害性？真的能实现"隔绝"？拒绝参与和讨论就是防止暴政的最佳方式？相比在愚昧中任人摆布，我们更愿意在清醒中痛苦挣扎，因为至少后者是精彩地活着，前者仅是无谓地存在。

"权力只在有界限的地方才停止"，当理性的发展给了我们某些利益之后，人类开始无止境地索取和迷信，并放弃思考转而进行简单重复，最终放弃了其他可能更为可贵或不可或缺的东西，走向了极端。现今英美的学界及实务界也在思考着走向实体真实的可能。以前，司法难以选择；而今，我们有了更多的选项。而选项的关键在于，我们愿意多大程度上尊重并信任别人。正如美国Levenson教授所说："我们多大程度上允许陪审团考虑情态证据，取决于我们在案件审判中准备赋予陪审团什么样的角色。如果是有限的角色，则限制陪审团使用情态证据；如

---

① 王去愚、茆思莼：《佛山女童之死给我们的思考》，载《环球人物》2011年第28期。
② 笔者曾参加某次国际会议。其间，笔者问某国外专家："面对被害人的痛苦、社会舆论的压力和上级的压力等，你们对案件的侦查是否也会变化。"该国外教授说："我们没有压力，因为这是程序。"说这话的时候，他脸上写满了轻松和优越感。在国内某些"法治发达"的地方，笔者也曾问当地的民警，办案遇到困难时怎么办。他们说："管他呢，这只是工作而已。搞不定就算了。"这就是"法治"？笔者坚信，这不是应然的法治！

果是积极的角色，则可以合理地允许使用。"① 而陪审团代表的是社会对政府权力的制约，代表的是社会常识对法律的更新。或许我们多大程度上认可情态证据，取决于我们准备赋予一审庭审的审判者什么角色、赋予司法什么角色。

---

①Professor Laurie L. Levenson: Courtroom Demeanor: the Theater of the Courtroom, Legal Studies Paper No. 2007-30. p. 2.

第二章　情态证据的历史考察与比较研究

引言

正如英国哲学家波兰尼所说："人们总会无视看来与公认的科学知识体系相冲突的证据。他们希望，这样的证据最终会被证明是假的或是毫不相干的。这一方面能避免使资源浪费到无用功中，另一方面也可能导致错过发展。"[1] 情态证据显然与当代理性主义证据传统"大相径庭"。这是否代表着情态证据是没有价值的? 答案显然是否定的。理由有二：一是笔者坚信现有的理性主义证据传统是一种有效的权威，但并不是最高权威。[2] 亦即证据理论仍然需要进一步自我反思与发展。如果因为我们不能用迄今公认的框架来理解某些证据是如何产生和运用的，就否定该证据的可行性或可能性，显然是不理性的。二是如果我们暂时放松现代证据理论的束缚，回归到人类千百年来在寻找真相与实现司法价值的过程中来审视证据的产生和发展历程，则可以窥见情态证据的广泛存在。同时，更可以发现情态证据与证据理性主义的高度契合。

英国"人类学之父"爱德华·泰勒认为："研究和学习最大的困难在于研究者不能十分清楚地了解每一门科学或艺术因何而存在，它们在一系列生活需要中占据着怎样的地位。当他们多少了解它们的早期历史，并且知道它们是怎样由人类生存的最简单的需要和条件而产生时，

---

[1] [英] 迈克尔·波兰尼：《个人知识——迈向后批判哲学》，许泽民译，陈维政校，贵州人民出版社 2000 年版，第 23 页。

[2] 在神示证据制度时期，神示证据制度是一种有效权威；在法定证据制度时期，法定证据制度是一种有效权威。而今理性主义证据制度也是一种有效权威。但是理性主义证据制度是否已经足够完善和成熟? 答案显然是否定的。我们不能以之为最高权威，并拒绝探讨和质疑，否则其将取代神示证据制度和法定证据制度再次禁锢人类司法的进步。在此，笔者在当前的意义上探讨证据体系，并力求该探讨能得到普遍的认可，其前提当然承认目前通说意义下的证据界定与体系。绝非也不可能是对现有证据理论权威的挑战或觊觎。

他们就会发现自己更有能力掌握它们……（否则）他们（研究法学的人）会一下子扑向法律系统的一切琐碎和混乱之中。这个法律系统在上千年的过程中，通过斗争、改造乃至失败而大大发展了……如果他们对适合于蒙昧和野蛮部族需要的最简单的法律形式如何发生有所认识，那他们的途径也就会清晰得多。"① 法国著名的社会学家皮埃尔·布迪厄曾经说过："历史学家在采用一些概念来考察往昔社会时，他们的用法常常是非历史的，或是去历史化的，因此，他们会经常犯时代误置的错误。"② 因此笔者在本章将首先从情态运用的兴起入手，还原情态信息在世俗和宗教领域的缘起及变革。其次，展示情态证据制度在古代的确立及其发展，尤其是阐释情态证据在陪审制度、传闻证据规则和对质原则等诉讼规则的产生和发展过程当中的基础性作用。同时笔者将阐述情态证据在各个国家或地区的具体运用及其脉络。最后，展示情态证据在现代司法中遭受的限制。

一、情态运用的兴起

可以想象，在人类起源之初，由于语言的缺失使得人们之间的交流在很大程度上必须借助情态。随着人类社会的发展，虽然有了语言和文字等新型而便利的交流媒介，不过基于百万年来的社会文化积累或语言文字交流障碍（词汇不足、词义不清、文盲、语种不同等）的存在，情态仍然起着重要的作用，并深入到宗教和世俗领域。

在人类历史长河中，对真相的寻找吸引了每个世纪的人们的注意力。③ 基于一种基本的思维，任何人在遭遇一个新的问题时，都必然会寻找已有答案的相似问题，以获得答案。④ 因此宗教和世俗领域相关情态运用的发展尤其是理性总结，也逐渐为社会所认可和熟悉，并在其他领域引起共鸣，这里必然包括司法领域。情态信息之所以能成为一种证据为司法所肯定，也正是来源于世俗世界和宗教世界对其的普遍认可和运用所证明的其确定性的普遍信念。正是这些情态运用的先声，结合人

---

① [英] 爱德华·泰勒：《人类学——人及其文化研究》，连树声译，广西师范大学出版社2004年版，第4页。

② [法] 皮埃尔·布迪厄、[美] 华康德：《实践与反思——反思社会学导引》，李猛、李康译，邓正来校，中央编译出版社1998年版，第131页。

③ Arturo V. parcero, Rodolfo G. urbiztondo: Evidence, Philippine Law Journal, 1963. 64.

④ [美] 波利亚：《如何解决问题》，普林斯顿大学出版社1945年版，第172页。

类自我投入尺度的心理①和当时的历史条件，决定了情态证据制度在各个时代的沿革。

（一）宗教领域的情态运用

宗教从古至今一直主宰着人们的精神生活，界定着人们的价值观念和行为准则。我们可以在社会生活的诸多领域看到宗教的巨大影响力，现代司法的诸多规则与原则都可以上溯到某些宗教教义。② 情态运用也是如此。正是宗教领域对情态的运用和肯定，极大地促进了情态证据制度的产生与发展。不过这种宗教领域的运用与肯定在现代理性主义思潮中往往受到忽视，甚至被斥为愚昧。其实，许多传统措施并不如现代规则的论述体系这般引经据典、言之凿凿，并自成体系。相反，许多传统经验有其实效，却由于当时社会的统治或行事方式的差异，使得该经验"无法"或"不能"细解或言说。③ 所以，在理性主义思潮兴起，并重新解读世界时，传统的许多经验与理性主义理论体系和论述方式便显得"格格不入"。但是这并不代表当时措施或经验的无用，相反，可能仅仅是我们的理性不够"理性"而已。因此，笔者试以理性主义的方式来解构宗教领域的情态运用。

1. 宗教教义中的情态记载

世界各地的宗教教义中，关于神性、是否敬神、内心善恶或身体状况等方面的判断，都以情态为主，甚至基督教教义还将情态称为人内在的"灵"的表达，是一种区别于有意识表达的下意识存在。而且宗教在宣传教义、建筑寺庙或塑造神像时，也辅之以大量的情态运用。

基督教《新约》多次提到神迹的显现，而对神迹的判断标准之一就是某人的情态。例如，《使徒行传》第6章："在公会里坐着的人，都是定睛看他，见他的面貌，好像天使的面貌。"《路加福音》第24

---

①我们不会把感情投入到过分容易或过分困难的任务中去，而只会投入到尽了最大能力能够掌握的任务中去。［美］希尔加德：《学习原理》（第2版），纽约出版社1956版，第277页。因此难以想象一种完全脱离人类认知习惯的司法体系会有多少正当性和社会许容性。

②在中世纪的诸多司法变革中，似乎找到了宗教的根源就能为该变革添加许多神秘与神圣的色彩。法治的发展在西方国家和伊斯兰教国家中明显地受到宗教的影响，在中国，在远古或许还有宗教影响的影子，但相当淡薄。基于宗教仍然是一种社会文化，其必然或多或少地影响立法尤其是司法。

③正如"善意的谎言"。例如，人们崇尚神明，但当时的统治者如果直言神明裁判的科学本质，则民众无法理解或信服。那么该制度必然无法施行。因此，统治者往往辅之以当时社会广泛认可的方式。

章："他的面貌改变了，衣服洁白放光。"《马太福音》第 17 章："就在他们面前变了形象。脸面明亮如日头，衣裳洁白如光。"可见，基督教教义认为，可以从人的面貌等情态信息判断其是否具有神性，是否神迹显现。而耶稣被钉在十字架上受苦的情态，更是成为一种宗教符号，向世人直观地传达着耶稣的伟大和对人类的救赎，成为一种比单纯的文字震撼得多的情态展现。宗教中各种各样的神像情态向人们展示着神的万能和权威，也反映着人们对神的情态想象。例如，观世音菩萨的慈悲面容，罗汉形态各异，寺庙的布置庄严肃穆。诸如此类，令人一见就被深深地震撼和感染。在世俗领域，对伟人或名人的塑像，也必然赋予其各异的情态，反映出被塑像者的才能、品行与成就。

在《马太福音》第 8 章中，耶稣教导某麻风病人："你切不可告诉人，只要去把身体给祭司察看。"在第 9 章中，耶稣教导即将远行的信徒："到那时候，必赐你们当说的话。因为不是你们自己说的，乃是你们父的灵在你们里头说……因为掩盖的事，没有不露出来的。隐藏的事，没有不被人知道的。"[1] 可见，基督教教义认为：人与"灵"可以成为一体，"灵"就在心中，可以脱离人的有意识的主观意志，表露出应有的真实的想法和事实。宗教经常呼唤信徒听从内心的召唤，或许所谓的内心中的"灵"就是下意识的生理和心理，包括信念等，是不能为人所表述和控制的。例如，人控制不了自己的心跳和血液循环，控制不了莫名的冲动和感悟等。这是一种具有神性的"灵"。在人与人之间，心中的"灵"可以共鸣和传递信念与信息。《旧约全书》箴言篇第 6 章："他用眼睛使眼色，用脚说话，用手指指示。"[2] 亦即"灵"或内心真实会通过肢体语言表达出来。

佛教《金刚心要庄严续》载："若人谤上师，虽勤最胜续，舍睡眠杂乱，千劫中勤修，亦为修地狱。"《密集根本续》载："有情作无间，或造重大罪，金刚胜乘海，于此可成就。至心谤上师，纵修亦无成。"意思是，不能在心中诽谤神和教义，否则怎么修行都是没有成果的，都是要下地狱的。伊斯兰教《古兰经》载："信奉天经的人啊！你们来吧，让我们共同遵守一种双方认为公平的信条：我们大家只崇拜真主，不以任何物配他，除真主外，不以同类为主宰。""你们应当崇拜真主，

---

① 《新约》。

② Stephen H. Peskin, Non-Verbal Communication in the Courtroom, 3 RTIAL DIPL. J. 8 (1980).

除了他，你们绝无应受崇拜者。"那么如何判断信徒和僧侣是否"心谤"，是否真正虔诚？除了宗教当然认可的"神"可以直接察觉内心外，也就是依靠观察情态信息以确定是否心谤。例如，某人在宗教仪式或膜拜神时，露出傲慢不恭敬之情；或者，某人不定期礼拜；或者，某人谈论宗教时表现出满不在乎、心口不一的情态。要求信徒内心虔诚和信服，是所有宗教的共同表现。例如，谈论最高的神时，展现出尊敬万分的情态，面对神像时双手合十和鞠躬等，都是对神展现出尊敬的情态。宗教教义所渲染的这些神对内心的洞察和内心必须绝对虔诚，都是一种无所不能的最高权威的宣示，让人们时时处在担心表现出不敬的心理和行为以至于必须下地狱的恐惧之中。这些恐惧的言行或情态能够时时地展现出来，而为其他人所感知，以共同重复和传染这种宗教的氛围和信念，让宗教的权威直达最深层的内心，根深蒂固、不可撼动。

正是宗教的此类教义，在一定程度上为神明裁判提供了理论支撑，也客观上肯定并促进了情态运用。

2. 神明裁判中的情态运用

神明裁判，是指借助"神"的力量来考验当事人，以确定其是否有罪的原始审判方式。神明裁判往往被斥为愚昧与野蛮。其实，如果我们回归到当时的历史条件，则可以发现神明裁判的相对合理性。诚如孟德斯鸠所言："在决斗立证、热铁和开水立证的习惯仍然存在的时代环境之下，这些法律和民情风俗是协调和谐的，所以这些法律本身虽然不公平，但不公平的后果却是产生得很少。"[1] 当我们深入而全面解析神明裁判，则可以发现它其实是一种压力控制下情态的激发与运用的极端方式。因为死刑、神、众人、当权者、凶猛动物、烦琐程序、庄严仪式和各种辅助性及限制性规则等，共同对被告人构成了极大的压力。该压力往往可以激发人们最极端的情态，使得该情态能为周围的人或动物所感知和判断。例如，被告人惊恐万分的情态诱发了动物的攻击；或者导致被告人动作无法正常进行或生理机能受损。这些都可以为外界以某种方式感知并进行评判，最终形成判决。世界各个国家和地区在历史上相

---

[1] "在一个专事武艺的民族，怯弱就必然意味着其他邪恶；怯弱证明一个人背离他所受的教育、没有荣誉感，不按照别人所遵守的原则行事……因为一个人看中了荣誉，就终身从事一切获致荣誉所不可或缺的事情。此外，在一个尚武的国家，人们尊重武力、勇敢和刚毅，所以真正丑恶可厌的犯罪就是那些从欺诈、狡猾、奸计，即怯弱产生出来的犯罪。" [法] 孟德斯鸠：《论法的精神》，申林译，北京出版社 2007 年版，第 204 页。

继都采用了神明裁判的审判方式，这种现象绝非现代"理性主义"一句"愚昧"可以解释的。相反，通过情态证据却可以从理性角度予以解读。

（1）"兽审"裁判方法对情态的运用。"兽审"是通过动物的反应来确定被告人是否有罪的审判方式。《论衡·是应》载："皋陶治狱，其罪疑者，令羊触之，有罪则触，无罪则不触。"亦即在审判中，如果羊用角触被告人，则证明其有罪，反之则无罪。从科学角度而言，人们在智力上差异最大，但他们有着非常相似的本能和情感。[1] 而在语言和文字极不发达的当时，人类之间的交流更多的仍是依赖于情态，这与野兽具有高度的相似性。野兽之间的交流更是绝大部分依赖情态，而且这种交流往往关系着野兽的生死存亡，因此野兽相比人类更具有对情态的敏锐感觉和判断能力。这一点，也为现代科学所陆续证明。例如，狗具有更灵敏的嗅觉，大象对震动更灵敏。所以狗被用于搜索，大象被用于预测海啸。因此，野兽虽不可能查明事实或适用法律，但是可以更敏锐地感知人类的情态，即野兽无法解读人类语言和文字，却可以解读人类的诸如恐惧或勇敢等情态。而且被告人的心理印记不可能伪造。在神明裁判的极端氛围下，这种心理印记会被激发，并通过情态展现出来，进而被"野兽"感知。有罪的被告人会感受到神、野兽和司法人员等带来的巨大压力，导致显露出惊恐的情态。此时，该"神兽"作为一种动物，本能上肯定能体会出该犯罪嫌疑人的恐惧，遂而触之。相反，如果该被告人是无罪的，则基于对神的无比信任，可能会激发无比的信心和勇气，该"神兽"感受到了此种"霸气外露"，便不敢触之。这便是一种情态信息的意会（人与兽之间的情态交流）而非言传。而且以羊等较温顺的动物来考验被告人，也决定了被告人的情态要何等剧烈才会让羊"有勇气"去触他，这也体现了兽审的相对正当性和合理性。从我国后来把"神兽"视为法的象征，或许就可以窥见其相应的理性传承。

（2）神誓法、水审和决斗等神明裁判方法对情态的运用。神誓法、水审和决斗等神明裁判方式，实质上都是一种对被告人技能的考验。可以想象，在一个人人信奉神的时代，犯罪嫌疑人在接受神明裁判时会感

---

[1]［法］古斯塔夫·勒庞：《乌合之众——大众心理研究》，冯克利译，中央编译出版社2005年版，第15页。

受到何等巨大的压力。而这种压力必然会刺激其心理，进而影响其生理和行为，要么使有罪者行为动作变形，要么使无罪者"如有神助"（超常发挥）。例如，在我国周朝"有狱讼者，则使之盟诅"。"凡盟诅，各以其地域之众庶，共其牲而致焉。"① 亦即凡百姓之间发生诉讼的，在官府受理案件后，要先让诉讼双方发誓立盟。而且凡行盟诅，要让诉讼当事人双方各在其居住地召集当地民众，预备牲物（祭神用的物品）来进行盟诅。诸如神明惩罚、邻人排斥（邻人往往了解被告人的各个情态所表达的准确含义，而且邻人排斥往往代表着被告人将无法生存）、刑罚和报应等心理压力会使得当事人不敢发誓，或无法完整而流畅地宣读誓词。《汉谟拉比法典》第2条规定："设某人控他人行妖术，而又不能证实此事，则被控行妖术的人应走进河中。如果他能被河水制伏，则揭发者可取得他的房屋；反之，如果河水为他剖白，使之安然无恙，则控他行妖术的人应被处死，而投河者取得揭发者的房屋。"这是因为当时的洗礼教派坚信："圣洁之水"不能容纳提供虚假证言的恶人。被告人怀着对"圣洁之水"的无比敬畏而走进水中时，其是否犯罪的心理印记必然会在情态上表达出来。例如，因恐惧而拒绝入水或无法游泳等。正如基督教教义所说："恶人虽无人追赶也逃跑，义人却胆壮像狮子。"同理可证，诸如司法决斗等类似的神明裁判方式，也体现了对情态的运用。

（3）火审等神明裁判方法对情态的运用。神明裁判中的火审往往表现为对被告人伤情愈合能力的考验。例如，日耳曼民族的《萨利克法典》第53条规定："由火裁判的那些人，蒙着眼或光着脚通过烧红的犁头，或用手传送燃烧的铁，如果他们烧伤的伤口很好地愈合，那么就宣布无罪。"中世纪的欧洲还曾盛行一种"热铁审"，即牧师先给烧红的铁块洒上圣水，并说道："上帝保佑，圣父、圣子和圣灵请降临这块铁上，显示上帝的正确裁判吧！"然后，让被告人手持热铁走过9英寸的距离，最后被告人的手被包扎起来。三天后进行检查，若有溃烂的脓血则视为有罪。从情态角度上而言，我们可以进行同理的论证。一个心情愉快的病人总是比一个心情压抑的病人更快痊愈。或许是巨大的压力导致犯罪嫌疑人的生理机能弱化，如血液流动减缓、淋巴活性降低和消化系统紊乱等，最终使其痊愈能力显著下降。最后，使其伤口无法顺利

---

①钱玄等：《周礼·秋官司寇·司盟》，岳麓出版社2001年版。

愈合。相反，如果犯罪嫌疑人是无罪的，在神的巨大鼓舞下，激发了身体的潜能，则伤口可以较快愈合（对此，现代医学和心理学可以提供相应的证明）。

综上所述，神明裁判能够盛行于全世界，并历经千百年，肯定有其相应的合理性，为人类司法的发展留下了许多可贵的遗产。但是正如柏拉图所预言："诚然，在这当今世界上，神秘方法已不盛行。人们对于神的信仰已经变化，于是法律也必须变化。"神明裁判将情态信息的运用前提高度寄托于对神的迷信，而这种迷信是具有历史性的，[①] 其结果的公正性必然随着人类社会的发展而降低，并最终为人类所抛弃。在中国，神明裁判在周朝之前就为"五听断狱讼"所取代。欧洲的神明裁判制度从 12 世纪开始走向衰落。1215 年，欧洲天主教拉特兰大教会明令禁止使用神明裁判后，荷兰最早废除，随后法国于 1260 年，罗马帝国、英国于 1290 年相继废除该制度。[②] 神明裁判开启了司法当中情态运用的先河。在神明裁判中，被告人的命运取决于他的身体的反应，而不是"证据"。[③] 不过神明裁判仅仅是针对某些疑难案件，不具有普遍性。而且依赖于对神的高度敬畏的社会环境，更是使其具有极大的历史局限性。同时，神明裁判并非一种自觉的司法常态，更非现代意义上的司法。因此笔者并不称之为情态证据制度，而仅仅以之为情态运用的缘起或兴起。

（二）世俗领域的情态运用

在人类世俗活动中，早就有了对情态信息的深刻认识和运用，并形成了某些结论性的普遍信念。这种普遍信念的表达涵盖了政治、经济和文化生活的方方面面。而且这种普遍信念甚至跨越了地域和时间的界限，成为社会认可、向往与适用的智慧。

①迷信具有历史性，但是千百年来的基本人性和本能却是贯穿始终的。如"撒谎的人的表现三千年来都是一样的"。See Paul V.Trovillo, A History of Lie Detection, 29 J.Crim.L.& Criminology 848,849(1939)。摩尔根在《古代社会》中说："人类的经验所遵循的途径大体上是一致的；在类似的情况下，人类的需要基本上是相同的；由于人类所有种族的大脑无不相同，因而心理法则的作用也是一致的。"参见摩尔根：《古代社会》，杨东莼等译，商务印书馆1977年版，第8页。这也是情态证据的正当性之一。对此，笔者将在本章深入阐述。

②申君贵等：《证据法学》，湖南大学出版社2006年版，第38页。

③Robert Bartlett, Trial by Fire and Water: The Medieval Judicial Ordeal(1989); Trisha Olson, The Passing of the Ordeals and the Rise of the Jury Trial, 50 Syracuse L.Rev.109.

1. 哲学思想对情态的肯定

古今中外的诸多哲学家早就指出了语言的局限性和情态的积极性。例如,《周易》认为,得"象"忘形,得意忘言。"象"是绝对的,言是相对的。真理是绝对的、自明的,阐释会发生歧义、具有相对性。所以真理必然是始于自我的自明,但语言交流往往会发生认识上的误解。庄子说:"名者,实之宾也。"他明确指出语言符号的能指(声音、文字)和所指(概念)之间不存在任何实质性的因果关系,因此具有言不尽意的语言局限,同时又进一步提出了"得意忘形"之说。① 荀子说:"名无固宜,约之以命,约定俗称谓之宜,异于约则谓之不宜。"②亦即语言的定义只是人们的约定而已。庄子进一步说:"夫大道不称,大辩不言","道昭而不道,言辩而不及。"③"是故高言不止于众人之心,至言不出,俗胜言也。"④ 亦即庄子以"道"为核心阐述了"只可意会,不可言传"的哲学思想。英国哲学家波兰尼则强调知识的个人性,并称之为"个人知识",即人类对知识的掌握依靠的是个人求知热情,是一种个人对该知识的心得、诀窍、操作方式。对于知识的言述仅仅是该技术的引导或启发,而不是知识本身。因此,知识的传播与交流必然是难以简单用言传的形式进行的。亦如 R. 卡尼格所言:"人们不能从书本中得到答案,也不能明确说出答案。答案往往要通过例子,通过慢慢增加的个人喃喃不清的自言自语和抱怨,通过师徒之间若干年密切合作中所发出的微笑、皱眉和感叹来获得。"⑤ 不管是庄子、老子或波兰尼等哲学家,都直接或间接地表达了难以言述的隐性知识⑥比可以言述的知识更为完善和具有创造性,具有更大的价值。⑦

---

①刘原池:《从"得意而忘言"析论庄子的语言思维模式》,载《高雄师大学报》2008 年第 24 期。

②北京大学哲学系:《荀子新注》,里仁书局 1983 年版,第 444 页。

③郭庆藩:《庄子集释》,中华书局 2006 年版,第 83 页。

④郭庆藩:《庄子集释》,中华书局 2006 年版,第 450 页。

⑤Robert Kanigel, Apprentice to Genius? The Making of a Scientic Dynasty, New York:Macmillan Publishing Company, 1986,Page xiv.

⑥隐性知识,也译为默会知识、缄默知识、意会知识、非言传知识和内隐知识等,是化学家、哲学家波兰尼(Michael Polanyi)在 1958 年提出来的。与隐性知识相对的是显性知识,也译为言传知识、明晰知识等。

⑦后现代哲学大师对此也多有论述,如麦克卢汉的"媒介决定信息"等。在此不予展开讨论。

2. 谋略领域对情态的运用

我国古代谋略智慧极其注重情态的运用，最具代表性的是知人、钓情和察势等谋略。甚至古人通过观察情态，就可以察知一个人的过去、现在和未来，推测事物（如军队和国家）的发展趋势。可见情态在谋略当中的运用已经达到了何等的高峰。情态运用也逐渐成为智慧的象征，并渗透到社会各个领域。具体如下：

"知人"是我国古代所强调的识人、用人谋略，是一种智慧的象征，为人所推崇。"夫贤圣之所美，莫美乎聪明；聪明之所贵，莫贵乎知人。知人识智，则众得其序，而庶绩之业兴矣。"但是知人并非易事。正如孔子所说："凡人心险于山川，难知于天。"而且人的外表也具有迷惑性，"狙者类智而非智也，愚者类君子而非君子也……皆似是而非也"。所以必须知人有术："微察问之，以观其辞；穷之以辞，以观其变；与之间谋，以观其诚；明白显问，以观其德；远使以财，以观其廉；试之以色，以观其贞；告之以难，以观其勇；醉之以酒，以观其态。"① 即通过一系列压力或诱惑试验，观察其情态，最后实现"知人"。这与神明裁判中将被告人放置到极端的压力下考察其情态具有异曲同工之妙。同时，古人通过观察情态，就可判断某人日后富贵贤达与否，称"察相"。如《周易》载："蛇形雀趋，财物无储（形体像蛇，走路像麻雀的，不会富裕）。""语声喷喷，面部枯燥，面毛戎戎，无风而尘，皆贫贱相也。"诸如此类论述，在古代经典著述中比比皆是。可见，古人情态运用的实践和理论所达到的高度在普遍强调言语表达的今

---

① 赵蕤：《儒门经济长短经》，李孝国等译，中国书店出版社 2013 年版，第 29 页。

天是难以想象的。[①]

"钓情"指的是获悉对方的内心活动，以此来使自己的行为更加得当。孔子曰："未见颜色而言，谓之瞽。"[②] 即不察言观色就贸然行动是很愚蠢的。而为了知道对方的好恶，可以通过物、谈话、事例、志向、贤人和表情等媒介来感知。其中，通过情态来观察对方喜好的，更为社会大众所普遍适用，并常见于经典著作中。例如，《钤经》载："喜，色洒然以出；怒，色拖然以侮；欲，色怄然以愉；惧，色惮然以下；忧，色惧然以静。"即通过观察面部，可以看出其内心感情。《周易》载："将叛者，其辞惭；中心疑者，其辞枝。吉人之辞寡，躁人之辞多。诬善之人，其辞游；失其守者，其辞屈。"即根据其声调和语言多寡，可以判断其品性或感受。因此，"夫人情必现于物。能知此者，可以纳说于人主矣"。[③] 即人的主观感情必然表现在情态等方面。能够洞幽烛微的，必然可以成功。可见情态信息的运用甚至成为了"智者"或"知者"的条件与标志。

"察势"指的是战争中把握敌人士兵个体及其军队整体表现出来的情态，掌握"敌势"。孙子道："故善用兵者，避其锐气，击其惰归，此治气者也，以治待乱，以静待哗，此治心者也。"[④] 亦即观察敌方情态（势），如果敌方表现出锐气，则应避开，如果对方懈怠，则攻击等。在《左传》的《曹刿论战》中，曹刿根据敌方击鼓情况，判定敌方气势衰减，遂发兵进攻；在敌方败退时，根据敌方车辙印杂乱、战旗

---

①宇宙的形成时间已经不能用语言来形容了，而地球的诞生也是数以百万亿年计，人类的诞生也是几百万年。在时光的千淘百汰中，无数的冲突和牺牲换来了自然秩序的建立和人类机体的成型。毫无疑问，这种经过漫长时光磨炼而来的积累体现了极高的合理性，融入了人类最深层的记忆之中，并赋予了人类种种不可言述的能力、天赋或可能。但是在语言高度统治的现代世界，人类为了语言抛弃了太多可贵的价值与可能，并且形成了一定的顽固性。或许后人数百年后来看待我们所存在的年代，会惊讶于人类自己建构的知识言述体系竟然形成了类似于中世纪宗教对人类思想禁锢的那种实效。笔者坚信，人类不能因为暂时的难以理解就否定事物存在和发展的可能。在笔者看来，用今天的理解轻易地界定历史，并对其评头论足，最终成为今天社会的准绳的做法是不合理的。人类不能轻易界定或否定大自然百万年的进化成果，必须对此怀有合理的敬畏之心。否则，人类所有所谓的"理性"将仅仅是在重蹈历史的轮回而已。相关思想，请参见后批判哲学的相关著作，如《个人知识》和康德的相关著作等。

②孔子：《论语》，张燕婴译注，中华书局 2006 年版，第 31 页。

③赵蕤：《儒门经济长短经》，李孝国等译，中国书店出版社 2013 年版，第 27 页。

④孙子：《孙子兵法》，人民文学出版社 2010 年版，第 19 页。

倒下，判定敌方并非佯退，遂发兵追击。当然，也有利用情态传达虚假信息以迷惑敌方的。例如，《三国演义》第95回的"空城计"：诸葛亮无可御敌，索性大开城门，自己在城楼上弹琴唱曲。司马懿见诸葛亮气定神闲，以为周围设有埋伏，遂引兵退去。"空城计"也因此成为世人津津乐道的谋略。基督教《旧约·民数记》第13章也记载着摩西打发族人去窥探迦南地，去观察民风、土地和城墙等，以察势，并决定下一步的对策。瞒天过海、围魏救赵、声东击西和李代桃僵等谋略理论与战例在古今中外都不胜枚举，无一不包含了对情态的自觉或自发的掌握与利用。①

3. 其他世俗领域对情态的运用

在现实生活中，人们运用情态来处理日常事务和工作，② 并受到广泛认可。

在中医等医学领域，情态为临床观察所必需。人类不可能对自身的病情了如指掌，许多疼痛和症状也无法用语言简单表达，因此必须利用作为一种疾病自然表现出来的情态。③ 中医通过"望、闻、问、切"来把握情态。观察病人形体、面色、舌体、舌苔，根据形色变化确定病位、病性，称为望诊。闻诊是运用听觉和嗅觉，通过对病人发出的声音和体内排泄物发出的各种气味的诊察来推断疾病的诊法。由于人体内发出的各种声音和气味均是在脏腑生理和病理活动中产生的，因此声音和气味的变化能反映脏腑的生理和病理变化，在临床上可推断正气盛衰和判断疾病种类。问诊是询问病人及其家属，了解现有征象及其病史，为辨证提供依据的一种方法。切诊是中医四诊之一，指医生用手在病人身上作某种形式的诊察，或切或按，或触或叩，以获得辨证的资料，包括脉诊和触诊两个部分。通过以上的情态把握，中医甚至可以治病于未发，即治疗未病。在基督教《旧约·利末记》第13章中，耶和华晓谕

①西方也存在相应的情态信息运用的实践和理论。作为社会现实的艺术反映的《福尔摩斯探案集》等西方著作里面就充满了对情态信息的观察和把握的记载。在此，限于篇幅，笔者不予赘述。或许古代之所以大量地运用情态信息，主要在于人类语言在当时并未如今天这般成熟（这点，从词汇量的古今对比就可以看出），而且各地语言发音甚至同种语言的字词含义也有许多区别，难以进行沟通。同时，社会条件使然，许多人甚至终其一生都难以或少有表达的机会。所以，对情态信息的把握也就成了一种必然。

②United States v.Cisneros,491 F.2d 1068,1074(5th Cir.1974).

③此种情态的观察不仅针对人，还针对药物以及治疗环境。

摩西和亚伦，告知他们通过观察人们的皮肤、毛发和颜色等情况，来断定该人是否具有麻风的灾病，是否洁净。

我国的各种戏曲，尤其是京剧，其脸谱动作和唱腔表现，具有典型的情态特征。它试图通过脸谱的刻画、动作的表现和声音唱腔的感染，传达鲜活而立体的艺术形象。而这一种夸张化了的情态表现，也正是情态信息在表演中的运用，并为人民群众所乐见。现代的表演艺术毫无疑问也强调情态信息。因为表演是一种整体表现，只有能够熟练运用情态表现人物的演员，才是一名真正"入戏"的优秀演员。

在文学领域中，人们往往称赞某作者的描写"情词俱到"或"情词并胜"。这说明，作者描写的不仅有话语，还包括情态，以及由此而共同表达出的感情。例如，明朝谢榛在《四溟诗话》卷一中道："二赋情词悲壮，韵调铿锵，与歌诗何异。"古代社会中，人们称自己的话语和情态为"情词"。如明朝李东阳《求退录》卷二："伏望圣明检臣前项二次所奏情词，许臣致仕。"清朝蒲松龄《聊斋志异·胡四姐》："生惶恐自投，情词哀恳。"表明自己的词语真诚、情态恳切和感情真挚。西方诸多诗人也强调情态的重要性："对我而言，句子中单纯的字义并不吸引人，它必须具有更多的要素，如还必须通过声音本身传递信息。""虽然人们可以停止说话，但是，他不能停止传递信息……他必须要么说正确的事情要么说错误的事情……他不可能什么信息都不传递。"莎士比亚也说过："沉默中有述说，姿态中有语言。"[1] 在人们的日常交流中，情态信息也是不可缺少的信息传播媒介。例如，一部美国大片经过中文配音后，整体的协调感觉荡然无存，令观者索然无味。可见情态信息的运用在社会生活和工作中基本上是无所不在的。作为定分止争的司法当然无法拒绝社会常识化的始知模式，否则司法本身的正当性和合理性将广受根本性的质疑。

综上所述，情态作为一种人类基于本能的微妙反应，虽然是难以言述的，却是具有无比价值的。因为相比人类刻意的言语表达，情态更是一种人类在特定环境下的自然反应，毫无疑问具有相当的确定性，只要加以妥善运用，就能更真实地表达客观事实。依附于古圣先贤的各种著述和社会实践，情态运用逐渐成为一种社会文化，深入到社会各个领域，尤其是司法领域。晋朝以注释《晋律》而著称的张裴对此论证道：

---

①Stephen H.Peskin, Non-Verbal Communication in the Courtroom, 3 Rtial Dipl.J.8(1980).

"夫刑者司理之官，理者求情之机，情者心神之使，心感则情动于中而形于言，畅于四肢，发于事业，是故奸人心愧而面赤，内怖而色夺，论罪者务本其心，审其情，精其事，进诸取身，远诸取物，然后乃可以正刑。"① 他认为，定罪量刑这一司法活动，起着辨认是非、分别轻重的作用，而司法官可以通过人们的外在情绪的表露来认定人的主观动机。人的行为与主观动机是有着内在的逻辑联系的，它是一个由"心"到"情"，到"事业"（犯罪行为）的发展过程。张斐甚至从人的心理活动和外在行为之间的关系入手，论述了"审其情，精其事"的方法："喜怒忧欢，貌在声色；奸真猛弱，候在视息"，是故，"奸人心愧而面赤，内怖而色夺……仰手似乞，俯手似夺，捧手似谢，拟手似诉，供臂似自首，攘臂似格斗，矜庄似威，怡悦似福"。② 张斐的这些思想对中国古代的审判实践产生了巨大的影响，很多司法官吏均以此作为审案的圭臬。后周时的苏绰认为："先之以五听，参之以验证，妙睹情状，穷鉴隐状。使奸无所容，罪人必得。"③ 在我国古代的各种律例中，口供或证人陈述等言词证据更是被称为"情词"，体现了言词证据的一种更饱满而丰富的内涵。

二、情态证据制度的起源

人类理性思维的发展，以及教会的内部改革要求教士退出司法裁判，最终迫使法庭通过人类知识所能运用到的各种探求和推理方式弄清罪与非罪的问题。④ 神明裁判逐渐失去了正当性与合理性，诉讼制度亟须变革。⑤ 人们逐渐对情态形成了理性的认识，情态运用也逐渐摆脱了

---

① 杨鸿烈：《中国法律发展史（上册）》，商务印书馆 1933 年版，第 236 页。

② （唐）房玄龄：《晋书》，岳麓出版社 1997 年版，第 63 页。

③ 令狐德棻：《周书·苏绰传》，中华书局 1974 年版，第 388 页。

④ 马青连、郑好：《中世纪英国陪审制度成因探究》，载《云南大学学报（法学版）》2007 年第 2 期，第 143 页。

⑤ 或许，还正如法国基佐所说：他们当时之所以诉诸上帝的判断和亲属的誓言，既不是由于选择，也不是由于道义上的结合，而是由于他们既不能做也不能更好地理解任何事情。为了印证各种各样的证据，为了收集和争夺证据，为了把证人带到法官面前，并为了在原告和被告面前从证人那里取得真实的情况，需要智力发展和公众权力达到何等程度。这在当时是不可想象的。[法]基佐：《法国文明史》（第 1 卷），沅芷、伊信译，商务印书馆 1993 年版，第 237~239 页。而随着人类历史的发展，人类有了更多的选择。正如现代社会的发展，人类的司法制度也应该有更多的选择。

神明裁判这种极端的表达方式，① 慢慢走上了现代意义上的理性发展道路。情态随之获得传统诉讼制度的肯定，正式成为一种证据，并在诉讼中广泛使用。本质上，各国司法对情态的运用都实现了由"神判"到"人判"的转化。不过，情态证据制度的具体表现形式却是不同的。例如，中国形成了"五听断狱讼"的审判方式，古罗马形成了"审判员"制度（Roman Judex），而以英法为代表的国家却采取了"知情陪审团"的形式。

（一）中国的"五听断狱讼"制度

我国西周时期就确立了"五听断狱讼"的审判方式，强调通过对庭审中诉讼双方或证人所展现的情态来判断是非曲直。《尚书·吕刑》载："听狱之两辞"，"两造具备，师听五辞，五辞简孚，正于五刑"。亦即周朝的司法官员（司寇）审判时，要求控辩双方都到齐，然后通过听取双方的陈述、察看"五辞"（即五听）的方法，来审查判断双方陈述是否真实，并据此作出判决。《周礼·秋官·小司寇》中说："五声听狱讼，求民情：一曰辞听，二曰色听，三曰气听，四曰耳听，五曰目听。"即将情态证据分为五类：语言情态证据、脸部情态证据、呼吸情态证据、听觉情态证据和眼睛情态证据。对不同情态证据的判断标准为："观其出言，不直则烦；观其颜色，不直则赧然；观其气息，不直则喘；观其听聆，不直则惑；观其眸子，视不直则眊然。"② 这就是要求司法官在审理案件时，应当注意当事人的陈述是否有条理，神色是否因羞愧而转赤，呼吸喘而不顺，同时心神不宁，往往不听别人的话，而且眼神闪烁不定等情况，从而对案情作出判断。这可以说是中国古代对情态证据制度的明确记述。③ 可见从西周时期开始，我国司法审判就注重情态证据的运用，并以此架构了司法制度。法律明确允许并鼓励审判官员考虑审判中被告人或证人等的情态，并以此判断其主观意志和可靠性。法律明确规定了情态证据的种类（辞、色、气、耳、目），并有官

①宗教必须异于生活，并表现出极端性，以此来吸引人类的注意力和信任。因此宗教往往和狂热联系在一起，并拒绝任何质疑和探讨，通过大胆的断言和重复以及传染维持宗教的持续存在。但极端和狂热毕竟不是社会的常态，更不应是人类的常态。参见［法］古斯塔夫·勒庞：《乌合之众》，冯克利译，中央编译出版社2005年版。

②唐文：《郑玄辞典》，语文出版社2004年版，第41页。

③奚玮、吴小军：《中国古代"五听"制度述评》，载《中国刑事法杂志》2005年第2期。

员或学者总结出了具体适用细则和判断标准。

（二）古罗马审判员制度

罗马法发展成为世界性的法，长官之一的大法官（praetor）曾起了非常重大的作用。大法官制度是古代罗马所特有的。大法官是国家司法民事部门的长官，设于公元前 167 年。大法官不是现代意义上的法官，他除了可以驳回原告的起诉以外，对于所受理的案件，从来不亲自裁判，而是把它交给审判员去审理。审判员（judex）不是国家官吏，而是由大法官就预定名单（最初限于元老，随后加上骑士，最后加上拥有一定财产的人）选定的，并经大法官授权以处理特定案件的公断人（故亦称 arbiter），原则上为一人，但亦可为多数人。①

审判员往往只能审判一起案件。具体程序如下：审判员在宣誓就职后，从大法官处领取依法列明各个要点的法律指示，这是审判员不能背离的。审判员不仅要调查事实，还需要给出判决。如果法律和事实交织在一起，他被允许去征求一些法学家的意见。如果案件超越了他的权限，他可以拒绝给出判决。② 否则他就需要给出判决。而对于事实的认定，审判员必须亲自听取证人证言（法官听取证人口头证言的实践来源于古罗马宗教审判程序）。审判员可以不将证言记录在案，但应该将任何具体的证人反应记录到案卷中。例如，证人在回答某具体问题时的结巴或迟疑，或者证人在讯问期间展现的恐惧。③ 可见，古罗马法律认可情态证据，并将其视为判断证言真伪和案件事实的主要依据。同时还规定了情态证据运用的具体程序，即当面观察情态证据并记录。

14 世纪的后注释法学派——作为法官或支持者关注法律的实际运行的团体——认为审判员判断证人可信度的必不可少的要素是证人亲自

① ［古罗马］查士丁尼：《法学总论》，张企泰译，商务印书馆 1989 年版，第 96~105 页。约 2000 年前，古希腊和雅典也有类似的陪审制度，不过其陪审员人数更为庞大，是 200~6000人，拥有民刑事审判、审议法律和决定公共政策的权力。程序如下：原告向法庭起诉，法庭初步审议后决定立案的，则择日开庭。开庭时，控辩双方各自发言 2~3 小时，期间可以质询对方（对方有义务回答），并引经据典和提出证人。最后，陪审员通过秘密投票的方式进行表决。赞成无罪票数为 50% 以下（含本数）的，为无罪。如果赞成有罪票数为 5% 以下的，原告要接受最高为剥夺公民权的处罚。See Hansen,Mogens H.1999.The Athenian Democracy in the Age of Demosthenes.2nd edition.London：bristol Classical Press.

② John Lord, LL.D.：The Old Roman World, http://www.blackmask.com.p.109.

③ NLRB.V.Dinion Coil Co.,201 F. 2d 484,487（2d Cir.1952）；See Littlepage & Pineault, supra note23, at 326.

在审判员面前作证……证人可以让审判员形成个人的印象，包括证人回答问题的方式、他们在法庭上的反应或行为，这些印象是证明证言是否值得信任的唯一途径。[1] 大部分欧美学者承认，基于一个将近3000年前的原则，司法制度将制度性前提深植于司法框架中，即"观察证人情态的机会具有重大的价值"，[2] 能够判断证人是否说了真话。该原则能够被当成司法公理并追溯至古罗马审判员制度中（Early Roman Judex）。[3]

（三）英国知情陪审团制度

学界普遍认为，现代诸多司法规则或原则乃至构架，都可以在古罗马法中找到根源，陪审团制度也是如此。[4] 任何研究欧美法学的学者都不能忽视陪审团制度的存在，"必须谈到陪审团制度。因为这个制度不但作为法庭程序的一部分而有其本身的重要性，而且对法庭程序的其他因素产生了巨大的影响。欧美法律的许多特色都是围绕在陪审团制度的四周，就像铁砂环绕着磁石一样"。[5] 陪审团制度乃是英美法系法官的基本信念。[6] 因此，笔者在研究情态证据的过程中必然不能忽视陪审团制度。

早期的陪审团实际上是由知情人组成的委员会或专门委员会。[7] 约1215年，《大宪章》（又称《英国权利法案》）正式由英王约翰颁布，保证由陪审团审理案件。至此，陪审团在英国正式诞生。十三十四世纪的英国，陪审员是从那些对该案件知之甚详的人中挑选出来的，他们知道有关该案件的第一手消息。而且司法鼓励陪审员运用他们在审判前知

---

[1] NLRB.V.Dinion Coil Co.,201 F. 2d 484,487(2d Cir.1952)；See Littlepage & Pineault,supra note23,at 326.

[2] Olin G.Wellborn Ⅲ,Demeanor, 76 Cornell L.Rev.1075(1991).

[3] NLRB.V.Dinion Coil Co.,201 F. 2d 484,487(2d Cir.1952). See Littlepage & Pineault,supra note23,at 326.

[4] William Roumier,L'avenir du jury criminel, LGDJ,2003,p.l et s. 当然，关于陪审团制度的起源，学界尚存在争论，甚至对于何种情况下可以称为制度起源，学界也没有统一的标准。

[5]［美］哈罗德·伯尔曼：《美国法律讲话》，陈若桓译，生活·读书·新知三联书店1992年版，第35页。

[6]［英］丹宁勋爵：《法律的未来》，刘庸安、张文镇译，法律出版社1999年版，第20页。

[7]［美］约翰·W.斯特龙：《麦考密克论证据》，汤维建等译，中国政法大学出版社2004年版，第479页。

悉的案件或被告人情况去裁决。① 即这些陪审员往往是本案的证人，是从控辩双方的居住地或该争议发生地周围的邻人中选出。② 因为犯罪被视为是对秩序的破坏和对邻里的挑战，所以邻里需要确保被告是依据邻里的标准和道德进行审判的。这能够避免不公正的或荒谬的判决。同时，对被告人性格和习性等情况的熟悉，能够赋予陪审员一种优势，即能够更好地评判被告人的可靠性和真实性，以及其守法的本性等。③ 陪审员可以考虑被告人法庭内外的情态。因为他们熟悉被告人，可以恰当地解读和评判被告人的诸多情态反应，④ 所以在知情陪审团时期，情态证据是合法而合理的（在现代陪审团制度中，陪审团对情态证据的运用也是合法的）。知情陪审团可以对被告人在法庭内外的情态进行观察和评价，并最终形成判决。其实，相对于"五听断狱讼"的司法官员和罗马的"审判员"，知情陪审团具有运用情态证据的先天优势，能相对保证情态证据的确定性和准确性，⑤ 加上情态证据在司法前提中不可替代的作用，共同促进了陪审团制度的不断发展，并衍生出一系列规则或原则予以保障，最终形成了西方现代司法体系。

其实，在我国西周时期和古罗马也有类似陪审团制度的审判方式和程序。周朝治理重案，必依次与群臣、群吏和百姓三等人反复计议，然后定罪判决，以示慎重，称"三刺"。《周礼·秋官·司刺》："司刺掌三刺、三宥、三赦之法，以赞司寇听狱讼。一刺曰讯群臣，再刺曰讯群吏，三刺曰讯万民。听民之所刺宥，以施上服下服之刑。"古罗马对刑事犯罪的司法审判本来是由执政官完成的，后来则形成了类似陪审团制度的审判组织和程序。罗马共和国时期，决定人生死的绝对权力掌握在"百人会议"（类似于议会）手中。后来，罗马开始通过临时赋予某些人以权力来行使刑事司法权，即刑事法庭。每个案件都在法庭上，通过

①Wolf, Robert V. 1998. The Jury System. Phiadelphia：Chelsea House Publishers. p. 25.

②See Pollitt, supra note 6, at 386.

③Glanville Williams, The Proof of Guilt, Stevens and Sons, London, 1963 at 4-5. 在陪审团制度之初，陪审员是那些"从邻里挑选出来的人，他们知道相关的事实（如果不知则被排除于陪审团之外），并且依据誓言和他们对被告人的了解来作出判决"。See Lloyd E. Moore, The Jury：Tool of Kings, Palladium of Liberty 8（2d ed. 1988）.

④Professor Laurie L. Levenson：Courtroom Demeanor：The Theater of the Courtroom, Legal Studies Paper No. 2007-30. p. 41.

⑤对此，笔者将在第三章中重点论述。

法官和陪审团进行审判。由法官主持庭审程序，而由陪审团在听取了诉求和证据后决定罪与非罪。[1]

"三刺"制度、古罗马刑事审判程序与陪审团制度都具有"公断"的特质。"公断"的基本理念之一是"容许甚至鼓励陪审团通过普通的民间智慧（和经验）而不是逻辑思维来作出决定"。[2] 而民间智慧和经验认可情态的价值。加上当时侦查手段落后、证据技术匮乏、程序规则"不精密"和语言文字不完善等原因，作为诉讼双方或证人内心反应的情态证据尤其具有"重大价值"。

但是，随着陪审团制度的变革，陪审员成了"局外人"。他们必须排除一切信息干扰，除非该信息是从庭审中宣誓证人的证言获取的。于是让陪审员考虑他们对被告人（包括情态）的看法的审判方式已经失去了最初的环境。[3] 情态证据制度也开始变革。

三、情态证据制度在中国的发展

情态运用在中国有着深厚的社会土壤，更被视为智慧的象征。同时，我国古代司法官员绝大部分为文人，他们更专注于对人的关注和对人性的思考。他们还要监理各种事务（如推动当地道德教化和兼管军事等），没有时间也没有精力去忽视情态这种直接而有效的证据，转而寻找书证或物证。而且我国传统侦查技术水平落后，难以进行有效的侦查、获取充分的证据。并且案件的侦查和审判主要集中在庭审这种特殊的压力环境中，也使得情态的观察变得现实而有效。[4] 正是这一系列原因，使得我国古代诉讼制度以"五听"为案件审理的基本方式，[5] 倍加关注情态证据，并从实质上推动着情态证据制度的不断发展。[6] 当然，

---

①John Lord, LL.D.: The Old Roman World, http://www.blackmask.com. p. 111. 关于陪审制度的起源，仍有诸多争论。笔者在此不展开讨论，仅仅是就古罗马刑事法庭存在的一种审判形式进行讲解，以综合证明情态证据在古罗马司法中的存在。

②Paul Bergman, The War Between the Sates (of Mind): Oral Versus Textual Reasoning, 40 ARK. L.REV.505, 509(1987).

③Devlin, at 10-11.

④对于情态证据的运用原理，笔者将在本书第三章重点论述。

⑤杜建录：《西夏学》，上海古籍出版社 2010 年版，第 152 页。

⑥我国古代朝代甚多，为使得论证更加集中清晰，同时，也基于典型朝代的代表性，笔者以秦、汉、唐、宋和元、明、清为脉络进行论述，其余朝代相关发展的论述则归入典型朝代的总结中。

基于历史条件和社会现实的变化，"五听断狱讼"制度也遭遇了某些困境，并有了某些相应的思考和改革。最终，"五听断狱讼"制度在清末受到了越来越多的限制，直至退出历史舞台。

（一）情态证据制度在秦汉时期的发展

秦朝是我国第一个封建朝代，汉朝则是封建朝代的形成时期，都具有比较典型的代表性。两个朝代都继承了"以五声听狱讼，求民情"的理念与程序，并将其视为防止拷掠的重要手段和审判成败的判断标准。不过，当时的情态证据不仅包括庭审中的被告人或证人的情态，还包括庭外的情态和原告的情态，而且情态证据被视为一种独立而实质的证据，具有较大的证明力，甚至可以据以直接定罪量刑。

秦朝规定："治狱，能以书从（综）迹其言，毋治（笞）谅（掠）而得人请（情）为上；治（笞）谅（掠）为下；有恐为败。"① 即秦朝法律将审讯的效果分为上、下、败三个层次：上，是指通过对犯人的察言观色，以及捕捉其供词中的自相矛盾、逻辑错误等，不使用笞掠，就让犯人说出事实真相，这是最好的，应当鼓励奖赏；下，是指通过使用刑讯逼供来获取口供；败，则是指采取恐吓手段来进行审讯。《汉书·刑法志》记载，自景帝之后，"狱刑益详，近于五听、三宥之意"。另据《尚书·吕刑》所言："汉世问罪谓之鞫"，并沿用"五听"之法。② 汉朝文帝时，都官尚书周弘正议曰："凡小大之狱，必应以情，政言依准五听，验其虚实，岂可令恣考（拷）掠，以判刑罪？"③ 这些都体现了汉朝对"五听"之法的沿用和发展。

情态证据的运用还集中体现在"腹诽罪"的相关律例与案例当中。秦朝首立"腹诽"之说，汉朝加以继承。"腹诽罪"指的是因内心怀有不满和恶意的罪行，又特指对君主的恶意批评的罪行。汉武帝时期，名臣窦婴、颜异被指控："魏其（窦婴）、灌夫日夜招聚天下豪杰壮士与论议，腹诽而心谤，视天，俯画地，辟睨两宫间，幸天下有变"，④ "颜异闻客语，不敢应，而仓卒自禁，不觉微笑而塞唇耳"。⑤ 即窦婴等人睥睨天、地和皇宫；颜异在客人批评朝政时展现"微反唇"。这些情态

① 睡虎地秦墓竹简整理小组：《封诊式》，文物出版社 1978 年版，第 14 页。
② 张晋藩：《中华法治文明的演进》，中国政法大学出版社 1999 年版，第 194 页。
③ 李延寿：《南史》，文物出版社 1978 年版，第 18 页。
④（东汉）班固：《汉书》，中华书局 2005 年版，第 62 页。
⑤ 沈元：《汉书补注》，西泠印社 2008 年版，第 9 页。

被作为窦婴和颜异定罪的直接证据。中国自古以来都有"礼不下庶人，刑不上大夫"的传统。而汉朝权臣却因情态证据而被定罪处死，可见情态证据在秦汉时期的重要性和普遍性。

（二）情态证据制度在唐宋时期的发展

唐宋时期，政治、经济和文化都有了较大的发展，司法制度也较具代表性。首先，唐宋司法制度继续明确"五听断狱讼"的法律地位，并规定其为拷掠的前置程序。同时，开始注意到情态证据在新的社会语境下的局限性，强调审判手段之间的配合和证据之间的相互印证。而且情态证据仅仅限于庭审当中出现的情态，即为狭义的情态证据。社会上也开始形成以"五听断狱讼"和"不施鞭棰"为荣的风气，并延续到清朝。例如，《陈书·儒林传·沉洙》载："凡小大之狱，必应以情，正言依准五听，验其虚实。"唐朝崔颢《结定襄郡狱效陶体》诗："我来折此狱，五听辨疑似。小大必以情，未尝施鞭棰。"同时，当时的诸多司法官员和学者还对情态证据是运用方式和判断标准进行了大量的论证和总结，散见于《折狱龟鉴》、《朝野佥载》和《疑狱集》等著作当中。

唐朝律令明确规定"五听"是"察狱之官"首先采用的查证方法。例如，《唐六典》规定："凡察狱之官，先备五听，一曰辞听，二曰色听，三曰气听，四曰耳听，五曰目听。"①《唐律·断狱》规定："诸应讯囚者，必先以情审查辞理，反复参验；犹未能决，事须讯问者，立案同判，然后拷讯。"《唐律疏义》注解："察狱之官，先备五听，又验诸证信，事状疑似，犹不首实者，然后拷掠。"②贾公彦《周礼注疏》云："以囚所犯罪附于五刑，恐有枉滥，故用情实问之，使得真实。"③即要求司法官在审理案件时，必须通过五听的方式，依据情理审查供词的内容，然后同其他证据进行比较印证，检验证据的可靠性。《唐律》还规定："若赃状露验，理不可疑，虽不承引，即据状断之。"④即虽然犯罪人不招供，只要人证、物证和情态证据等确凿的，也可以定罪量刑。

宋承唐制，《宋刑统》规定：凡审理案件，应先以情审察辞理，反复参验；如果事状疑似，而当事人又不肯实供者，则采取拷掠以取得口

①（唐）李林甫等：《唐六典·刑部员外郎》卷六，陈仲夫点校，中华书局1992年版，第190页。

②刘俊文：《唐律疏义》，法律出版社1998年版，第592页。

③孙诒让：《周礼正义》，中华书局1987年版，第2766页。

④文渊阁：《四库全书》，台湾商务印书馆1978年版，第361页。

供。中国古代著名的案例汇编《折狱龟鉴》卷六载:"凡推事有两:一察情,一据证……据证者,核奸用之;察情者,摘奸用之。盖证或难凭,而情亦难见,于是用谲以其伏,然后得之。此三事也。"即察情、据证和用谲为古人治狱的基本手段。其中的察情,即为情态证据的一种获取和运用手段,实质上为"五听"。意为:通过犯罪嫌疑人的辞色等情态获知犯罪事实和犯罪动机情况。[①]

(三)情态证据制度在元明清时期的发展

宋朝灭亡后,少数民族政权入主中原,政治上中央集权加剧,文化上遭遇断层和革新,[②] 经济上资本主义萌芽开始出现。"五听断狱讼"制度随之变革。虽然元明清时期仍然以"五听断狱讼"为基本的审判方式,并继续强调其对拷掠的遏制作用。不过,这显然加强了对情态证据运用的法律指导和规范。表现在通过法律明确情态证据的判断标准、强调情态证据的记录、指明情态证据在立案审查和案件复核当中的效能。针对情态证据和书证、物证等证据的客观性,海瑞和汪祖辉等人也进行了长期的争论,并对情态证据的"价值"和运用条件进行了相应的总结。

元朝强调通过"五听断狱讼"制度来遏制拷掠,要求司法官在审理案件时必须"以理推寻"。《元典章·刑部二》规定:"诸鞠问罪囚,必先参照元发事头,详审本人词理;研究合用证佐,追究可信显迹。若或事情疑似,赃状已明,而隐讳不招,须与连职官员,立案同署,依法拷问。其告指不明,无验证可据者,必须以理推寻,不得辄加拷掠。"[③]即审判时应该根据被告人的口供、情态、痕迹物证和事理等,进行定罪量刑,不得随意拷掠。

明朝开始通过法律来规范情态证据的具体运用。例如,《明会典》

①甚至可以通过察看动物和人的综合情态而获知犯罪嫌疑:唐怀州河内县董行成善察盗。有人从河阳长店盗一驴并囊袋,天欲晓,至怀州。行成市中见之,叱曰:"彼贼住!"盗下驴,即承伏。少顷,驴主寻踪至。或问何以知之,曰:"此驴行急而汗,非长行也;见人即引驴远过,怯也。是故知其为盗也。"意思是:有人盗窃一头驴和一些财物,急匆匆逃遁。走到邻县时,司法官员看到驴走得很急,流了很多汗,并非是长途跋涉的样子。看到有人了,马上牵着驴想绕开。分明是盗窃所得。(唐)张鷟:《朝野佥载》卷五,赵守俨点校,中华书局1979年版,第109页。

②漫长的战争,使得文化教育和发展中断或偏失,儒家思想也开始被重新诠释和定义。

③陈高华等:《元典章点校本》,天津古籍出版社2011年版,第676页。

规定："问刑官"进行审讯时，要求"观于颜色，审听情词"，对"其词语抗厉，颜色不动者，事理必真，若转换支吾，则必理亏"。如果越诉的，则"回奏告情词，不问虚实，立案不行"。① 史载，明朝明惠帝为太孙时，抓获了七个犯罪嫌疑人，太孙审视了一番，对太祖说："六人皆盗，其一非之。"经查，果然如此。太祖问他如何判定，答："周礼听狱，色听为上，此人眸子瞭然，顾视端详，必非盗也。"② 对于案件复核程序，《明史·刑法志》规定："情词不明或失出入者，大理寺驳回改正。"即明朝法律规定，在审判、越诉和案件复核中，都需要审查"情词"（情态和言词）有无不明或出入。

清朝非常重视对情态证据的记录和分析，并以之为诉状是否合格、是否受理案件等程序的要件。例如，"凡有呈状，皆令其照本人情词据实誊写"。即诉状应该不仅记录词语，也要记录情态。《大清律例》规定：对于越诉的"所诉情词，不分虚实，立案不行"。即对于越诉案件的审查应分析其情态证据。都察院步军统领衙门遇有各省呈控之案的，则"先向原告详讯其实，系抑难伸，情词真切……即行具奏"。③ 而且《大清律例》还规定：对于诬控的，将原告情态和证言等记录后，一并移送原审判机关。"将奏告情词及审出诬控缘由连犯人转发原问衙门。"

随着情态证据运用的深入，以及其他证据制度的发展，关于情态证据的争论也愈演愈烈。以明朝著名官员海瑞为代表的质疑者认为："两造具备，五听三讯，狱情亦非难明也。然民伪日滋，厚貌深情，其变千状，昭明者十之六七，两可难决亦十而二三也。二三之难不能两舍，将若之何。"④ 意思是随着社会和民风的变化，情态越来越难以准确把握，通过原有的"五听"技巧只能判明十分之六七。不过，以清朝名幕汪辉祖为代表的支持者则指出了情态证据运用的方法："书言五听，非身历不知。余苦短视，两造当前，恐记认不真，必先定气凝神，注目以熟察之。情虚者良久即眉动而目瞬，两颊肉颤不已，出其不意，发一语诘

---

①《明会典》卷六十五。转引自林咏荣：《中国法制史》，台湾正中书局 1973 年版，第 207 页。

②《明会典》卷六十五。转引自林咏荣：《中国法制史》，台湾正中书局 1973 年版，第 207 页。

③《大清律例》，田涛、郑秦点校，法律出版社 1999 年版，第 596~597 页。

④陈义钟：《兴革条例》，载《海瑞集》（上册），中华书局 1962 年版。转引自：《海瑞定理》，载《中国社会科学》2006 年第 6 期。

之，其意立露，往往以是得要犯，于是当下人，私谓余工相法，能辨奸良。越年馀，伪者渐息，讼皆易办，著得力于色听者，什五六焉，较口舌争几，事半而功倍也。"① 即汪辉祖等人认为：在对质情况下，详加观察。心虚者眉毛跳动目光闪烁，脸颊颤动。此时，出其不意地诘问，往往可以使之暴露。如此积累了审判经验和威望后，被告人越来越不敢在他面前撒谎，审判更加便利。这其实是一种在压力控制下对情态的激发、观察与评判的理性总结。因此，对于海瑞等人指出的情态证据缺陷，支持者又总结出了激发情态的方法。例如，"或引而亲之以观其情，或疏而远之以观其忽，或急而取之以观其态，或参而错之以观其变。醉之以酒，以观其真；托之侦探，以观其实；要之于神，以观其状"。② 这是一种情态的激发和辨别手段。对于书证、物证等，汪辉祖等人认为其极易伪造或变造，难以辨认。"凡民间粘契约议据等项，入手便须过目，一发经承，间或舞弊挖补，补之不慎，后且难辨。"该结论虽有某些偏颇，但却反映了元明清司法和社会主流思潮对"情态证据"的重视和依赖。

（四）情态证据制度在清末民国时期的发展

"五听断狱讼"是我国情态证据运用的集中表现。"五听断狱讼"源远流长，成为我国古代基本的审判方式。但是 19 世纪中叶鸦片战争后，面对清政府的腐败无能和西方列强的坚船利炮，中国内外交困，无数仁人志士开始探寻富民强国之路，并掀起长达百年的"师夷长技以制夷"的"西学"热潮。随着传统司法面临的困境以及西方司法理念的传入，以马建忠、黄遵宪、郑观应、严复等人为代表的清末有识之士提出了具体的司法改革主张，掀起了清末的司法改革思潮。1901 年，清政府新政后开始法律变革。之后，"五听断狱讼"制度逐渐走出了中国的司法视野，情态证据也随之受到限制和否定。1905 年，清政府废除科举制度，无数"士子"的人生追求与信仰瞬间崩溃，作为封建统治根本的意识形态保护随之崩溃，加上随后清政府在"新政"上的倒行逆施，最终，中国选择了"革命"。而封建审判方式作为封建统治的象征连同"刑讯逼供"等被整体性地否定，并大量引入西方的诉讼制度

---

①（清）汪辉祖：《学治臆说·治狱以色听为先》，西南师范大学出版社 2011 年版，第 58 页。

②（清）魏息园：《不用刑审判书》，群众出版社 1987 年版，第 26 页。

和规则。① 但是此种移植是草率而片面的，带有被动性和功利性，而且没有深厚的社会土壤支撑和权力支持。② 最终造成了清末至民国长达几十年的诉讼制度的混乱，情态证据的运用也随之受到了实质上的废置。

在证据法律制度方面，清朝末年由沈家本主持的刑事和民事诉讼法草案以及后来的中华民国时期的刑事诉讼法和民事诉讼法都吸取了西方国家证据法律制度中的先进之处，确立了无罪推定、自由心证、言词辩论和禁止刑讯逼供等原则（沈家本甚至推动陪审制度的引进，不过遭到张之洞等人的强烈反对）。这些本来应该成为情态证据制度发展的契机。但是由于长期战乱和国民党政府实行法西斯统治，中国近代立法上的证据制度与司法实践中的做法相去甚远。事实上，封建的法统没有什么变化，诸如无罪推定和禁止刑讯逼供等规定不过是一纸空文。北洋政府于1921 年颁布了《刑事诉讼条例》。国民党统治时期，除了承袭北洋军阀时期的法律制度外，从 1922 年至 1928 年和 1945 年曾先后效仿德国，修正并颁布了刑事诉讼法律；在证据制度方面，引进了自由心证制度，如《刑事诉讼法典》第 269 条规定："证据之证明力，由法官自由判断之。"但是又颁布了所谓"特别刑事案件"的诉讼法律，对于普通百姓、革命人士尤其是共产党人采取野蛮的手段进行逼供。其理论基础是"宁可错杀三千，不可放过一个"。因此，它是一种在混乱社会环境下的混合各种极端和野蛮手段的诉讼制度。它表面上是资产阶级民主形式，具有自由心证和直接言词原则等条文，却采用了刑讯逼供的证据收集方式，实行法外镇压和恐怖专政的政策。在这种混合型诉讼制度下，诉讼证据制度是"有条（金条）有理，无法（法币）无天"。③当时，司法制度只是实现阶级镇压的工具，司法自身运行规律完全受到曲解和忽视。而被古人视为智慧象征和遏制拷掠的重要手段的情态证据制度，作为一种司法规律运行的重要内容，也由于"法外"和"案外"因素的主导而被限制乃至否定。

四、情态证据制度在英美法系国家的发展

随着历史的发展，知情陪审团制度越来越难以维持。因为随着人口

---

①鸦片战争以后，中国国门大开，西方列强接踵而至，迫使清政府与之签订一系列不平等条约，并以此为借口，不断攫取中国司法主权，传播西方法律文化。
②既然立法的生命在于司法经验，中国封建社会千百年来的司法经验难道没有任何价值？
③田承春等：《简明证据法学》，成都电子科技大学出版社 2005 年版，第26~27 页。

的增长和社会的复杂化，陪审团个人对被告人和证人的庭外了解越来越少。因此，陪审团不再依赖于那些了解案件事实的陪审员获得信息，而是更多地依赖于与陪审团成员相区别的证人。① 但是陪审员仍旧必须来自原争议发生地，他们利用自身的经验和知识观察被告人和证人的情态信息和言词等证据，并最终作出判决，这仍被视为司法的基础。"虽然我们建立了证据规则体系和庭审程序，但是，美国刑事审判仍然不仅仅是一些证据的组合。相反，它是一个剧场，在该剧场中各种法庭演员演出被告人有罪或无罪的戏码，然后让事实裁断者去评判。"② 程序不能造成绝对的确定性，仅仅是可能性。人们通过某种方式形成对人们行为的确定的共识结论，陪审员作为事实发现者也是如此。③

可以想象，陪审团并非专业人员，他们可能无法判断专业知识，甚至逻辑思维也不会高深，他们必须依赖个人的经验和智慧，这正是美国司法的前提和基础。④ "正如社会习惯，我们直接通过人们的表现来判断一个人，法院也一样的。"⑤ 而情态信息在法庭上实质上"讲述了千言万语"。⑥ "无声的证明胜过了有声的雄辩。"⑦ 陪审员都是当地人，具有人类的本能和本性，能够通过观察"和他们一样的人"的"情词"来感受事实。为了让情态证据的观察和利用更有效，英美形成一系列的原则或规则予以保障。例如，英美法系的对质原则、传闻证据规则、交

---

①易延友：《陪审团在衰退吗——当代英美陪审团的发展趋势解读》，载《现代法学》2004 年第 3 期。

②法院是个剧场，律师们表演他们的主张。See Peter W. Murphy," There is No Business Like..." Some Thoughts on the Ethics of Acting in the courtroom,44.S.TEX.L. REV.111 （2002）. 法庭新手往往被教导如何在法庭上进行有效的表演。See Donald B.Fiedler, Acting Effectively in Court：Using Dramatic Techniques,25 CHAMPION 18（July 2001）. 陪审员也常常将法庭视为剧场。See Laurie L.Levenson,Courtroom Demeanor：The Theater of The Courtroom,Legal Studies Paper, No 2007-30,July 2007.

③449 U.S.411,418（1981）.

④Paul Bergman,The War Between the States（of Mind）：Oral Versus Textual Reasoning,40 ARK. L.REV.505,509（1987）.

⑤David L. Wiley, Beatury and the Beast：Physical Appearance Discrimination in American Criminal Trials,27 ST.MARY'S L.J.193,211-12（1995）.

⑥CNN.com, Jurors：Evidence, Peterson' Demeanor" Spoke for Itself,"Dec.14 2004. http://www. cnn.com/2004/LAW/12/13/jury.reax/index.html（last visited on July.29,2011）.

⑦[美] 乔·纳瓦罗、东妮·斯艾拉·波茵特：《FBI 教你破解身体语言》，于乐译，中华工商联合出版社 2010 年版，第 6 页。

叉询问和陪审团判决无须说理等；大陆法系的直接言词原则、公开审理原则、集中审理原则、排除合理怀疑或自由心证原则等。通过以下分析，我们可以发现，以陪审团制度为核心的英美司法体系，其实就是在通过各种制度和技术设计确保情态证据的产生和认知。

（一）情态证据制度在英国的发展

如上所述，英国早期的陪审团制度是"知情陪审团"，陪审员自己就是证人，法庭上没有其他证人，所以不需要对质和交叉询问。因为知情陪审员了解案件和被告人的情况，可以综合判断包括情态证据在内的各种证据材料，并最终作出判决。不过，随着社会的发展，"让陪审员考虑他们对被告人（包括情态）的看法的审判方式已经失去了最初的环境"。[①] 英国在1361年确立了以下规则：证人必须在公开的法庭上提供证据，而不是私下向陪审团传达事实。[②] 陪审团也逐渐向法官的角色转变。1367年，陪审团判决必须"一致裁决"，即陪审团的裁决必须反映全体陪审员的一致观点，这标志着证人从陪审团完全分离出来，并将陪审团转变成在法律上判断证据的集体。陪审团就此具有了法官的特征。[③] 排除了陪审员作为当地人所具有的个人知识，他们被鼓励仅仅考虑法庭上提出的证据，并且不得进行自己的侦查。当然，陪审团仍然能使用作为一个人类应有的知识和思考的本能与习惯。但是陪审团在法庭上听取证词的做法直到15世纪才广为流行，并逐渐形成今天的观念，即证据的常规渊源不是个人知识，也不是陪审团成员所做的调查，而是证人在法庭上的公开作证。[④] 在传统司法体系当中，世界各国无一例外

---

①Devlin，at 10-11.

②Year Book，2 Hen.IV.as cited by William Forsyth.See Note2.

③易延友：《陪审团在衰退吗——当代英美陪审团的发展趋势解读》，载《现代法学》2004年第3期。

④[美] 约翰·W. 斯特龙：《麦考密克论证据》，汤维建等译，中国政法大学出版社2004年版，第480页。

地表现出对被告人和证人等人证的高度依赖。① 据常理推断，在语言文字尚未高度发达的当时，加上证据相对匮乏和证据规则相对宽松，情态证据作为一种被告人或证人当庭展现的事实，毫无疑问肯定会引起陪审团和法官的高度重视。恰如"五听断狱讼"制度当中对情态证据的高度肯定和运用。陪审团和法官不仅可以据以判断证人或被告人的可靠性，甚至可以推断案件事实，并最终影响定罪量刑。

当然，或许基于恰如海瑞所说的"民伪日滋，厚貌深情，其变千状"的困境，英国司法也开始寻求情态证据现实性和真实性的保障原则和规则，并进一步完善情态证据制度。也就在这个时期，基于一种激发和判断证人情态以确定事实的需要，对质原则和交叉询问在英国被"重新确立"，② 传闻证据规则也逐步获得认可。

1. 对情态证据现实性的制度保障

现实性指的是情态证据被充分观察的可能性。为了确保这种可能性，对质原则和传闻证据规则在英国先后确立。它们可以形成心理刺激，触动被告人或证人的心理印记，激发情态，并为陪审团或法官所充分观察。

1554 年，英国国会通过一项法律："任何证人，只要活着，而且在王国领域内，就应该被带到被告人面前，并公开作证。"③ 数个世纪来，强迫原告和被告面对面对质的观念正是基于一种盛行的信念："在某人

---

①美国刑事司法学界暨警察科学界最为著名的学者之一——弗雷德·英博教授在其经典名著《审讯与供述》的导言中是这样描述审讯对于犯罪侦查的意义的："由于小说、电影和电视剧的持续影响，在人们的观念中存在着一种粗浅的错误观念，即只要侦查人员仔细地勘查犯罪现场，他们几乎总能发现查获案犯的线索；而且，一旦他们找到案犯，后者就会痛快地供认自己的罪行或企图以逃跑等方式来表明自己有罪。然而，这纯属杜撰。事实上，犯罪侦查的艺术和科学还没有发展到能在案件——哪怕是在大多数案件中——通过查找和检验物主来提供破案线索和定罪的程度。在犯罪侦查中，甚至在最有效的侦查中，完全没有物主线索的情况也是屡见不鲜的，而破案的唯一途径就是审讯犯罪嫌疑人及询问其他可能了解案情的人。"

②据考证，对质原则和交叉询问早于陪审团制度。对质原则可以追溯到古罗马图拉真皇帝时期（公元98~117年），最初具有防止匿名指控的目的和作用。之后，对质原则被征服者诺曼斯更直接地运用，即私人决斗。13世纪初期，原告必须提供两名证人才能提起对被告人的诉讼。而被告被允许同该证人进行对质并对证人进行交叉询问。在13世纪，为被告人提供对质和交叉询问的各种方式都逐渐为不断发展的陪审团审判观念所取代。

③1&2 Philip and Mary, ch. 10（1554）.

面前撒谎要比在某人背后撒谎难得多。"① "人类本性中的某些东西将面对面的对质视为公平审判的必需。"② 虽然在对质条款等规则的原因、领域和观念中，仍然存在某些争议，但是在所有观点中，都把情态证据视为对质条款的最重要基础。对质原则保证了观察证人情态的机会，同时，该原则的历史也保证了对于情态证据使用有效性的坚定信念。③ 虽然还是存在政治或宗教目的下的滥用，但是对质权及其对情态证据的依赖还是为英国法律所确认的。④ 对质原则一方面保障了陪审团和法官观察情态的现实性；另一方面，证人在庄严的法庭中，面对被告人、法官、陪审团、旁听群众、伪证罪的处罚和良心的压力，能够促使情态集中而真实地展现。

但是书面证言和转述证言等传闻证据的出现，使得对质无法实现，情态证据更是无从观察和判断。因此，从 1700 年开始，传闻证据规则在英国逐步确立。⑤ "它是英美证据法上最具特色的规则，其受重视的程度仅次于陪审制，是杰出的司法体制对人类诉讼的一大贡献。"⑥ 传闻证据必须被排除依据的信条是显而易见的：证人在作出该证言时的情态无法被事实裁判者感知和评判。⑦ 即情态证据对陪审团的重要性是传闻规则的理性基础。⑧ 审判者可能对事实（目击证人）和专业（专家证

---

①这在中国也是一种常识性的观念。See Coy v. Iowa, 487 U.S. 1012, 1019 (1988). Commonwealth v. Ludwig, 594 A.2d 281, 284 (Pa.1991).

②Pointer v. Texas, 380 U. S. 400, 404 (1965).

③"证人在审判组织面前的展现，即他作证时的情态可以被收集用于评价他的可信度。证人情态能够被充分观察，对质原则的价值就得到了充分的体现。" See Coy v. Iowa, 487 u.s. 1012, 1029 (1998) quoting Wigmore, supra note 84, §1399 (Chadbourne rew.ed1974) (emphasis in original). Jeremy A. Blumenthal, A Wipe of the Hands, A Lick of the Lips: The Validity of Demeanor Evidence in Assessing Witness Credibility, Neberska Law Review, p. 1175.

④Jeremy A. Blumenthal, A Wipe of the Hands, A Lick of the Lips: The Validity of Demeanor Evidence in Assessing Witness Credibility, Neberska Law Review, p. 1175.

⑤1700 年，详细的证据规则开始确立，以试图驾驭陪审团的裁决的形成。See Lloyd E. Moore, The Jury: Tool of Kings, Palladium of Liberty 70 (2d ed.1988).

⑥17 世纪，英国的诉讼首先确认了直接言词辩论的形式，法庭审理以口头进行，若证人没有在法庭上经过交叉询问，其证言不能作为证据。英美法系形成了传闻证据规则，而大陆法系则最终形成了直接言词原则。[英] 威格摩尔：《证据》，查德伯恩出版社 1974 年修订版，第 1364 节，第 28 页。

⑦e.g., Donnelly v. Unied States, 228 U.S. 243, 273 (1912); California v. Creen, 399 U.S. 149, 155-156 (1970); State v. White, 809 S.W.2d 731 (Mo.App.1991).

⑧当然，情态证据并不是传闻规则的唯一基础。Imwinkelreid, supra note 52, at 186 n.34.

人）"无知"，但是对于人类所共同具有的心理特点和行为方式，即对情态却是"有知"和"共通"的，可以通过观察情态来判断其可信度和可靠性。①

都铎王朝和斯图亚特统治时期，当事人和律师对口头传闻的批评和攻击日益趋烈。传闻证据虽被经常使用，但其可信性遭到了越来越多的质疑。人们逐渐认识到它们是在法官或司法人员面前作出的转述，没有对质、交叉询问，更没有情态证据的展现和观察所应有的环境。16 世纪初至 17 世纪中叶的英国刑事诉讼中，控诉方所依靠的主要是笔录证言。随着口头传闻证据越来越不为人们所信任，对笔录证言的质疑也逐渐形成了规模。排除传闻证据的唯一理由是缺少交叉询问以及观察行为人情态的机会。②

2. 对情态证据有效性的制度保障

虽然对质原则和传闻证据规则保障了情态证据能够被观察，但是这种观察往往是概括性的、宽泛的，且情态展现与具体证言的联系性不紧密，使得陪审团或法官难以对其进行具体的解读和评价。因此必须有其他规则加以辅助，这就是"交叉询问"。交叉询问不仅可以造成一种概括性的心理刺激，还可以在具体问题上集中而深入地激发情态，使得情态与待证事实具有更强烈而清晰的联系，更易于解读和评价。因此，16 世纪，随着对质原则的盛行，交叉询问也逐渐受到重视。交叉询问的重要性在于证明指控者的错误和发现矛盾的情态。伊丽莎白女王的国务大臣查尔斯爵士评论道："对方及其支持者可以询问证人，并给他们施加压力，使之不再那么从容不迫。"③ 正如 1696 年约翰·芬威克爵士（Sir John Fenwick）被控叛国罪时的自我辩护："我们的法律要求人们出庭并做出口头证言；然后，我们通过他们的镇定和作证的方式就可以得知他们的证

---

①如专家证人，他们形成某些意见其实也是通过情态的观察。同时，陪审团包括法官对某些专业可能是无知的，如果没有合理的手段，审判者只能对专家言听计从，专家证人可以成为实质上的"法官"。但是基于一个有限的却普遍的道理："事实究竟如何，审判者不知，但专家证人内心是知道的。如果专家证人试图掩盖或歪曲，或者对自己的结论尚存质疑，则专家的情态证据会向审判者坦白。这是任何人都不能轻易否认的。"

②［美］约翰·W. 斯特龙:《麦考密克论证据》，汤维建等译，中国政法大学出版社 2004 年版，第 480 页。

③1 Sir W. Holdsworth, A History of English Law 335 n.2(7th ed., 1956).

言是否表现出可信性；他们的谎言可以通过对方的询问而揭露……"①

两个世纪以来，普通法法官和律师已经把获得交叉询问的机会作为确保证人证言准确、完整的一项重要措施。② 对质原则连同交叉询问提高了庭审证言的可靠性，这是审判最重要的方面。因为对质最主要和本质的目的是保证对方具有交叉询问的机会。对方要求对质并不是为了漫无目的地看着他，或者被他所看，而是为了交叉询问。③ 交叉询问是不可缺少的，它可以让事实裁判者从不同角度听取证人证言。同时，它的一个"关键目标是激发出令人怀疑的情态，使之为事实裁判者所发现"。④ 对质原则和传闻证据规则为交叉询问目的的实现提供了可能和保障。

3. 对情态证据证明力的制度保障

诚如笔者所言，虽然情态运用具有悠久的历史，并存在于各个领域，但是作为一种难以言述和条理化的微妙证据，在不断强调建立精细的证据规则⑤的司法体系中，情态证据显得"不合时宜"。不过，英美在证明标准上"排除合理怀疑"原则的确立，使得情态证据可以免受语言文字的束缚和精细证据规则的武断排斥，为其运用提供了制度保障。而且集中审判原则等其他保障原则的出现，也保障了情态证据在法官或陪审团心证中的新鲜印象和相互印证，有利于情态证据证明力的合理实现。

对于包括情态证据在内的所有证据应该达到怎样的证明标准，英美则逐渐形成了"排除合理怀疑"（民事上则是盖然性居上或占优势）原则，即能够排除内心的合理怀疑，合理怀疑是依据理智和常识的怀疑——某种会使得合理的人在行动时犹豫不决的怀疑。一个合理的人在处理自己最为重要的事务时会毫不犹豫地依赖它并遵照它来行事。18 世纪初期，英国最早在判例法上确立了"排除合理怀疑"的证明标准，但那时仅适用于死刑案件，而在其他的刑事案件中，最初适用的证明标准乃是"明白的根据"。直到 1798 年在苏格兰首府都柏林审判的叛乱案

---

①Fenwick' Trial,13 How.St.Tr.,537,591–92,638(1696).

②[美] 约翰·W. 斯特龙：《麦考密克论证据》，汤维建等译，中国政法大学出版社 2004 年版，第 45 页。

③Wigmore, supra note 84, § 1395.

④Ohio v. Roberts,448 U.S.56,64 n.g.

⑤See Lloyd E. Moore,The Jury:Tool Of Kings,Pallandium Of Liberty 70(2d ed.1988).

中，"排除合理怀疑"开始作为一个固定的名词，一直沿用至今。我国台湾地区学者李学灯曾指出："排除合理怀疑在英国法上可以追溯至18世纪初期。开始要求对被告定罪科刑，须有明白的根据。以后曾用各种不同的用语，用来表示信念的程度。最后仍用疑字做标准，即所谓'合理怀疑'，亦即须信其有罪至无合理之怀疑。到了19世纪初期，流行一种典型的说法，就是由于良知的确信，足以排除一切合理怀疑。"①

但是"排除合理怀疑"无论在英国抑或美国都没有一个令人信服的明确定义，即具有"模糊性"和"不确定性"。刑事上诉法院法官戈达德勋爵在 R. v. Hepworth 和 Fearnley 案中指出："我要重申我在 Kritz 案中的意见：'要紧的不是专门提法；而是总结提示的效果。如果陪审团明白，他们必须被彻底说服相信被告人有罪，并且除非他们感到确信无疑，否则不能宣告被告人有罪，并且证明责任总在公诉一方而不是在被告一方，'这就足够了。如果认为诉讼必须依赖于使用专门提法或者使用专门语言或语词，我对此会感到很难过。"② 正是这种"合理的模糊性"赋予了司法以真正的理性，并为诸如情态证据之类的微妙要素成为裁判依据提供了制度支持。③

集中审理原则通过集中而及时的诉讼行为，让审判者能够通过持续的观察、比对、验证和修正，形成在事实上和法律上的信息优势，并最终形成对情态证据的合理心证。

最终，英国情态证据制度逐渐形成了以陪审制度为中心，对质原则、交叉询问、传闻证据规则、排除合理怀疑和集中审判原则等为保障的现代司法制度，并在现代世界司法中占据了主导地位。

（二）情态证据制度在美国的发展

英国殖民者在抵达美洲时，也带来了英国的司法理念和制度。因此，美国情态证据制度的发展与英国基本相似，也形成了一系列保障性的原则或规则。例如，陪审团制度、对质原则、交叉询问、传闻证据规则和排除合理怀疑等。不过，总体而言，美国司法对情态证据的运用经

---

① 寥明：《"排除合理怀疑"标准在英美国家的理解与适用》，http://www.criminallawbnu.cn/criminal/Info/showpage.asp? pkID=8750。

② 寥明：《"排除合理怀疑"标准在英美国家的理解与适用》，http://www.criminallawbnu.cn/criminal/Info/showpage.asp? pkID=8750。

③ 必须承认，还有许多要素为人类无法明确掌握甚至无法掌握，或许许多要素本来就是随着历史而不断变化的，司法制度应该具有谦卑的姿态和开放的心态。

历了从依赖到限制，从单一到多元的过程。

1. 美国殖民地时期情态证据制度的发展

在美国殖民地时期，或许是由于神明裁判的心理残余和其他证据的高度匮乏，其司法曾经高度依赖于对被告人的身体反应（即情态证据）的判断，并以之为判决基础。当然，随着社会环境的变化，情态证据逐步受到限制。但是情态证据一直被视为证据，被广泛运用于案件事实、证人可靠性、未来行为合法性预期、被告人品格、罪与非罪和量刑的判断当中。

在美国殖民地时期，几乎所有的殖民地都规定了陪审团审判的权利，并且其表述也大致相同，即"任何人，未经与其地位相当的 12 名邻居组成的陪审团裁决，均不得在刑事或民事诉讼中被剥夺生命、自由或财产"。① 而陪审团制度当然允许陪审员对情态证据进行观察和判断（在现代陪审制度中也是如此）。

甚至在美国殖民地时期，案件以被告人在法庭上的表现和姿态为判决基础。例如，在 1693 年马萨诸塞州的萨勒姆镇发生的女巫审判，即萨勒姆巫术审判（Salem Witch Trials）。在该审判中，基于被告人在法庭上的表现和行为来判刑，即不仅要观察被告人的身体情况，以确定他们是否有巫师（巫婆）的乳头或者不正常的印记或者身体分泌物，还要求被告人触摸被害人，以确定该触摸能够引起魔鬼的痉挛等。②

同时，在美国殖民地早期，刑事审判是市民和被告之间的辩论，而

---

①易延友：《陪审团在衰退吗——当代英美陪审团的发展趋势解读》，载《现代法学》2004 年第 3 期。

②在萨勒姆巫术审判是一种确定被告人是否是巫师或巫婆，是否施行了巫术的审判。1692年，美国马萨诸塞州萨勒姆镇一个牧师的女儿突然得了一种怪病：行走跌跌撞撞，浑身疼痛，还会突然痉挛，表情非常恐怖。随后，与她平素形影不离的 7 个女孩相继出现了同样的症状。从现代医学角度讲，这是"跳舞病"的一种表现。这类症状的罪魁祸首，是一种寄生于黑麦的真菌"麦角菌"。但是当时人们普遍认为，让孩子们得了怪病的真正原因是村里的黑人女奴蒂图巴和另一个女乞丐，还有一个孤僻得从来不去教堂的老妇人。人们对这 3 名可怜的女人严刑逼供，"女巫"和"巫师"的数量也一步步增加，先后有 20 多个"女巫"和"巫汉"死于这起冤案中，另有 200 多人被逮捕或监禁。1992 年，马萨诸塞州议会通过决议，宣布为 300 年前萨勒姆审巫风潮中的所有受害者恢复名誉。See Janice Schuetz, The Logic of Women on Trial: Case Studies on Popular American Trials, 26-27 (1994).

不需要律师参与。① 被告人也没有聘请律师的权利。② 当时的律师不受欢迎，而且人数很少。诉讼中，被害人和被告人都参与到犯罪事实的面对面辩论中，"每个人（被告人或证人等）都讲述自己的事实，或讲述朋友的事实"。因此，被告人在法庭中担当着一个相对于今天更为重要的角色，③ 甚至被告人可以不用进行现代意义上的作证就能影响陪审团的判决。他在法庭中的非作证的角色能够确保陪审团考虑他的解释和辩白。同时，被告人的角色保证陪审员们将不仅仅考虑他在法庭上所说的，还要考虑他在法庭上的综合表现，包括被告人对抗角色中的情态表现。被告人自己的表现——表现的感染力、非作证式的辩论和在法庭上的综合行为表现——将会说服陪审团作出无罪或罪轻的判决。④

美国历史上的刑事审判从来没有受到像今天这样严格的程序限制。陪审制度不仅给陪审团提供了一个评估证据的机会，还提供了评估被告人品格的机会。陪审员甚至可以通过作证来描述并证明被告人的品格。⑤ 而就被告人品格的评估和证明而言，情态证据毫无疑问具有更大的证明力。

2. 美国建国后情态证据制度的发展

美国在建国前后加强了对英国相关诉讼制度、原则与规则的借鉴。18 世纪初期，对质权和交叉询问的权利已经成为美国殖民地宪法和宪章必不可少的一部分。⑥ 在美国联邦宪法最初批准之时，许多州拒绝接受宪法草案，因为该草案缺乏对质权之类的程序保障。某议员声称：没

①这也是一种知情陪审团的形式，类似于古希腊和雅典的陪审团制度。没有检察官，没有辩护律师，被告人进行自我辩护，类似于被告人和控告人的口头辩论。See Hohn Langbein, The Origins of Adversersary Criminal Trial 13(2003).at 253.

②Lawrence M. Friedman, A History of American Law 94(Simon&Schuster, Inc.2d ed.1985).

③Lawrence M. Friedman, A History of American Law 94(Simon&Schuster, Inc.2d ed.1985).

④Green, Verdict According to Conscience: Perspectives on The English Criminal Trial Jury, 1200-1800 174(1985).

⑤在 2011 年一部美国电影《三日危情》中，女主角被误判杀人罪，而且"证据确凿"。被告业已穷尽所有法律手段，判决已无可更改，其余生只能在狱中度过。面对无辜的妻子和可怜的孩子，她那身为社区学校教师的丈夫决意要策划越狱。她得知后，力劝丈夫不要以身犯险，并为了打消丈夫"飞蛾扑火式"举动的念头，声称自己确实杀了人，不值得。她丈夫则坚定地说："你没杀人，因为我知道你是谁。"这或许是对为人品性和情态证据的一个最好的诠释。相关理论论述参见：LANGBEIN, supra note 142, at 320。

⑥Polltii, supra note 6, at 390-95.

有这些保障，新政府将会肆无忌惮，以至于实行一种类似于纠问式的审判方式。① 有了这些传承，对质权、交叉询问和情态证据制度被美国联邦宪法所吸收。② 陪审团制度在美国得以继承和发展，情态证据的证据资格和证明力问题也得到了较好的发展与完善。例如，司法希望陪审员能够观察被告人的行为，并在裁决中考虑该情态，③ 而并不是武断地将情态证据视为判决的主要基础。

对于证明标准，美国一直实行排除合理怀疑原则。有罪判决必须达到排除合理怀疑的证明标准，这一要求至少从美国建立伊始就已确立。在 19 世纪中叶，政府证明有罪必须达到排除合理怀疑的标准就已经确立，并得到了判例法、制定法和州宪法的广泛认可。这一规则已在美国许多州扎下了根。纽约、北卡罗来纳、佐治亚、佛蒙特、马萨诸塞、弗吉尼亚、康涅狄格等州都要求检察机关对被告人有罪的证明必须达到排除合理怀疑的程度。到 19 世纪 80 年代，美国联邦最高法院也通过判例确认排除合理怀疑是刑事诉讼的一项基本要求。到 20 世纪 70 年代，美国联邦最高法院更进一步将排除合理怀疑解释为宪法所保护的正当程序的一项基本规则，要求联邦和各州法院在刑事诉讼中都予以遵守。在 Re Winship 案中，联邦最高法院指出："除非以排除合理怀疑的方式证明构成指控犯罪所必需的每一个事实，否则依据正当程序条款，被告不受刑事定罪裁决。"④

但是对于"排除合理怀疑"的准确定义，美国联邦最高法院也无法确定，而是采取了敷衍的姿态，宣称"合理怀疑"一词是不言而喻的，因此本质上无法作出更进一步的明确定义，也不需要对"排除合理怀疑"进行任何详细的阐述或者解释。最高法院宣称，"试图解释'合理怀疑'此一词语，反而无法让陪审员更加明白其含义何在"。或许，

---

① Honathan Elliot, The Debates in The Several State Conventions, On The Adoption 247(Philip B. Kurland&Ralph Lerner Eds. ,1987) (emphasis added).

② See Pollitt,supra note 6,at 390-98;Rowldy,supra note 6,at 1550-54.

③ David J.A. Cairns, Advocacy And The Making of The Adversarial Criminal Trial 1800-1865 49-78(1998).

④ 寥明：《"排除合理怀疑"标准在英美国家的理解与适用》，载《证据学论坛》2004 年第 2 期。

这也是情态证据正当性与合理性的一个"旁证"，① 也为情态证据的运用留下了一个合理的制度空间。

1946 年，美国联邦刑事程序规则开始实施。1975 年，美国联邦证据规则开始生效。这一系列法律的颁布和实施宣布了陪审团制度受到了更多的规则制约，试图形成稳定的审判，也宣告了对情态证据的限制的开始。不过，这种限制并没有让情态证据走出司法视野，相反促使了情态证据制度的多元发展与完善。②

（三）情态证据制度在其他英美法系国家与地区的发展

英美国家的大肆扩张，使得殖民地国家也开始对其司法制度进行主动移植或被动承受。情态证据制度也随之在世界范围内传播。但是殖民地人们将陪审制度视为殖民屈辱的象征，视为英帝国压迫的象征；而英国则将陪审制视为保护殖民利益的工具，视为控制当地司法的工具。在强烈的敌对情绪支配下，再美好的制度和技术都要变异废置，都要沦为单纯的强者的"玩物"和弱者的谴责对象，成为人类冲突的牺牲品。人类理性本来就不能完全掌握情态证据（这也就是现代学者所说的不稳定性），当人们给其制度和技术架构施加了过多的强烈偏见时，其不稳定性将会被人们的私利所歪曲和放大。此时，人们并不是真正通过司法来发现真实，而只是通过司法来实现某个人或团体的目的，司法只是一种工具和手段，司法本身的认知规律被普遍性地忽视，而情态证据究竟如何、司法究竟如何，也就没有多大意义了。因此，印度和非洲对于陪审制度及其相应规则的被动接受终于在殖民历史结束后立即废止。而陪审制度和相应规则则在北美和澳大利亚获得了成功，并延续至今。

1. 情态证据制度在印度的历史沿革

在英国殖民统治之前，印度已经有了较为完善的诉讼制度。但该诉讼制度带有浓厚的宗教色彩，多采用神明裁判的方式。③ 1661 年《东印度公司特权状》规定：陪审团审判只适用于欧洲殖民者，本土居民不适用。④ 但是正如笔者以上所述，这种判决往往偏向保护殖民者利益，加

---

①仍然存在许多法律无法准确定义的事情。例如，对"色情"的定义，波特·史都华法官只能无奈地说："我无法定义它，不过当我看到它的时候，我就知道了。"

②详见本书第一章"情态证据的运用现状"。

③王菲：《外国法制史教程》，北京出版社 2005 年版，第 25 页。

④M.P.Jain(1990)，Outlines of Indian Legal History,pp.33-34.

上其他诸多因素很难得到当地居民的信任。因此，法院常常邀请本地的宗教领袖，尤其是穆斯林的教长提供法律见解，以加强判决效力。所以陪审团制度仅仅适用于某些辖区的某些人。直到1832年，《第四号孟加拉规章》才将陪审制扩展到整个印度殖民地。① 但是该规章所设计的陪审制模式与英国相比有了很大的不同。如陪审团有三种形式：一是由任命的顾问组成顾问团参与审判，二是邀请当地宗教或政治领袖参与审判，三是任命非固定人员组成陪审团参与审判。同时，"法官可以随时无视陪审团或顾问团作出的裁决"。② 这显然是对陪审团制度基础和价值的否定，也是对情态证据运用与价值的限制。但是印度陪审团仍然"在借鉴当地社会名流经验及常识的基础之上，推动了欧洲法院审理当地的刑事诉讼案件"。③ 这正是情态证据运用的前提之一，因为只有当地人才能更好地把握当地人的情态信息，才能更好地认识当地人的"情词"。但是并非所有的当地人都具有一样的身份和职业，并非所有的当地人都是"邻里"。这才是情态证据和陪审制度的核心和根本。

1861年，立法委员会最终在整个孟加拉地区设立了一套十分完整的陪审团审判系统，并明确了具体的管辖范围，但是仅限于英国侨民的重罪案件审理。④ 而且直到1923年，陪审团成员大部分是英国国民。⑤

综上所述，英国在印度推行陪审制的唯一目的是维护其殖民利益，将陪审制当成了在殖民地争夺法律控制和侨民利益的工具。"当（陪审制）目的出现变异，其根基就不复存在了。"对于印度人而言，陪审制则是"殖民的象征"，所以在印度独立不久便被废除了。⑥

2. 情态证据制度在非洲的历史沿革

非洲也经历了与印度类似的情况。由于非洲各个殖民地发展极不平衡，因此英国陪审制在非洲殖民地的传播极不统一。有的非洲殖民地广泛适用陪审制，有的则是将陪审制单独适用于殖民者，有的则是全盘拒

①施鹏鹏：《陪审制研究》，西南政法大学2009年博士论文，第27页。

②T.K.Banarjee,Background to the Indian Criminal Law,1990,pp.270-276.

③T.K.Banarjee,Background to the Indian Criminal Law,1990,p.277.

④T.K.Banarjee,Background to the Indian Criminal Law,1990,p.283.

⑤A.Gledhill,The Republic of India,The Development of its Law and Constitution,1964,pp.229-230.

⑥R.Knowmawer,Juries and Assessors in Criminal Trials in Some Commonwealth Countries。A Preliminary Survey,International and Comparative Law Quarterly,1961,p.893.

绝陪审制。① 而且陪审团成员要么有财产或语言要求，要么要求为欧洲人。因此，整个陪审团制度体现出了对欧洲白人的高度偏袒。例如，在1959 年前的肯尼亚，只要是欧洲人，全都被陪审团无罪开释，或者陪审团仅根据被告人的种族来裁判。"陪审制的初衷是赋予个人接受同阶层审判的权利"，但是非洲的陪审制下的某些人（主要是当地黑人）的"命运则掌握在习性及思维习惯均差异极大的殖民者手中……这根本无法保证陪审制度获得良好的效果"。② 在此，情态证据的功能被种族歧视所淹没。许多黑人被判决有罪，而许多白人对黑人犯下骇人听闻的罪行后，却被无罪释放。在 20 世纪中叶，非洲各殖民地要么废除了陪审制，要么实行多元的审判方式，③ 而陪审团基本"无案可判"。

3. 情态证据制度在澳大利亚的历史沿革

1803 年，King 总督建议在澳大利亚引入陪审制。同时，他认为，陪审制是国民身份得以承认的基本象征，是"英王所给予的荣耀"。④但是反对派则认为，"他们可能在履行陪审员职责时，将病态的激情和偏见带入法庭"。⑤ 而且"邪恶的习性及仇恨感明显在一些阶层中存在"。⑥ 双方争论的焦点并不涉及陪审团的正当性，而是陪审团在澳大利亚的制度基础，即陪审团能否理性地履行职责，包括能否公正、平和地评估包括情态证据在内的所有证据。

1823 年英国颁布的《新南威尔士法》批准了《新南威尔士及范迪门地区司法宪章》，其规定：军事法院由七名官员组成军事陪审团，程序与普通陪审员一致。增设季审法院，负责审理与军人无关的刑事案件，并经扩张解释可以使用陪审团。1839 年，澳大利亚殖民地废除了"军事法院"，并颁布了《陪审团法令》，再次确立了陪审制。1847 年立法及 1901 年《澳大利亚联邦宪法》规定："对任何违反联邦法的指控，

---

①J.H.Jeary(1960/1),Trial by Jury and Trial with the Aid of Assessors in the Superior Courts of Brithish African Territories,1-111,4(3)(1960),Journal of African Law,pp.133-146,5(1)(1961).

②P.R.Spiller,The Jury System in Early Natal (1846-1874),8 Journal of Legal History,1987,p. 134.

③如采用法官独任审判，或者由法官和法官任命的参审员一起审判。

④J.M.Bennett,The Establishment of Jury Trial in New South Wales,3 Sydney Review,1960,pp. 463-485.

⑤C.H.Currey(1968),The Brothers Bent,p.66.

⑥J.M.Bennett,The Establishment of Jury Trial in New South Wales,3 Sydney Review,1960,p. 467.

均适用陪审团审判。"之后，陪审制及其相应规则在澳大利亚稳定良好地运行至今。

五、情态证据制度在大陆法系国家的发展

既然情态是所有人类共同具有的表现和认知媒介，那么其在世界各地就应该表现出某些共通性，甚至是"惊人的相似"。诚如笔者所述，情态证据在中国和英美表现出了不同的形式：一是"五听断狱讼"（法官独任审判），二是陪审制度。二者都经历了漫长的历史考验，并形成了某些有效的认识和规则等。而在世界上其他国家和地区也出现了类似的司法制度或技术，这些都是对情态证据自发或自觉地运用。例如，大陆法系国家就发展出了直接言词原则，成为一种类似于传闻证据规则①的对情态证据的激发与运用模式。而"内心确定"和"排除合理怀疑"为情态证据提供了制度支撑。现今，世界上的绝大部分国家都采用了诸如"公开审理"、"证人出庭"、"当庭诘问"和"自由心证"等诉讼规则或证明标准。这些规则或标准在某种程度上保障着情态证据作用的发挥。

自中世纪以来，欧洲大陆便一直采用"纠问式"的刑事诉讼制度，以法定证据制度、秘密审判程序以及酷刑为其主要特征。"纠问式"关注的不是事实，更不是人与人性，而是统治阶级的权威和利益，因此也就不存在对情态证据的理性运用。但是至少在侦查员讯问犯罪嫌疑人或询问证人时，仍能够感觉得出情态的显现，由此能够感受到真实。或者在法庭上，法官和检察官等凭良心、经验和本能，也能够感受到被告人是否有罪，只不过当时他们没有追求正义的条件、信念与习惯，更没有为此而牺牲的勇气。在此，笔者以较为典型的法国、德国为例进行说明。

（一）情态证据制度在法国的发展

在经历了漫长的纠问式诉讼模式后，法国开始移植陪审制度及其相应规则，并经过不断的冲突与融合后，形成了具有大陆法系国家特色的司法体系。其中，包括对情态证据的现实性、有效性和证明力的保障制度。

---

①关于大陆法系的直接言词原则和英美的传闻证据规则的相似性，我国已经有诸多学者讨论，并已有通说。在此，笔者不予展开讨论。

1. 情态证据现实性与有效性的制度保障

为了确保情态证据能够在庭审中集中产生，并进行充分观察与有效评断。法国逐渐形成了直接言词原则。1791 年，法国分别通过了新的《刑法典》和《刑事诉讼法典》，新的《刑事诉讼法典》引进了大陪审团侦查制度，在重罪案件中则引进了小陪审团制度。1808 年，法国新的《刑事诉讼法典》废除了大陪审团制度，并在小陪审团中增加了法官人数（从 3 人变成 5 人），陪审团裁决需要绝对多数才能通过。其趋势是职业法官和陪审员的结合，成为一种参审制。同时，也正是在对英国陪审制度的移植过程中，法国逐渐形成了直接言词原则。法国 1808年《刑事诉讼法典》第 269 条规定："在辩论进行中，不管何人受到传唤，均得到场，必要时，可以拘传到场受讯。"这是大陆法系直接言词原则的雏形。① 其实，早在 1677 年，法国《民事诉讼王令》就正式认可对案件的言词辩论或讨论。② 尽管 1677 年的《民事诉讼王令》在法国大革命中被认为是"封建"法律而遭禁用，但是由于其存在合理的诉讼理念一直有较强的生命力。由 1806 年《民事诉讼法典》确定的诉讼体系，实质上仍然保留了 1677 年法国《民事诉讼王令》所体现的主要特征。③ 该法典体现了传统法律制度和法国大革命理想之间的一个折中和平衡，体现了彻底的当事人主义，并具体规定了公开审判、言词原则。④ 1848 年的欧洲革命彻底废除了调取证言（证人证言）的秘密性原则，并在因欧洲革命而形成的宪法性文件中宣告坚持言词主义和公开

①直接言词原则（又称言词主义、直接原则或言词原则等）是近代大陆法系国家学者创造出来的，用以描述和概括当代庭审的特征。作为人类自由表达的一种体现，言词主义所反映的观念已经在罗马诉讼中被承认。罗马时期的审判给人留下的印象是言词的，因为言词原则及其优点存在于罗马人的意识中。罗马人在诉讼程序中会遵守某些原则，即使他们事实上没有谈论这些原则。See Ernst Metzger, "Roman Judges, Case Law, and Principles of Procedure", Law and History Review, Summer, 2004, p. 275. 龙宗智：《刑事庭审制度研究》，中国政法大学出版社 2001 年版，第 53 页。

②R. C. van Caenegem, History of European Civil Procedure , (Boston , 1987), p.50.

③可以说，1667 年的《法国民事诉讼王令》是法国近代诉讼法的母体。

④言词原则并非完全排除书面形式，当事人之间还可以选择进行书面起诉或书面答辩，并在其中有明确的结论（definitive conclusions），这些结论确定了争点。但争点必须在庭审时以口头的方式加以重申。但在案件涉及经济或其他复杂原因时，法庭宣布书面进行。See R. C. van Caenegem, History of European Civil Procedure , (Boston , 1987), pp.51~52.

主义。①

直接言词原则，是指法官、陪审员必须亲自接触案件的所有材料，在审判庭上直接审查证据，检验物证，让当事人、证人、鉴定人出庭并亲自听取他们的口头陈述，听取法庭辩论，然后据以对案件的实质问题作出裁判。直接言词原则实际上包含两项原则，即直接审理原则与言词审理原则。根据言词原则的要求，所有发生在诉讼程序中的事项，在法庭审理中，均需要用言词的方式来表达，如被告之讯问、证据之调查、言词辩论、咨商、表决及宣判；凡未经言词说出者，均不得考量之，其应被视为未发生过或是不存在。直接言词原则只适用于审判阶段。② 情态证据只有伴随相关人的当庭证言才能充分展现，并被充分观察。直接言词原则要求当事人等的当庭口头陈述，确保了情态证据运用的现实性。同时，为了确保对情态证据的有效评断，法国司法也强调法庭辩论，以此来保障情态证据与案件事实或证人可靠性等待证事实的联系性，便于情态证据的解读与裁断。

毫无疑问，直接言词原则的核心与基础和英美法系的对质原则、交叉询问和传闻证据规则是一致的，即在于保障审判者可以直接观察和评估一手证人情态的机会。"现场对质的情况下撒谎总比书面上撒谎要承受更多的压力和考验，也更容易被发现。"在此，人类的智慧在司法架构中表现出了惊人的一致。

2. 情态证据证明力的制度保障

情态证据区别于其他证据，如即时性、依赖性和难以描述性，所以情态证据证明力的认定需要合理的制度保障，包括确保心证形成的有效性、证据相互印证的可能性、保障参审员（陪审员）或法官合理的自由裁量权等。法国逐步形成了内心确信原则（自由心证）和集中审理原则等。

自由心证原则的主要内涵是，法律不预先设定机械的规则来指示或约束法官，而由法官针对具体案情，根据经验法则、逻辑规则和自己的理性良心来自由判断证据和认定事实。自由心证（在我国又被称为内心

---

①毋爱斌：《言词主义的历史变迁》，载徐昕编《司法》第4辑，厦门大学出版社2009年版，第52页。

②[德] 克劳斯·罗科信：《德国刑事诉讼法》，吴丽琪译，台湾三民书局1998年版，第148页。

确信制度），是指法官依据法律规定，通过内心的良知、理性等对证据的取舍和证明力进行判断，并最终形成确信的制度。

法国资产阶级革命家、法学家迪波尔最早提出在立法中废除法定证据制度、建立自由心证原则。1791 年，法国制宪会议通过了采取自由心证的草案。1808 年，法国颁布了《刑事诉讼法典》，明确规定了自由心证制度。该法典第 342 条规定："法律对于陪审员通过何种方法而认定事实，并不计较；法律也不为陪审员规定任何规则，使他们判断是否齐备及是否充分；法律仅要求陪审员深思细察，并本着良心，诚实推求已经提出的对于被告不利和有利的证据在他们的理智上产生了何种印象。法律未曾对陪审员说：'经若干名证人证明的事实即为真实的事实'；法律也未说：'未经某种记录、某种证件、若干证人、若干凭证证明的事实，即不得视为已有充分证明'；法律仅对陪审员提出这样的问题：'你们已经形成内心的确信否？'此即陪审员职责之所在。"此后，大陆法系国家在立法中普遍采用了自由心证制度，并发展为大陆法系国家判断证据的重要原则。自由心证制度已成为大多数国家采取的普遍的证据原则。①

自由心证为情态证据的运用提供了一个有力的制度保障。因为情态证据往往是一种"只可意会，不可言传"的裁断，难以用语言描述。"内心确信"自身同"排除合理怀疑"一样无法标准量化，② 为某些"微妙"和难以言喻的证据留下了相应的空间。欧洲大陆的陪审制度虽然没有按照英国的原始样态呈现，但是其直接言词原则和自由心证原则等原则所构筑的司法体系，保证了情态证据的获取与运用。

（二）情态证据制度在德国的发展

受法国的影响，欧洲大陆的其他国家也开始尝试移植陪审制，而且是直接以法国的陪审制为蓝本。奥地利（1850 年）、德意志帝国（1877年）、意大利（1888 年）、比利时（1808 年）、西班牙（1812 年）和沙皇俄国（1866 年）等分别通过立法建立了与法国几乎完全相同的陪审制。③

---

①转引自李宏伟：《评自由心证及其制约机制》，http：//www. law-lib. com/lw/lw_ view. asp？no=8515。

②或许，证明标准自身就不该也不可能量化。

③施鹏鹏：《陪审制研究》，西南政法大学 2009 年博士论文，第 56 页。

1848 年德国三月革命，法兰克福民众大会呼吁建立陪审制度。但是由于人们对陪审团缺乏信任，普鲁士、撒克逊等邦相继改陪审团制度为参审制度。1850 年，汉诺威王国首先实施参审制，以轻微案件为限。1867 年，普鲁士王国全境实行参审制，而其他各邦也纷纷实行参审制。1877 年，德国帝国立法中陪审法院和参审法院并存。

1877 年《德国刑事诉讼法》也规定了法庭审理时用直接口头方式，当事人提出的一切证据，都应当在法庭上进行查对。[①] 直接言词原则的引入，是为了消除侦查的法官及审判的法官进行书面审理程序（邮递传送卷宗）所带来的重大缺失。[②]《德国刑事诉讼条例》第 260 条规定："对于法庭调查的结果，法官应该根据全部审理的总和所提出的自由确信来裁判。"即法律第一次明文规定了"自由心证"。

1877 年《德国民事诉讼法》精神上、政治上的先祖——当时的普鲁士司法部部长莱昂哈德针对民事诉讼法是以言词主义还是书面主义为基础这一问题时指出：出于政治上的必要性，需要将言词主义的基本原则作为民事诉讼法的基础。[③] 1877 年《德国民事诉讼法》第 251 条第 1 款规定了统一的言词辩论的基本原则："直至作为判决基础的言词辩论结束之前都可以提出攻击和防御手段。"事实上，言词主义已经成为贯穿整个诉讼体系的核心。除某些必要的例外规定外，其主导地位可以概述为："诉讼主张和证据必须口头提出，文书须大声阅读；法庭必须以口头陈述的争议事实为裁判基础，除此之外无权考虑其他。"[④] 这减轻了书面程序所带来的复杂性和秘密性。[⑤]

1877 年《德国民事诉讼法》虽然受到了 1806 年《法国民事诉讼法》的巨大影响，但是该法所采用的言词主义远远超过法国：在公开审理中加入了口头质询证人等。对于某些特殊的案件，法官庭外调查所

---

①直接言词原则在 19 世纪为欧洲各国所纷纷确认，被认为是近代欧洲民事诉讼法制度成立的标志之一。

②[德] 克劳斯·罗科信：《德国刑事诉讼法》，吴丽琪译，台湾三民书局 1998 年版，第491 页。

③[德] 米夏埃尔·施蒂尔纳：《德国民事诉讼法学文萃》，赵秀举译，中国政法大学出版社 2005 年版，第 52 页。

④Kleinfeller, op. cit., 166. 转引自 R. C. van Caenegem, History of European Civil Procedure , Boston ,1987 ,p.55。

⑤Ernest Metzger, "Roman Judges, Case Law, and Principles of Procedure", Law and History Review, Summer, 2004, p.263。

得的证据仍然需要当事人在法庭上口头陈述。[1] 由此，也为情态证据的使用提供了现实性和有效性。

六、情态证据制度历史发展的比较与析评

世界各国的传统司法先后在法律上或事实上构建了情态证据制度，虽然当时不一定有专门的名词界定或理论架构，不过，其事实上的行为特征具有内在的共通性。情态证据制度的历史甚至可以追溯到原始社会。随后，情态证据制度随着社会发展而变迁，在世界各国呈现出不同的样态，既有其共性，也有其差异。其共性表现在人类早期司法对情态证据的高度依赖，以及情态证据适用范围的逐步限缩和适用规范的逐步强化；而差异则表现在制度本身的不同，以及限缩和规范的不同路径选择。

（一）情态证据制度历史发展的差异

情态交流是人类的本能，也是社会的认知常识。因此，情态运用广泛存在于社会各个领域。神明裁判时期，判决更是基于被告人的情态反应而不是其他"证据"。当然，随着社会的发展，神明裁判失去了其社会环境而为人们所逐步废止。但是由于人们对情态证据正当性与合理性的朴实认知，情态证据继续得到司法的肯定与运用。例如，中国形成了"五听断狱讼"制度，古罗马形成了"审判员"制度，英国则形成了"知情陪审团"制度。三种制度都强调对情态证据的获取与裁断，其共性在于都采用了广义的情态证据，并认可了情态证据的证据资格及其证明力，而且在制度保障上都具有相似的特征。但是在随后的社会变迁中，各个国家的情态证据制度却产生了诸多差异。

1. 认证主体的差异

我国传统司法制度一直坚持法官"坐堂问案"的审判方式，贯穿了从西周到民国整个司法进程，即由官员主导整个审判，官员不仅决定法律问题，也裁定事实问题。情态证据当然也由主审法官进行认证，甚至包括质证。我国从没有产生过西方意义上的陪审团，现代的人民陪审员制度也与之大相径庭。而且除了民国时期，我国传统司法中基本没有出现过专业法官。所谓的法官往往兼具行政和军事职能，而没有经过专

---

[1] Ernest Metzger, "Roman Judges, Case Law, and Principles of Procedure", Law and History Review, Summer, 2004, pp.53-55.

门的法律训练，也不具有审判技术。社会上也没有形成稳定的法律阶层，更没有真正意义上的司法独立和法官独立。因此，情态证据也没有形成某些体系化的原则或规则。同时，由于审判者的权力过大，加上刑讯逼供的合法化，使得刑讯逼供在我国传统社会盛行，这也进一步影响了司法制度和技术的进一步发展。

英美法系陪审制度自从诞生以来就不断发展，陪审制度乃是英美法系法官的基本信念。[①] 在陪审制度中，陪审员可以对情态证据进行观察和裁断。在大陆法系，最终形成了参审制度，即由参审员参与审判，和专业法官共同决定案件事实和法律问题。基于情态证据的依赖性，裁断必须凭借于对情态证据庭审或社会语境的了解，包括对被告人或证人个人情况的掌握。这就使得陪审团具有运用情态证据的优势。因为来自被告人邻里的陪审员往往能够了解当地的风俗习惯、性格特征和行为习惯，"习惯了当地人表演的人，总是能一眼就看出当地人表演的真假与优劣"。因此，陪审员（参审员）总是能够关注并评断情态证据。当然，在法官审当中，法官也可以将情态证据纳入心证。同时，为了对陪审团所获得的信息进行合理地控制和指导，相应的诉讼原则和规则也随之发展起来。

2. 制度限缩的差异

近代以来，尤其是在现代司法当中，情态证据受到越来越多的质疑，世界各国都不同程度地加强了对情态证据的限缩，即对情态证据的证据资格和证明力的约束。但是这种限缩从来没有彻底地否定情态证据。相反，国外司法制度为情态证据留下了许多运用空间。

清末以来，我国逐步加大对情态证据的限制。最终，"五听断狱讼"和刑讯逼供被视为封建专制的糟粕而被整体性地否定和抛弃。现今，我国司法并不承认情态证据的证据资格，因为情态证据不具有客观性、关联性和合法性。从证明标准而言，"证据确实充分"的要求也使得情态证据没有存在的空间。

英美法系和大陆法系对情态证据的限缩主要表现在对情态证据可能导致的危险的防止，即强调情态证据可采性规范，而非简单地一分为二、非此即彼式的抛弃。司法虽然无法控制陪审员内心的心证，但是越

---

①［英］丹宁勋爵：《法律的未来》，刘庸安、张文镇译，法律出版社1999年版，第20页。

来越倾向于严格控制陪审团裁决所使用的信息，同时通过物证等科学证据的广泛运用来增强司法的稳定性。具体表现在证据被局限于证人席上展现的信息的特定形式，包括证人证言、书证、记录、照片、物证和演示。[①] 陪审团被指示只能基于具有可采性的证据进行裁决，不能将法庭上律师的提问和辩论（及其情态）视为证据，因为他们并不是证人。[②] 除此之外，法庭上其他人的情态也不能作为证据。例如，被告人家属在法庭上的哭泣或被害人家属的愤怒等。1987 年，美国上诉法院树立了一个规则："如果没有法院的相应指示，检察官对被告人在证人席之外的情态表现的评论，将是违反第五修正案的正当程序条款的。该条款规定，除非基于审判中（证人席上）提出的证据（其他法庭中发生的事实都不具有可采性），任何人不得被定罪。"[③] 1990 年开始，考虑到陪审团会感受到法庭上的任何情态，包括观众的表现和情态，基层法院已经开始寻求限制被害人和被害人支持者在审判中展现情绪的自由度。[④]

3. 制度发展的差异

随着社会环境的变化，司法环境也必然随之变化，情态证据制度当然也因之变革。世界各国都在寻求相应的保障制度，以确保情态证据能够继续发挥其应有的功能与价值。不过，情态证据制度在中国和西方国家展现了截然不同的发展路径。我国从秦至清的历史进程中，情态证据制度基本保持了"五听断狱讼"的原始样态，直至清末、民国时期，以及新中国法治对情态证据制度的基本否定。而西方国家的情态证据制度则体现出了相应的与时俱进的特性，一直因应社会环境的变化而不断地变革。

中国传统司法当中的"五听断狱讼"一直保持基本的样态，虽然也有学者和司法官员的是非之争与理性总结，不过这种总结一是没有触及司法制度的根本，二是没有提出具有可操作性和便利性的规则或原则，三是没有形成完整的理论体系予以支撑，四是并没有激发情态证据制度的变革或完善。这使得其传承高度依赖接受者个人的素质和领悟，[⑤] 而且容易为社会环境所"实时更新"甚至歪曲，使得我国情态证

<hr>

①Fen.R.Evid.Table of Rules.

②Caljic 1.02. 3 Federal Jury Practic & Instructions § 103.01(5th ed.).

③Schuler,813 F.2d at 981-82.

④Norris v.Risley,918 F.2d 828,830-31(9th Cir.1990).

⑤就连明朝著名的官员海瑞也对情态证据提出了质疑。

据运用极不确定。一直到清朝末年、民国初期，随着司法改革的开展，一直以律例、经典案例或晦涩总结形式存在的"五听断狱讼"制度（情态证据制度）在西方法治的冲击下，面临着根本性的变革。新中国成立后，更是对"封建遗留"采取了概括性的否定态度，更是在对"确定性"的狂热追求中，片面追仿自己僵化理解下的"西方法治"，而基本否定了情态证据及其运用。当然，这种制度上和学术理论上的否定并不能彻底地将情态证据从司法中抹去，只是造成了实际上的高度限缩。

西方国家的情态证据制度从知情陪审团制度开始，逐渐以陪审团制度为核心，因应不同的社会环境，不断吸附各种政策支撑、构筑理论体系，并形成了各种有效的规则或原则。英美等国相继形成了以陪审制度为核心，以对质原则、传闻证据规则、直接言词原则、集中审理原则和交叉询问规则等为保障的现代司法体系。正是这些制度、原则或规则保障了情态证据的合理存在和运用。同时，辅之以学术界的有效论证和司法的有效运行，[①] 使得情态证据制度具有了顽强的生命力，最终构筑了极度强势的西方司法典范，为世界各国所纷纷效仿。[②]

（二）情态证据制度历史发展差异的形成原因

任何制度的发展必然都是在诸多因素的博弈和影响下逐步形成的，而且会随着历史的发展而逐渐被诸多假象掩盖。因此，我们必须花费更多的精力回到当时的历史语境，抛开当下"前见"，还原其真正本质。

---

①西方国家在政治和经济上的巨大成功，使得其他国家的人们在观察其司法时总是怀着一种概括性的认同甚至是崇拜。不过正如伟大诗人伏尔泰在1764年所说的："我们不必被中国人的成就迷住心窍，以致竟承认其帝国的体制真乃世界有史以来最好的。"同理，虽然英美取得了巨大的成就，我们也不应该就此认为英美的司法体制和政治体制就是世界有史以来最好的体制。

②这种效仿往往是得其形而失其神。如我们对于司法独立的狂热追求，"仅仅抓住某个国家的法院组织，将其作用无限夸大，然后坚持认为其他国家的机构仅仅在与此模式相一致的范围内才具有真正意义上的司法性，这显然是错误的。在一个历史层面的具体分析中，更加错误的做法是在一个国家的经验的基础之上将司法独立作为'法院化'组织存在的必要条件，而在事实上这一国家的真正经验却是一个将司法依赖性与独立性混同在一起的奇特的微妙组合，并且在这一混合物中依赖性在最终意义上是处于支配地位的"。[美]马丁·夏皮罗：《法院：比较法上和政治学上的分析》，张生、李彤译，中国政法大学出版社2005年版，第176页。

司法存在于一定的经济、政治、文化、道德、意识背景下，[①] 因此，笔者试从政治、文化和司法方面对情态证据制度的发展差异进行综合解析。

1. 政治上的原因

从某种意义上而言，司法是一种控制，政治也是控制，二者具有相同的目的，都是被设置出来对社会进行某种规约的。司法是政治的一个装置，当然，司法这一装置更亲民、更优越，尤其是在与似乎具有原罪的政治权相比较时。因而作为一种拥有人们直觉信赖的社会争端解决机制甚至可以造法的机制，任何统治阶级都不会对其放任不管，都会千方百计地对其施加控制或影响，任何人都会试图去控制这种迷人的权力。[②] 同时，司法权来源于政治，具有共同的目的;[③] 司法权往往是政治主体权力的一部分，二者相辅相成；政治决定司法制度的设置；法官受到政治的高度影响乃至控制。[④] 因此，情态证据制度的发展差异也与政治息息相关。

自秦朝以来，我国在政治上一直是中央集权。为了加强中央对全国的有效控制，中央政府通过统一的帝国文官集团在地方推行政令。加上中国封闭性的地理环境、儒家学说和农业文明的影响，帝国体制在中国延续了千年，一直到1905年才被逐渐打破。其间，虽然有"外族"入侵，但是在"外族"入侵成功后立即采用了中国既有的帝国体制。因此，正如世界著名历史学家斯塔夫里阿诺斯所说："即使唐朝的某位官员到明朝任职，他也不会感到陌生。因为从制度、思想到语言、服饰都是基本相同的。"[⑤] 政治上的稳定性和连续性，使得各项体制（包括司法体制）也随之具有高度的稳定性。因此一方面，出于集权的需要，我国司法权必须由帝国官员行使，而非"陪审团"；另一方面，文官集团思想和理念的高度统一，[⑥] 社会环境的高度相似，使得"五听断狱讼"

①卓泽渊：《司法公正论纲》，载《审判研究》2004年第3辑。

②蔡艺生：《论司法独立的悖论及其破解》，载《北京人民警察学院学报》2010年第5期。

③[美] S.伯曼和B.哈勒尔·邦德：《法律的强制力》，学术出版社1979年版，第73页。

④[美] 马丁·夏皮罗：《法院：比较法上和政治学上的分析》，张生、李彤译，中国政法大学出版社2005年版，第83页。

⑤[美] 斯塔夫里阿诺斯：《全球通史》，赵沛林、张喜久、张乃和等译，北京大学出版社2006年版，第3页。

⑥相同的社会环境、知识背景、科举制度和政治环境使然。

制度极具包容性和有效性。加上其他物证技术的落后，"五听断狱讼"制度既没有变革的需要，也没有变革的可能。不过，近代以来，尤其是新中国成立以后，我国封建政治制度遭遇了根本性的否定和革新。出于种种原因和目的，"五听断狱讼"制度作为封建社会基本审判方式，当然在否定之列。

西方国家在历史上政治并不稳定，其宗属、领土、制度、政权和居民经常变更。在这种情况下，难以形成统一而稳定的政治制度。而且在许多社会中，法院只是一种具有特殊形式的社会控制，其目的是为政权重新获得支持。① 在各种主体和因素的博弈下，运用"公理"进行说服和架构就显得尤为重要了，人民的主体性也就相对明显。因此，各种制度都得以不断地革新和积淀，其内在规律也就愈加明显，自身架构愈加完善。例如，诺曼底公爵在1066年征服英格兰，王室和地方割据势力进行了长期的权力争夺，法院机构的设立及审判的进行方式（如设立陪审团）成了当时英国国王与地方领主或贵族争夺权力的焦点。因此，情态证据制度也就随着社会局势和权力博弈情况而不断地变革。

2. 文化上的原因

文化指的是一种社会现象，是人们长期创造形成的产物。同时又是一种历史现象，是社会历史的积淀物。确切地说，文化，是指一个国家或民族的历史、地理、风土人情、传统习俗、生活方式、文学艺术、行为规范、思维方式、价值观念等，而"法律是一种特殊的文化现象"。②

自春秋战国时期的"百家争鸣"以后，我国思想上就是"罢黜百家，独尊儒术"——儒家思想成为我国文化的核心。儒家学说首先强调正统观念，即强调尊崇老年人，轻视年轻人；尊崇过去，轻视现在；尊崇已确认的权威，轻视变革。从而使它成为保持各方面现状的极好工具。最终，导致了处处顺从、事事以正统观念为依据的气氛，排除了思想继续发展的可能。③ 其次，强调"悟"，即强调"意会"而非"言传"。因此各种经验要么仅仅停留于感性描述，要么只表现为笼统的只

<hr>

① [美] 马丁·夏皮罗：《法院：比较法上和政治学上的分析》，张生、李彤译，中国政法大学出版社2005年版，第33页。

② 张文显：《法理学》，高等教育出版社2003年版，第70页。

③ [美] 斯塔夫里阿诺斯：《全球通史》，赵沛林、张喜久、张乃和等译，北京大学出版社2006年版，第7页。

言片语。所以中国人在做出这些早期的发明之后，未能提出一系列科学原理。① 最后，强调人文，轻视科技。而且中华文化在几千年的历史中，具有极强的生命力和延续性。因此，"五听断狱讼"制度在整个传统社会一再地简单重复，少有理性的总结与变革，更未能提出一系列的科学原理并形成理论体系。在近代社会中，随着理性主义思想的普及，传统文化遭遇了显性的彻底批评和隐形的信念崩塌，以感性经验和零碎总结形式存在的"五听断狱讼"制度，立即被各种能够"自圆其说"的体系化了的西方理论所否定和取代。

亦如西方的政治制度，其文化也是不断地交融与发展的。随着西方的启蒙运动和理性主义思潮逐渐兴盛，各种现代法律精神和学说开始成型并形成体系。而且由于没有所谓"正统"的存在，各种创新异常活跃而又具有包容性。情态证据自身在西方虽然也没有成型的理论体系。不过，情态证据的保障性原则和规则却被各种学说所充分支撑，并为社会大众所普遍认可。这些原则或规则的可操作性和历史正当性乃至神秘性，使之得到了很好的尊重和执行。经验的生命力只能存在于相互信任的人群之中，而规则辅之以体系化的理论支撑后却可以有自我的顽强生命力，并能跨越族群与时空。西方学界的"自知之明"，使得司法实践具有较大的话语权，也保障了情态证据的实效。不过，随着理性主义思潮的进一步发展，其各种学说越来越被视为"理所当然"。其所强调的条理化和客观化的思想，也逐渐膨胀和异化。它极度聚焦并拔高了"确定性"的东西，却又轻率地限制或否定了"尚不知道如何解释或确定"的东西，武断地界定并否定了千百年来的司法经验。这显然违反了"法律来源于经验"的"至理名言"。② 而情态证据作为一种为证据理论主

① [美] 斯塔夫里阿诺斯：《全球通史》，赵沛林、张喜久、张乃和等译，北京大学出版社2006年版，第24页。

② "法律的生命不在于逻辑，而在于经验。英美证据法的发展历史，充分印证了这句至理名言的正确性。"[美] 约翰·W. 斯特龙：《麦考密克论证据》，汤维建等译，中国政法大学出版社2004年版，第1页。

流所否定的"不确定"的证据，遭到了不同程度的限制乃至抛弃。①

3. 司法上的原因

就司法自身而言，中国与西方的司法也是存在诸多差异的。首先，就司法独立层面而言，我国传统社会中司法与行政等交织，从没有司法独立的理想或现实。封建社会中，司法从来都是政治的附属品，不可能制约政府权力，更不可能容忍司法当中人民权利对政府权力的制约乃至否定。因此，司法并没有受到真正的重视，更没有得到真正的发展。人们在选择纠纷解决方式时，并不以司法为首选，也往往不以司法为最终解决方式。时至今日，学者普遍认为，政治性仍然是我国司法的主要特征之一，而且司法行政化现象仍然存在。西方国家虽然也存在政治对司法的控制和司法对政治的依赖，但是司法权一直得到相当的尊重，尤其是工业革命以来，资产阶级思想家大力提倡三权分立和司法独立，并从各方面进行理论论证和实践践行，最终获得了各阶层的普遍认同。所以，西方司法较具独立性，并得到了相应的发展。

其次，就司法技术而言，我国自古以来的司法技术都集中体现在"坐堂问案"的庭审当中，即"五听"。相比之下，其他诸如物证和书证等证据的发现、提取、鉴定和审查技术等一直没有得到相应的重视和发展。"言词证据"一直处于核心地位，而与之相伴随的情态证据自然不可能被忽视。近代以来，尤其是新中国成立以来，司法技术得到了相应的发展。不过，这种发展是对西方技术的移植和借鉴，缺乏本土认同，加上配套制度的缺失，使得司法实践徘徊在"重口供"的现实当中，各种立法遭遇了实践的反对。久而久之，导致了司法实践对法律缺乏认同和尊重。情态证据运用等司法应有的认知方式和内在规律遭到否定和限制，而法律又难以有效应对新的问题，学界的理想模型难以实施和实现，司法张力受到限制，无法调和各方面的矛盾与冲突，最终导致了司法功能受损和司法权威遭受社会的质疑，并陷入恶性循环。最终，

---

①这不由得使笔者想起了欧洲中世纪的宗教对人类的禁锢：神被视为最高的权威，神父们被视为神在人间的传话人，任何对神的质疑都是该被处以"火刑"等刑罚的异端，任何对教义和教士们的否定都是对神的挑战。试想"地球是平的而且是宇宙中心"的教义曾经是一种社会的普遍观念，并"粉碎"了无数质疑的声音和生命，在人类历史中横亘了千年。或许，再过数百年，未来的人类会讥笑我们对当下法学理论的迷信与种种谬误，并惊诧于中世纪的宗教禁锢竟然在科技如此发达的时代借尸还魂了。蔡艺生：《法学需要孤独的灵魂》，载《法制日报》2013 年 4 月 15 日。

社会其他纠纷解决方式实质上替代了司法解决方式，司法成为了某种"过场"，司法实践陷入混乱。相比之下，西方司法技术曾经也高度集中于言词证据，如对"证据之王——口供"的追求。不过，随着理性主义思潮的发展，正如英国19世纪著名证据法学家约翰·泰勒所言："以前用超自然力量或其他机械形式裁决的事情，现在都用理性的方法来裁判了。"① 世界各国纷纷制定"理性"的司法制度和规则体系，拟定精密的法律条文，以实现司法的确定性。② 现代诉讼采取了对证据严格控制的态度。20世纪中叶以来，对法院程序标准化的努力包括适用证据规则和程序规则。案件必须依"证据"而定，而不是其他。③ 加上西方法庭科学的高度发展，情态证据在西方开始遭遇某些限制。不过，这种限制并非否定，更非根本性的，而是保持了对司法传统和基本信念的尊重。而且这种对情态证据的反对主要来源于学界和某些宽泛的立法，司法实践则保持了对情态证据一以贯之的信任和运用。

综上所述，情态证据制度在中外发展的差异，缘于多方面的因素，而且各个因素是相互交织的。正如法国著名学者列维·施特劳斯所说：社会生活的所有方面——经济、技术、政治、法律、美感以及宗教——构成一个有意义的复合体。而且如果没有被放在其他方面的关系中考

①［美］约翰·W.斯特龙主编：《麦考密克论证据》，汤维建等译，中国政法大学出版社2004年版，第2页。就此，此种"流行"的证据理论"塑造"了整个证据法乃至诉讼程序发展史，并且"指明了证据法的未来"。那就是，现代司法必须强调客观性、具体性和可描述性。Craig S.Lerner Reasonable Suspicion and Mere Hunches, Vanderbilt Law Review, Vol.59；2；407，414.

②18世纪的哈特维克勋爵总结道："确定性是和谐之母，因而法律的目的就在于确定性。"转引自［美］博登海默：《法理学——法律哲学与法律方法》，邓正来译，中国政法大学出版社2004年版，第293页。"法律的主要功能也许并不在于变革，而在于建立和保持一种可以大致确定的预期，以便于人们相互的交往行为。"苏力：《法治及其本土资源》，中国政法大学出版社1996年版，第7页。司法制度作为定分止争的最终手段，涉及人们的切身利益，牵动社会秩序乃至统治根基，因此毫无疑问更需要确定性。而这种确定性代表了一种权威，统治阶级是不会轻易放弃的。所以最开始的司法确定性表现为一种权力意志的体现。例如，英国陪审团之初，绝大多数为有罪判决。因为无罪判决被视为对王权的挑战，陪审员会因此被处以罚金、监禁或剥夺公民权的惩罚。而人们也希望加强对司法的控制，让其具有可预期性。随着工业革命的发展，人类逻辑思维的提高，人们开始寻求一种"理性"的证据制度，并逐渐形成了一系列精密的证据规则和证据法体系，试图塑造稳定的司法。

③Laurie L.Levenson, Courtroom Demeanor：The Theater of The Courtroom, Legal Studies Paper, No 2007-30, July 2007, p.28.

察，任何一方面也无法被理解。正是这些因素，共同形塑了各具特色的情态证据制度。

本章小结

如上所述，情态证据在漫长的人类历史中早就有了一席之地，起着关键作用。从基督教教义到社会文化，从神明裁判到"五听"和"陪审制度"，情态证据在人类司法中起着不可替代的作用。人类多年来的经验已经明确地告诉我们情态证据的重要功能与价值，虽然我们还不能准确地用法学理论术语予以描述和断定，但是并不能因此就否定情态证据可能的价值与未来。正如现代诸多司法制度或规则都可以追溯到古罗马，但是古罗马时期的人们也不能详尽地叙述其原理和基础等，更没有形成所谓的学科术语或学科论述。或许，古罗马的种种司法制度和规则来源于一种司法经验的总结和社会的共同信念与微妙的默契。笔者坚信，不管人类社会如何发展，这种基于人和人性的情态证据的运用必然不会也不应该被忽视。因为相比在琐碎的荒漠之中盲目地搭建人工绿洲，不如在人和人性的绿洲中直接找寻天然的绿色。

法律的生命在于司法经验，而不在于逻辑。但是现代社会高度发达的法律逻辑已经越来越架空司法，在某些国家和地区，甚至整个司法理论和实践都被从人和人性中连根拔起，构筑了一个富丽堂皇的"海市蜃楼"。在现代科技的迅猛发展中，整个人类都在构筑一种"人工化的世界"，即武断地提炼一种平面化和封闭性的规则，然后用此规则来构筑一个违反自然和人性的世界，并以之为世界的本源和标杆。① 美国实用主义首创人之一威廉·詹姆士曾经说过："从其他人的活动中去认识那些生活和自然界的事实，并从这些事实中进行概括整理出各种概念和理论来，然后再从中推论出更多的概念和理论；根据这些事实，他们建立起一套顽强的、违反生活和自然界事实的、非常固执的教义，并试图使生活和自然界符合他们的理论模型。"法律就此成了社会中最大、最虚伪的"添加剂"：司法人员通过各种操作加工出符合某些人想象的产

---

① 例如，现在的影视明星都是一样的化妆和包装，失去了个性和灵魂，有的只是明星的空壳。在我们见惯了各种人工的东西之后，我们已经忘记了事物的自然样态和规律。人类越来越走入一种狭小的巷道，自以为已经洞悉一切，其实早已在井底，而且越钻越深，其结果必然是作茧自缚。

品，而自然和人性的真实规律和规则则被忽视乃至抛弃。法国社会学家布迪厄说："观察技术和证明技术的复杂性，如果不伴随加倍的理论警醒，就很可能使我们看到的东西越来越少。"事实上，它很可能转变成"为艺术而艺术"，或者更糟糕的是，转变成一种方法论帝国主义，即用现成的分析技术和手头的资料来强行对对象进行界定。①

司法的"人工化"随处可见，即表现为对证据的"加工"。例如，书面证言就是一种对证人证言的加工，甚至证人在作证之前都会根据法律和利害关系来对自己的话语进行加工组织（美国律师对己方证人的培训是公开的秘密）。即使是物证和专家证言等，也是存在着多道"加工"。因为不管是什么证据都需要人去发现、提取、保存和解读与认可，这一系列过程仍然存在着对此类证据"不会撒谎"的种种考验。专家在做出鉴定结论时，也必然是依据知识和利害关系等进行证据"加工"，法官对陪审团所接受的信息进行前期"加工"，最后，法官和陪审团再进行最后的总体加工。在这一系列的"加工"过程中，真正事实消失了，仅有大量的利益与文字交织的所谓的证据。正如美国的一则笑话：某法官面对繁杂的证据昏昏欲睡。突然，辩论结束了，法官也清醒了过来。法官问律师"我听到事实了吗"？律师回答"不，您只是听到了证据"。

其实，所谓的人工化，基本也就是文字化。"司法成了脱离经验工作实践约束和各种现实的炫耀性的理论工作。成了概念持续不断的分裂繁殖和组织这些概念的无休止的文字游戏。"② 人类将司法构筑在"稳定的文字之上"，并将其连根拔起，隔绝于社会经验。基于此，所有的司法人员都必须接受"文字训练"，整个司法就是一场"文字表演"，有口才和文笔好的司法人员将占据优势，反之不然。③

在客观化和理性主义大潮中，作为人主导的对人的定罪量刑的司法

①［法］皮埃尔·布迪厄、［美］华康德：《实践与反思——反思社会学导引》，李猛、李康译，邓正来校，中央编译出版社1998年版，第31页。司法只是一种方法，必须能够与其所服务的对象相配，并且不断地受到人类的反思与批判。

②［法］皮埃尔·布迪厄、［美］华康德：《实践与反思——反思社会学导引》，李猛、李康译，邓正来校，中央编译出版社1998年版，第33页。

③其实，人类的语言发展历史远远短于人类的发展历史，而所谓理性的发展历史更是短于语言的发展历史，学科发展尤其短暂。现今，人类的一切都依托于语言描述，从思维到行为。但是这种以语言无法把握和描述就予以否定的所谓"理性"显然并不是如此"理性"。

中，人和人性竟然被迫或自觉地退居二线，这是匪夷所思的。这种"人工加工"就是自然和人类的未来吗？就是司法的未来吗？当人工加工越来越代表着"统一"时，真实、多元而丰富的自然和社会就消失了，取而代之的是一场人类的历史轮回式"最后表演"。司法也是如此，恰如卡普兰所说的深夜醉鬼，"这个醉鬼丢失了他房间的钥匙，却坚持要在最近的一盏路灯杆边寻找它，因为他觉得只有在那里光才最亮。"①或许，这仅仅是司法试图用"技术屏障"来填补理论匮乏所产生的空白的做法。因为理性主义的理论体系无法解释情态证据，但又不甘心留下理论的空白而为社会所诟病，更不愿意承认自己的苍白，因此就将其斥为"不理性"，并认为理所当然，同时加以限制乃至排除。

事实是，在司法中，存在着大量的无法、不可能也不应该"人工化"的地带。美国证据法学家华尔兹教授认为："相关性实际上是一个很难用确实有效的方法界定的概念。相关性容易识别，却不容易描述。"② Benjamin Cardozo 坦称："如果将法官裁决过程完全公布，则法官会遭到质疑与弹劾。"③ "陪审员并不具有优秀的智慧或教育，也并不能更好地领会复杂的事实，但是他们能够将生活经验带入审判中，这种经验能给他们带来比法官更有价值的知识。"④ 司法必然需要以人和人性为中心，让任何人性合理地驰骋。正如美国作家马克·吐温所说："如果我们国家的法律中只有某种神灵，而不是殚精竭虑将神灵揉进宪法，总体上来说，法律就会更好。"

司法理应是人类共同信念的外在表现，反映着它的需要，并通过它的支撑而得以运行。作为其产物的各种法律是不能或难以改变此共同信念的。至少，人类的智力还没有达到可以突然使之深刻变革的地步。要在一夜之间变革的人只会建立更大的"混乱"来取代它们，并毁掉社会既有秩序。相反，人类的信念却可以对法律进行更新。"即使是在那些充满各种普遍规则和法规的领域，玩弄规则、寻求变通也是游戏规则

---

①[法] 皮埃尔·布迪厄、[美] 华康德：《实践与反思——反思社会学导引》，李猛、李康译，邓正来校，中央编译出版社 1998 年版，第 32 页。

②[美] 乔恩·R. 华尔兹：《刑事证据大全》，何家弘等译，中国人民公安大学出版社 1993 年版，第 64 页。

③Arthur L.Cordin, The Judicial Process Revisited:Introduction,71 YALE L.J.195,198(1961).

④Randolph N. Jonakait, The American Jury System xv(2003).pp.279-294.

的重要组成部分。"① 不管法律是否承认，社会所共同认可的信念就被不可分割地负载于每一个人的身上，并以千百种方式表现出来。一是信念可以非正式地更新法律。一旦法律区别于共同信念，或者个人私欲的信念意欲歪曲法律，共同信念将发挥其能动作用。人们可以拒绝将争端或纠纷提交法律裁决，以私下解决；可以模糊法律的边界，以从轻或从重；可以隐瞒或歪曲事实，以规避法律；可以修正或完善法律执行，以实现正义。此外，法律本身也在新的司法解释中非正式地被改变；种种新机构被私下建立，而包含种种现存信赖关系的整个网络则以成千种方式自觉更新。二是信念可以正式地更新法律。现代法律体系也为信念提供了一些司法表达的框架。如陪审团的设计即是利用社会信念更新法律。而法律修改和司法解释等也是如此。当然，也有充满私欲的消极信念，这将抹杀法律当中的共同信念，使之沦为私利的玩偶，并最终否定法律的正当性和合理性。②

因此，深深扎根于司法经验和社会经验之中的情态证据始终没有也不可能退出司法舞台，在现实中，情态证据以千百种方式存在于司法之中。

---

① [法] 皮埃尔·布迪厄、[美] 华康德：《实践与反思——反思社会学导引》，李猛、李康译，邓正来校，中央编译出版社 1998 年版，第 18 页。
② 蔡艺生：《法律是一种信念》，载《法制日报》2012 年 4 月 18 日。

第三章　情态证据的相关法律问题

引言

20 世纪以来，学术界和司法实务界就情态证据的是非问题展开了长达数十年的争论。但是在诸多情态证据的争论中，我们很难看到情态证据的全貌；对情态证据的基本内容，也尚未有学者提出理论模型。以至于在争论中，质疑者将情态证据加以简单化后，进行弹劾。而支持者要么在现代思潮的影响下，从情态证据的细枝末节中进行论证（不过，这种论证显然是与情态证据自身的运用原理存在差异的）；要么从历史中一味地强调情态证据的传统价值（不过，现代理性主义者似乎更倾向于将"过去"视为落后而加以否定）。其后果是，争论者在不同的平台上，依据不同的理论语境，针对不同的焦点进行争论。显然，这种"各说各话式"的争论无助于事实的厘清，而司法实践和法学理论也都只能"顽固"地存在。

其实，就文字的肯定性运用来描述情态证据本身就是一种悖论，即用语言来描述和论证非语言的情态本身就是一种矛盾。因为二者代表着截然不同①的存在、运行和思维方式，而且就文字而言，文字的世界只是现实世界的一部分而已，人们不能把自己的全部知识简单而草率地架构于文字之上而忽视了更为广袤的真实世界。而且没有一个句子能充分陈述自己的意义。总是有一个先期假设的背景，这一背景由于其不定性而无法分析。没有什么东西是可以被准确地说出来的。② 我们最终说出的每一个词语，都是我们无法做得更好的无能表白。③ 所以我们所知道

---

①截然不同并不代表着互不相容，相反，二者可以相辅相成。

②［英］A. N. 怀特海：《科学与哲学论文集》，伦敦出版社 1948 年版，第 73 页。

③说话和写作是不断更新的力求表达得既准确又明白的斗争。［英］迈克尔·波兰尼：《个人知识——迈向后批判哲学》，许泽民译，陈维政校，贵州人民出版社 2000 年版，第 381页。

的总是比我们所说的要多得多。当一个词汇被选择之后，我们表达的不仅仅是社会对该词汇的定义，更包括我们对这个词汇的个人经验理解，以及该词汇背后所代表的种种情感和语境。不过，语言文字仍然比情态具有更大的便利性。而且情态证据不能总是以一种"主观"、"整体"和"难以描述"的姿态出现。这种对当下司法理论体系的抗拒只能导致更大的隔阂，遭受更多的否定。所以在此，笔者试从情态证据的现有实践存在和理论构建中，勾画情态证据的运用原理，并厘清其证据归类和证据效能。在这一系列的勾画中，笔者不仅从微观处寻找情态证据的技术存在，更从宏观处寻找其制度性保障和运用。最终，以当下社会思潮和法学思潮为依托，刻画情态证据的应然图景。

一、情态证据的运用原理

如上所述，情态证据具有主观性、整体性和难以描述性，使得其难以为现代证据法理论所认可。不过，情态证据仍具有运用的可能。这种可能不仅表现在"存在即合理"的广泛的情态证据运用实践中，更存在于情态证据的本质当中。当然，为了保障情态证据的合理运用，还必须辅之以相应的保障制度和配套措施。

（一）情态证据的产生和认知原理

几十年来的心理学等相关研究早已显示：引起情态反应的内在刺激是心理性的。情态的产生，虽然与个人的认知有关，但在情绪状态下伴随产生的生理变化与行为反应，当事人却是无法控制的。因此在庭审时，当当事人被以各种形式唤起对其作案经历的长期记忆或未来危险的意识时，他就会产生强烈的情绪波动，这些情绪波动是无法控制的，这些情绪波动必然会导致生理和心理上的异常情态反应。审判者可以据此分析当事人与案件的相关度，获取与作案人作案经历有关的信息。正如莱克肯教授所说："罪犯和无辜，两者之间心理上的重要差异，仅仅在于一个当犯罪发生时，他在现场，他知道那里发生了什么事，在他心里装着当时当地的景象。而一个无辜者，对此一无所知。"[1] 究其根本，情态证据是对人类本能和心理的一种司法运用，是基于人的情绪发生变化时由自主神经系统作用而引起动作或生理变化的原理。情态证据运用

---

[1]《犯罪心理测试技术的科学性研究》，http://www.daai.cc/2009/0831/8302.html。

的具体原理是：通过合理压力①刺激被告人（或证人等）的记忆和心理，激发其情态；司法人员则基于对被告人（或证人等）或案件的了解，结合其他证据材料判断情态所蕴含的信息，并最终确定是非曲直。即一是情态证据的产生原理，二是情态证据的认知原理。

1. 情态证据的产生原理

20 世纪最负盛名的"应激理论之父"（或称"压力理论之父"），加拿大蒙特利尔大学的赛尔耶教授②指出：当人遇到紧张或危险情境而使身体与精神负担过重却又需迅速采取重大决策时，就可能导致应激状态的产生。1963 年，我国著名的生理学泰斗蔡翘教授将赛尔耶的"病理应激"的理论推进到了"生理应激"理论，强调："在绝大多数情况下从刺激反应恢复到原来正常状态而维持机体内环境稳定的过程。"③即现代应激理论认为，应激是个体面临或察觉（认知、评价）到环境变化（应激源）对机体有威胁或挑战时做出的适应和应对的过程。④ 而个体的情态正是这种压力反应的集中表现。司法为了准确地激发被告人（或证人等）的情态，就必须有意无意地施加各种合理的压力。⑤

（1）压力施加。压力施加，是指为了激发压力反应（情态反应）而通过主客观因素营造压力。在心理学上又称"应激源"，即是指引起应激的各种内外环境刺激。在心理学视野中，根据其属性，可将应激源分为四类：一是躯体性应激源，指作用于人的机体，直接产生刺激作用的刺激物，包括各种理化和生物刺激等；二是心理性应激源，包括人际关系的冲突，身体的强烈需求或过高期望，能力不足或认知障碍等；三

①压力的种类繁多，如为了更清楚地表达自己的意思也是一种压力，为了让别人相信自己也是一种压力。

②赛尔耶 1936 年开始在加拿大蒙特利尔大学研究"压力"问题。1945 年他在蒙特利尔大学有 40 个助理，使用 15000 个实验动物研究压力问题。他首先提出的术语"应激"，被收入了各种各样的语言词典，并纳入各行各业的研究之中。这一具有革命性的应激理论使人们发现激素影响着许多慢性疾病，从而为治疗领域开辟了新途径。1953 年被某著作评为世界上最著名的 100 个人之一，http://www.worldlingo.com/ma/enwiki/zh_cn/Hans_Selye。

③蔡翘：《Selye 应激学说与生理应激》，载《生理科学进展》1963 年第 1 期。

④现代研究表明，大脑和自主神经系统在应激反应中具有重要作用，它们是通过人体的三个系统来控制应激的，这三个系统分别是神经系统（下丘）、腺体（脑垂体和肾上腺）以及激素系统（肾上腺素和其他激素）。王明辉、张淑熙：《应激研究综述》，载《信阳师范学院学报（哲学社会科学版）》2003 年第 1 期。

⑤正是因为压力的可操作性，情态证据具有可促成性。

是社会性应激源，包括客观的社会学指标和社会变动性与社会地位的不合适；四是文化性应激源，即因语言、风俗、习惯、生活方式、宗教信仰等改变造成的刺激或情境。[1]

在情态证据理论视野中，压力的来源是综合性的，既有躯体性和心理性的，也有社会性和文化性的。一是被告人或证人等的躯体性应激源，包括身体的受束缚状态，如戴手铐和脚镣等警械，甚至包括各种肢体性的接触或压迫，如空间限制和刑讯逼供等。二是被告人或证人等的心理性应激源，包括对方证人的指控，共同犯罪嫌疑人的坦白，亲人对其犯罪行为或人格的唾弃和否定，他人对其伪证行为的揭露，身体渴望自由等的强烈欲望，对犯罪事实、侦查机关或反侦查行为认知的错误或障碍等。三是被告人或证人等的社会性应激源，包括从普通人到被告人或证人乃至罪犯的转变所带来的社会交往、生活、工作和未来的变动。四是被告人或证人等的文化性应激源，包括日常语言到法言法语的转变，日常生活到监禁或法庭程序的转变，社会公序良俗到法律价值观的转变，个人认知和公众认知的冲突等。

整个审判过程，必然从以上四个方面给出庭的被告人、证人、控方、辩方、法官和旁听群众等带来不同的压力，并且法庭上各方又会交叉进行压力施加。而且各种压力既来自于当下庭审，也可能由此而诱发各方对过去或未来压力的感同身受，进而营造出一种"超越时空"的压力环境。而且情态本身也可以传递压力，并激发新的情态，由此循环反复。同时，这既是一种对被告人和证人的有意的压力施加，也是对其他各方的一种检验和考验。例如，庭审中，旁听群众群情激奋的情态对法官判决施加的压力，使其更加谨慎而全面地思考问题等。同时，压力施加是可以不断累积的，即紧张不安和焦虑保持在身体中并随着遇到的每一件能引起紧张情绪的事情不断积累上升，最终导致显著的情态反应。

（2）压力中介。应激是个体"察觉"环境刺激对生理、心理及社会系统过重负担时的整体现象，所引起的反应可以是适应或适应不良，即压力施加后，个体的"察觉"是一种将压力内化到个体内心的中介。应激的发生并不伴随于特定的刺激或特定的反应，而发生于个体察觉或"估价"一种有威胁的情境之时。这种估价来自对环境需求的情境以及

---

[1] 姜乾金等编著：《医学心理学》，人民卫生出版社 2002 年版，第 56 页。

个体处理这些需求的能力（或应对机制，copingmechanism）的评价，个体对情境的察觉和估价是关键因素。① 压力中介包括心理中介与生理中介两种。

因此，情态证据的产生原理中，被告人或证人等的压力中介必须考虑以下两点：一是压力承受力。承受力要素来自两个方面，即经验累积和记忆定形。例如，大量的作证经验，使得从躯体、心理、社会和文化方面都具备了较大的抗压性；或者证人先前对事实记忆错误，但是自我内心确信其为真。二是对压力的理解问题，即该压力应该能为对象所关注和理解，否则，对牛弹琴显然不能激起"牛"的任何反应。当然，需要提醒的是，这些压力中介差异因素等的存在不必然会导致情态"失真"，只要随后的情态观察与判断具有合理的设计。

（3）压力反应。当个体经认知评价而察觉到应激源后，就会引起心理与生理的变化，即情态反应。

压力反应的内在机制决定了情态表现如何成为一个人所不可缺少和抛弃的部分，即情态表现的源头。这些内在机制是人们无法控制的，包括生理机制和经验机制。首先是压力反应的生理机制。这是一种与生俱来的内在机制。社会常识及生理学等研究都认为，脑与行为是密不可分的，压力通过心理和生理机制催生了情态反应。② 其次是压力反应的经验机制。这是人类在共同生活当中所逐渐发展成型的机制，它与生理机制的区别在于：后者是一种与生俱来的能力，而前者则是后天养成的。当然，经验机制又有不同类型：一是压力反应的普遍经验机制。这是人类在所有环境中都普遍使用的共同经验。例如，不管文化如何差异，手都会被用于送食物入口。二是压力反应的特殊经验机制。这是根据文

---

① 姜乾金等编著：《医学心理学》，人民卫生出版社 2002 年版，第 63 页。

② 一是感觉皮层—边缘系统联系：感觉信息通这种联系将"外部世界"与边缘系统主管的情绪与内驱力的"内部世界"相互沟通。二是额叶—皮层系统联系：运动前区与额前区是大脑皮层的联合区之一，运动前区参与不同感觉通道传入的信息的整合来决定行为。额前区参与运动活动中的动机性准备。另外，眶内侧及背外侧前额区与下丘脑及脑干有双向联系。因此额叶不仅能监控还能调制脑干的自主神经活动。三是边缘系统—新皮层联系：边缘系统的内侧颞叶有直接（经钩束）及间接（经丘脑背内侧核）两条路径到达前额区；海马及杏仁核有弥散性的投射系统到达新皮质；边缘前脑区的神经元变性可致 Alzheimer 氏痴呆。四是下丘脑：多种核团组成，是高级中枢自主神经功能的最后公路，并对垂体起调节作用，还有许多结构参与内驱力的表达及生理是稳态维持，它是心理—内分泌、心理—免疫机制的核心结构。姜乾金等编著：《医学心理学》，人民卫生出版社 2002 年版，第 63 页。

化、阶层、家庭和个体而变化的经验。正是这些生理或经验机制决定了当事人的情态表现，并影响着他人对其情态的感知和解读是否顺利和客观。

在生理和经验机制的作用下，一旦当事人感知到压力，各个机制就会自发或自觉地发挥作用，从而让个体表现出不同的压力反应。个体不仅会出现情态变化，还会导致内分泌和免疫系统的变化，并形成综合变化。这些变化不仅有长期压力的累积所表现的，也有即时压力而激发的；不仅有面部、身体和声音的表现，还有气味和其他人类未知的表现（如第六感等）。而司法在辨别是非曲直当中需要捕捉这些情态表现，不仅是为了识别谎言，也是为了更好地还原当时的真实情况，或传递一种情感和信念。①

2. 情态证据的认知原理

在压力控制与激发后，必须对情态进行观察与判断，亦即对情态进行解码。在众多情态表现中，除了"语言性情态"，其他情态要么是一种下意识的表现，要么难以用语言替代，更难以用语言性的思维进行评论或回应。因此，在对情态进行观察和判断时，需要进行合理的设置与构建。

（1）情态证据的观察。为了更好地观察情态（对情态的观察本身也是一种激发情态的压力），应该从主观和客观上进行设计。首先，观察者在主观上应该注意到情态的重要性；其次，在客观上，应该为观察者提供良好的观察机会和环境。

①情态证据观察的主观要求。

首先，观察者应该意识到观察情态的重要性。这也是深植于司法历史之中的传统，即观察证人情态对判断其可靠性具有莫大的作用。3000年来的司法体系都坚信一个前提"观察证人情态的机会具有重大价值"。② 而且此种对情态的判断不仅关系到可靠性，还关系到被告人和证人的人格权、财产权、自由权甚至生命权等。必须认识到，被告是案件的焦点和中心，是活生生的社会中的人，不仅要裁断事实，还需要对被告的主观恶性和悔过程度等进行价值评价。因此，对情态的观察应该

---

①正如人们在沟通过程当中，往往忽视了所选择的词汇，而感受到了感情和信念。而在书面证言中，则是相反。

②Olin G.Wellborn Ⅲ, Demeanor, 76 CORNELL L. REV.1075(1991).

严肃而细致。

其次，观察者应该对情态进行整体性的观察，即不仅要观察情态的片段，更要观察情态在被告人或证人的整个庭审中或作证中的整体表现，还要观察其他证据与情态的相互关系。观察者应该保持一种谨慎而开放的心态，不应该先入为主、以偏概全。

②情态观察的客观要求。

首先，应该让观察者能够面对面地观察被告人或证人。因为情态表现往往是一种在具体语境下的微妙反应，对情态的捕捉需要与之处于共同的语境中，这样才能身临其境地感知其情态反应。因此，需要观察者与被告人或证人进行面对面的接触，即身体上的直接观察而非通过视频进行观察，二者保持适当的距离，而且被观察者的身体应该尽量地暴露在观察者的视野中。

其次，为了让观察者充分地进行观察，需要为之提供足够的观察时间。在长时间的观察中，观察者可以对被告人或证人进行全面的判断，重新修正内心预先存在的偏见，或者重新预设内心的倾向或背景知识等，并对内心的判断进行验证。而且一旦被告人或证人试图进行情态伪装，这种长时间的观察将尽可能地促使其暴露真正的情态。

同时，还必须给观察者提供深入观察的机会，即通过对被告人或证人的情态刺激，激发其极端情态，让审判者进行更好的观察和判断。例如，交叉询问的存在，使得证人一直处于一种对未知的恐惧中，[①] 这种恐惧加上控辩双方的提问设计，可以促使其展现正反两个极端的真实情态，利于审判者的深入观察和判断。

综上所述，被告人或证人的"心灵是我们注视的焦点，在我们注视这一焦点的同时，我们也附带关注由他的心灵以不可言传的方式协调起来的言语和动作"。[②] 甚至这种观察和判断为我们下意识地进行，虽无法言述，却意义非凡。正如美国福特森所说："当案件陷入胶着时，我详细调查所有已有证据材料，并进行深思熟虑。然后，让自己的想象力发挥作用，超越各种理由的束缚，等待着一种感觉——预感——理解的

---

①Edward J. Imwinkelried, Demeanor Impeachment: Law and Tactics, 9 Am. J. Trial Advoc. 183, 186 (1985).

②[英] 迈克尔·波兰尼：《个人知识——迈向后批判哲学》，许泽民译，陈维政校，贵州人民出版社 2000 年版，第 478 页。

直觉性闪现，这将在问题和决定之间跳跃出火花，为司法脚下最黑暗的道路指明前行的方向。"① 而"司法裁决的过程也很少是先有前提，而后随之从中推理出结论。司法裁决往往先有模糊的结论，然后再寻找前提去证实它"。② 为此，我们应该从主观上和客观上尽可能为情态观察提供条件。

（2）情态证据的判断。压力控制和激发，情态证据的观察都是为了情态证据的判断，即对情态证据进行"解码"。确定情态的含义不仅需要观察其外在表现，更需要了解其表达的语境（场合）和正常表现，进而察知其准确含义。

①情态证据的语境。相比情态，语言和文字作为一种符号性表达形式，在清晰性、可管理性和连贯性上有了质的发展。因此，语言文字在感情的表达、向别人提出诉求和事实的陈述等领域中占据了绝对的主导地位。③ 但是即使是语言和文字，"也只有在其具体的场合所附带体系中，其意义才是确定的。离开了特定的场合和体系，其意义就会发生某种程度上的变化"。④ 而情态一方面本身很少形成符号表达效果，另一方面语境对其有重大甚至关键意义。因此，在对情态的理解中，不仅需要了解情态的先存性意义，更需要在具体的语境中理解其含义。

当然，某些情态已经获得了符号性表达的认可，成为一种语言性情态。例如，点头表示同意。但是更多情态远远没有达到符号性表达的效果，难以单独确定其含义。这就需要结合当下的具体语境进行综合判断。对语境掌握得越全面彻底，就越有利于对情态进行准确把握。情态表达的语境包括表达者的个人生理和经验前提、表达者在当下和未来所面临的情势等。同时，观察者对被观察者的情况和事实了解得越多，压力越大，越能激发其真实情态。

---

① Joseph C.Hutcheson,JR.,The Judgement Intuitive:The Function of the 'Hunch' in Judicial Decision,14 CORNELL L.Q.274,278(1929).

② Jerome Frank,Law and The Modern Mind 108(1930),quoted in Kevin W.Saunders,Realism,Ratiocination,and Rules,46 OKLA.L.REV.219,222-23(1993).

③［英］迈克尔·波兰尼：《个人知识——迈向后批判哲学》，许泽民译，陈维政校，贵州人民出版社 2000 年版，第 114~115 页。语言运用中的猜测性特性必然是所有言语所固有，并自始至终是我们的言语所固有的。

④［英］迈克尔·波兰尼：《个人知识——迈向后批判哲学》，许泽民译，陈维政校，贵州人民出版社 2000 年版，第 166 页。

②情态证据的解读。① 在了解了情态证据的语境之后，随之应该判断其正常的情态反应标准。例如，跟某人熟识、熟知后，就可以准确地知道其某个情态出现时究竟代表了什么意思。这种正常情态反应标准的判断，实质上类似于对词汇词义的识别。一旦认知了词汇的词义就可以更好地理解和沟通。但是，并不是所有的情态都能够理想地进行语境的感知。因此，此种对正常情态反应标准的判断，必须依赖于观察者个人经验的总结。例如，法官虽然不知道被告人是否被刑讯逼供，但是根据自己多年的经验可以从被告人的"情词"（如被告人在看到侦查员时的恐惧眼神等）中推断出事实。或者，陪审团虽然与被告人不熟悉，也不知道案件情况，但是基于陪审团与被告人所处社会环境的一致，可以较为准确地推断被告人的情态意义，并且在庭审过程中通过被告人在各种压力下的不同反应和证据材料的不断质证，不断形成对其情态语境的准确理解和对其情态的准确解读。

尤其值得提醒的是，观察者对情态的解读并不是片段的，更不是一时的，而是在集中的庭审中不断地自我检验的。而且这种解读与检验并非必须有意地进行。同时，庭审各方都可以看到情态，各方对情态的反应可以进行互相验证，并共同对被告人和证人等形成新的压力。特别是在陪审团的审判中，陪审员之间可以结合各种证据材料和各方反响等进行广泛而深入的讨论，并形成对情态的具体、客观而可描述的解读，最终实现公共意志对法律的再一次即时更新。

当然，情态证据产生和认知的各个阶段和环节并不是截然区分的，而是相互交织和穿插的。在人类漫长的司法演进中，该原理的各种自发或自觉地运用无处不在，体现在各种司法制度和技术的设计当中。只要能辅以相应的制度和技术设计与保障，如司法亲历性、司法权威和司法裁量权的合理设计，情态证据完全可以发挥其应有的作用。千百年来的人类司法实践已经充分说明了这一点。

（二）情态证据的运用条件

纵观人类司法的进程，无论是弹劾式诉讼制度、纠问式诉讼制度抑或辩论式诉讼制度，都以种种因应当下社会语境的制度保障着情态证据

---

①用言词的方式来解释非言词信息本身就是一种尴尬。情态证据代表了一种与其他证据截然不同的思维方式、表达方式、传递方式和逻辑方式。不能简单地用言词的规范来界定甚至否定情态证据。

的运用。而且基于情态证据和其他证据的异同，其制度设计表现出了根植于悠久传统和人性的某种特殊性。当然，面对情态证据产生和认知原理的要求，制度保障的基本要求仍为保障合理的压力控制与输入和有效的情态观察与判断。这就要求司法在亲历性、权威性和裁量权方面进行相应的制度设计，包括情态证据运用的前提、语境和裁量三个方面的制度设计。① 对于书证和物证自身而言，此种司法设置基本无效，或者是仅有间接的效果。② 就此内在逻辑关系而言，世界各国各个历史时期的司法都体现出了惊人的相似之处。

1. 情态证据运用的前提保障

情态证据运用的前提保障是司法亲历性。所谓亲历性，也就是裁判者要亲自经历裁判的全过程。亲历性有两个最基本的要求：一是直接审理，二是以口头的方式进行审理。前者要求裁判者在裁判过程中必须亲自在场，接触那些距离原始事实最近的证据材料；后者则要求裁判者必须以口头方式进行裁判活动，听取控辩双方以口头方式提交的各类证据。直接审理的反面是间接审理，也就是通过听取别人就裁判所提出的意见来对案件作出裁判；口头审理的反面是书面审理，也就是通过审查书面案卷材料来对案件作出裁判。间接审理和书面审理走到极端，可以变成裁判者单方面实施的书面审查程序，控辩双方连出庭参与裁判活动的机会也会失去。这样，司法裁判的性质也就丧失殆尽，以至于"异化"为一种行政活动。③ 而在这一系列的"异化"过程当中，裁判者无从看到"一手"的被告人或证人等，也不能看到控辩各方在陈述事实和诉求过程当中的各种情态表现。所以司法的亲历性是情态证据的首要制度保障。在人类古往今来的司法制度设计中，都强调司法的亲历性，具体表现为以下原则或规则。

（1）直接言词原则。直接言词原则是直接原则和言词原则两项原则的合称，在刑事审判原则体系中具有重要地位，是审判公开原则、集中审理原则、辩论原则赖以发挥作用并体现其价值的前提。④ 直接言词原则是各国现代审判阶段普遍适用的诉讼原则。直接言词原则包括直接

---

①当然，情态证据运用的前提、语境和裁量保障并不是截然区分的，而是相互交叉的。

②间接效果指的是对举证者或鉴定人员有约束力。不过，这种效果是通过情态证据的保障措施的运行体现出来的。

③陈瑞华：《看得见的正义》，法制出版社 2000 年版，第 53 页。

④朱飞龙：《论直接言词原则》，对外经济贸易大学 2006 年硕士论文。

原则和言词原则，直接原则对应间接原则，而言词原则对应书面原则。即必须由法官亲自审理、亲自听取当事人和其他诉讼参与人的言词陈述及辩论，并采用言词方式审查证据及其他相关资料，最后依法作出判决的原则。①

①直接原则。直接原则又称直接审理原则，指的是审判人员在审理案件的过程中，应直接审查所有的证据，听取证人、被害人、鉴定人的陈述的审判原则。② 该原则包括三方面的含义：

首先是"在场原则"，即形式上的直接审理原则，是指在法庭审判时，各诉讼主体必须亲自到庭出席审判，并且从精神上和体力上自始至终参与案件的全部审判活动。例如，《德国刑事诉讼法典》第 226 条规定："审判是在被召集做裁判人员、检察院和法庭书记处一名书记员不间断地在场情形下进行。"《日本刑事诉讼法典》第 286 条规定："被告人在公审期日不到场时，不得开庭。"③

其次是"直接采证原则"，即实质的直接原则，是指只有法官在直接审理过程中直接调查所得的证据才能作为定案的根据。例如，《意大利刑事诉讼法典》第 526 条规定："法官在评议中不得采用不是依法在庭审中调取的证据。"④ 而且法庭审判应尽可能采用原始证据。例如，《德国刑事诉讼法典》第 250 条规定："对事实的证明如果是建立在一个人的感觉之上的时候，要在审判中对他询问。询问不允许以宣读以前的询问笔录或书面证言而代替。"⑤

最后是"自主裁判原则"，即裁判的法官必须亲自参与案件的审理，未亲自参与案件审理的法官无权作出判决。"直接原则是指司法裁判只能由直接收集证据和听取控辩双方就案件所作辩论的人作出"。⑥各国对直接原则关注的重点在于实质的直接审理。⑦

---

① 田平安：《民事诉讼法原理》，厦门大学出版社 2005 年版，第 181~182 页。

② 陈卫东：《论刑事证据法的基本原则》，载《中外法学》2004 年第 4 期。

③ 刘秋平：《论直接言词原则》，湘潭大学 2002 年硕士论文。

④ 陈永生：《论直接言词原则与公诉案卷移送及庭前审查》，载《法律科学》2001 年第 3 期。

⑤ 刘秋平：《论直接言词原则》，湘潭大学 2002 年硕士论文。

⑥ 丁杰：《论直接和言词原则》，载《山东大学学报（哲学社会科学版）》2001 年第 6 期。

⑦ 龙峥嵘：《论刑事诉讼中的直接言词原则》，湖南大学法学院 2009 年硕士论文，第 13 页。

直接审理保障了被告人或证人等的情态能够暴露于庭审之中，为审判者所观察和感知，并最终形成实体真实和价值判断的心证。

②言词原则。言词原则又称言词审理原则或口头原则、言词辩论原则，是指法庭对案件的审判必须以言词陈述的方式进行。即"言词原则乃谓审理程序之进行，原则上应采言词陈述方式。当事人之攻击与防御应以言词辩论的方式进行……一切诉讼中的程序，即对刑事被告的讯问、证据的采集、当事人的攻击与防御以及判决的宣判等必须以言词陈述方式实现之"。① 该原则包含以下两方面含义：

首先，法庭审理和判决活动必须采用言词陈述的形式进行，一切审判活动包括法官对审判的指挥，当事人和证人的询问或讯问，对证据的调查和对判决的宣告，控辩双方的攻击与防御，证人作证等都应当采用口头陈述的方式进行。如《德国刑事诉讼法典》第 249 条规定："证书及其他作为证据的文书应当在审判中宣读。"《法国刑事诉讼法典》第452 条也规定："证人应当口头作证。"②

其次，法庭上提出的任何证据材料均应以言词陈述的方式进行，一切未在法庭审理中以言词的形式提出和调查的证据，都视为未曾发生或不存在，从而不得作为认定案件事实的根据。③

直接言词原则可以"使负责审理之法官，听取言词陈述，并且能够察言观色，而得以获取正确之心证，形成确信"。④ 例如，《日本刑事诉讼法》第 43 条规定："判决，除本法有特别规定的以外，应当根据言词辩论而作出。"《法国刑事诉讼法典》还规定："在法庭听取证人的证言与鉴定人的说明之前，庭长不得向陪审员与陪审员交阅文件与鉴定报告。"⑤《法国刑事诉讼法典》第 347 条规定："重罪法院不得将案卷带进评议室。"⑥

---

①林山田：《刑事诉讼程序之基本原则》，载《刑事诉讼法论文选辑》，台湾五南图书出版公司 1985 年版，第 25 页。

②刘秋平：《论直接言词原则》，湘潭大学 2002 年硕士论文，第 10 页。

③陈永生：《论直接言词原则与公诉案卷的移送及庭前审查》，载《法律科学》2001 年第3 期。

④林山田：《刑事诉讼程序之基本原则》，载《刑事诉讼法论文选辑》，台湾五南图书出版公司 1985 年版，第 25 页。

⑤[法]卡斯东·斯特法尼等：《法国刑事诉讼法精义》，罗结珍译，中国政法大学出版社1999 年版，第 742 页。

⑥朱飞龙：《论直接言词原则》，对外经济贸易大学 2006 年硕士论文，第 10 页。

言词原则通过强调言词陈述，使得与言词相伴随的情态证据能够得以激发，并被审判者所观察和判断。正如《德国刑事诉讼法典》规定："审判庭应该根据审问被告人和审查全部证据所得的直接印象作出裁判，而完全不是根据现成的案卷作出裁判。"①

（2）传闻证据规则。学界对传闻证据的权威定义是："在审判或讯问时作证以外的人所表达或作出的，被作为证据提出以证实其所包含的事实是否真实的，一种口头或书面的意思表示或有意无意地带有某种意思表示的非语言行为（情态等）。"② 而传闻证据规则是指："传闻证据，除本证据规则或其他由联邦最高法院根据立法授权或国会所确认的规则另有规定外，不能采纳。"③

威格摩尔认为："传闻证据规则是英美证据法上最具特色的规则，其受重视的程度仅次于陪审团，是杰出的司法体制对人类诉讼的一大贡献。"④ 而且"在一度成为证据法脊梁的众多排除规则中，迄今只有传闻证据规则仍然焕发着旺盛的生命力"⑤。同时，传闻证据规则也是英美证据法中"最古老、最复杂和最令人感到迷惑的一项证据排除规则"⑥。但是传闻证据为什么必须被排除，其依据的信条是显而易见的：证人在作出该证言时的情态无法被事实裁判者感知和评判。⑦

传闻证据规则和直接言词一样，都要求证人等必须亲自出席庭审，不得提供书面证言或以书面审代替，以确保证人亲自陈述事实，而审判者可以从中形成心证。情态证据的运用要求当事人对事实有亲身的记忆。与之相对应的是，叙述传闻的人不需要深入细节、答复问题、解答

---

① [德] 施密特：《德意志联邦共和国刑事诉讼法概述》，朱友芹译，北京大学出版社 2003 年版，第 163 页。

② [美] 乔恩·R. 华尔兹：《刑事证据大全》，何家弘译，中国人民公安大学出版社 1993 年版，第 81 页。

③ 卞建林：《美国联邦刑事诉讼规则和证据规则》，中国政法大学出版社 1996 年版，第 120 页。

④ [美] 约翰·W. 斯特龙：《麦考密克论证据》，汤维建等译，中国政法大学出版社 2004 年版，第 484 页。

⑤ 郭志媛：《刑事证据可采性研究》，中国人民公安大学出版社 2004 年版，第 197 页。

⑥ See Rupert Cross, Cross on Evidence, Sixth edition, London Butterworths, 1985, p.453; Andrew L-T.Choo, Hearsay and Confrontation in Criminal Trials, Clarendon Press Oxford, 1996, Preface.

⑦ e.g., Donnelly v. Unied States, 228 U.S. 243, 273 (1912); California v. Creen, 399 U.S.149, 155 -156 (1970); State v. White, 809 S.W.2d 731 (Mo.App.1991).

难题、调和矛盾、澄清含糊点。他可用简单的词句肯定这就是他人告诉他的，以保护自己并把负担完全放在已死的或不在场作陈述人的身上。另外，在庭外或他人背后作轻率的、不假思索的陈述比在庭上或当着他人之面更加容易。① 因此，传闻证据无法进行合理评价，尤其是与事实相伴随的情态的评价。传闻证据是原始证据的替代品或第二手证据……当事人应当尽可能传呼证人亲自出庭作证，而不能用其他方式加以代替。② 毕竟，只有"一手"的当事人才真实地感知了案件事实，才能在作证时，通过语言和情态等客观再现当时的真相。而基于情态的不可言述性和即时性，当证据经过他们的记载或转述时，必然发生偏滑乃至变异。"故事每一次经过传播就进一步脱离真情。记忆错误、叙述错误使故事越来越不准确、不可靠。"③ 即使是"一手"的证人，其对事实的感知也可能发生错误等。如感知错误的危险、记忆瑕疵的危险、虚伪陈述的危险以及歪曲的危险或者不诚实的危险等。④ 这些可能的错误只有在当庭的宣誓和交叉询问等压力下，才能让证人更加谨慎地审视自己的记忆，并通过言词和情态等让审判者感知真实的情况。一旦是书面证言或者"二手"证人，审判者审判的将仅仅是证人对他人事实描述的简单记忆。这将使得证据更容易伪造或失真。

英美传统经验认为，证人陈述证言通常必须遵守三大条件：到庭、宣誓以及接受交叉询问。"到庭"保障了情态证据具有被观察和评价的可能性，"宣誓"能给证人施加了一定的压力，而"交叉询问"在给证人施加压力的同时更能够让情态的语境更加清晰、意义更加明显。因此，在保障情态证据运用的前提后，还需要保障情态证据运用的语境和裁量。

2. 情态证据运用的语境保障

情态证据运用需要给被告人或证人施加合理的压力。在庭审中，这

---

① 沈达明：《英美证据法》，中信出版社1996年版，第101页。转引自朱立恒：《传闻证据规则研究》，中国政法大学2006年博士论文，第47页。

② See Benjamin H. Dewey, Evidence: Best Evidence Rule: Use of Summaries of Voluminous Originals, Michigan Law Review, Vol. 37, No. 3(Jan., 1939), 449-452.

③ 沈达明：《英美证据法》，中信出版社1996年版，第101~102页。

④ See Christopher B. Mueller&Laird C. Kirkpatrick, Evidence under the Rules: Text, Cases, and Problems, Citic Publishing House, 2003, pp. 125-127. 转引自朱立恒：《传闻证据规则研究》，中国政法大学2006年博士论文，第46页。

种压力来自于司法权威所带来的威慑力。《现代汉语词典》将权威定义为"使人信服的力量和威望"。司法权威本身并不是一个法律概念，而是一个社会和政治概念，是指司法机关通过公正司法活动严格执行宪法和法律，形成命令和服从关系，具有使人信服的力量和威望。[①] 司法的权威可以形成一种威慑，让诉讼各方抛开不切实际的幻想，关注当下争议焦点和事实。在司法保障了被告人和证人等的亲历性后，这种信服乃至敬畏，可以使得被告人和证人等展现真实的情态。例如，当被告人因为罪行被揭露或者证人作伪证或诉讼其他各方滥权时，将面临社会的道德否定和法律的严厉惩罚，这种威慑无疑将给被告人或证人以巨大的压力，并展露能反映其可靠性和事情真相的情态。[②] 因此，司法权威为情态证据的运用提供合理的语境，主要表现在两个方面：一是道德强化，二是法律威慑。

（1）道德强化。人类的一切活动都是在社会中进行的，人类区别于动物的显著特点是他们的社会性。离开了社会，人们不仅无法从事各种活动，也无法取得赖以生存的生活资料。就是说，任何个人的生存和发展，总是以社会为前提的。在社会生活中，由于生产和生活的需要，人与人之间形成了复杂的社会关系。每个社会成员的行为，都要对他人及社会产生这样或那样的影响。为了适当而自发地调整人与人之间的关系，使人们对自己的行为加以必要的约束，引导人的行为向着积极的方面发展，就产生了对道德的需要。道德具有认识、调节、教育、评价和平衡功能。而司法正是通过人们的道德需要来进行道德强化的制度设计的。而且这种道德强化不仅是对被告人的强化，也是对证人、诉讼各方乃至社会的强化。

①法庭布置、服饰与仪式。宗教主要是一种精神和道德强制，而这种强化的力量不仅存在于宗教的整体，还存在于与宗教具有相似之处的其他场合。在各种宗教仪式中，其场所布置和服饰，包括一系列要说的东西和要做的姿势，都将使我们处于待命状态。任何一个在做礼拜的地方真诚地说并做这些东西的人都不能不全神贯注于其中。[③] 这种全神贯

---

①周沂丽：《如何认识和加强司法权威》，载《人民法院报》2008 年 8 月 29 日。

②Andrew L.T. Choo, "Hearsay and Confrontation in Criminal Trial", Published in the United States by Oxford University Press Inc., New York, 1996, pp.31-33.

③[英] 迈克尔·波兰尼：《个人知识——迈向后批判哲学》，许泽民译，陈维政校，贵州人民出版社 2000 年版，第 305 页。

注能够强化被某些人所遗忘了的某些公共意志、公共道德或者人性。"一个群体的仪式中的每一个行为都是那个群体中的一次和解以及作为一个群体自身的历史连续性的一次重建。"[1]

毫无疑问的是，法庭的布置、服饰和仪式最初都来自于宗教仪式。在法庭中，那雄伟的建筑、宽敞的法庭、象征化的桌椅和法槌、等级化的座次、庄重的法袍、严肃的表情，都在提醒着诉讼各方——司法区别于日常生活而具有的独特精神道德价值，并进而对诉讼各方（尤其是被告人和证人）施加道德压力。

②宣誓。"在普通法中，证人在法庭上正式作证之前之所以进行口头宣誓……可以影响到证人的意见和情绪。"[2] 英美法系相信，如果证人违背其誓言在法庭上提供虚假的证言，就是故意违背其向上帝作出的说真话的承诺，那么他在死后就会在地狱里受到上帝的惩罚。宣誓具有两个重要价值：一是在普遍相信宗教的社会氛围下，证人会因为害怕上帝惩罚而如实提供证言；二是通过庄严的宣誓程序，能够提醒证人出庭作证的神圣性和重要性。[3] 而且证人宣誓当时所展现的情态也是对证人可信度的一种衡量。在神示证据制度时期，宣誓断案就是一种审判方式。

当然，随着社会的发展，宗教的权威已经大大弱化，很少有人会畏惧死后的地狱之火。宣誓所能施加于证人的压力已经大为减弱，甚至已经无效。1927年英国法律改革委员会指出："宣誓无法防止法庭充斥大量的假证言……没有明显的证据表明通过宣誓能够确保证人证言的真实性。"[4] 既然神的惩罚和来世的报应已经难以形成威慑，司法就必须寻求其他现实的惩戒措施。因此，需要通过其他制度设计来予以合理威慑。

③对质原则。对质，又称对质询问（我国台湾地区的学者称"对质诘问"），是指让二人同时在场，面对面进行质问。[5] 在公元80年至

---

①［英］迈克尔·波兰尼：《个人知识——迈向后批判哲学》，许泽民译，陈维政校，贵州人民出版社2000年版，第325页。

②See Edmund M.Morgan, Hearsay Dangers and the Application of the Hearsay Concept, Hearsay Law Review, Vol.62, No.2(December,1948), pp.178-219.

③朱立恒：《传闻证据规则研究》，中国政法大学2006年博士论文，第47页。

④齐树洁：《英国证据法》，厦门大学出版社2002年版，第461页。

⑤龙宗智：《论刑事对质制度及其改革完善》，载《法学》2008年第5期。

公元90年间，古罗马总督费斯特斯在讨论如何正确对待罪犯保罗时指出："在被告人面对控告者并获得为自己辩护的机会之前就将其判处死刑，这不是罗马人的态度。"① 而中国的历史乃至文学中也不乏对质的范例。世界上许多国家都将对质权列为宪法权利。② 从情态证据运用角度而言，对质原则可以形成一种道德压力，并激发相应的情态。

可以说，要求与控诉者面对面对质，也是人类的一种"本能反应"。对质具有一种本能性的威慑力量。这种威慑一方面表现在人们在直接面对面的情况下说谎的心理容易受到压抑，另一方面表现在它具有预防性的威慑作用。正如美国联邦最高法院在科伊案和克雷格案中所说的，"任何人在面对刑事追诉时，要求与控诉者面对面对质，是人类的本能反应，也是确保审判公平的要素"。③ "人类本性中的某些东西将面对面的对质视为公平审判的必需。"④ 因为"在某人面前撒谎要比在某人背后撒谎难得多"。⑤ 对于过去发生的历史事实，当事人无疑最为清楚，不利于自己的证人所作证词的真伪，也只有当事人能作最准确的判断。⑥ 对质能给意图当面撒谎的证人施加莫大的压力。正如波斯纳曾指出的，"其可信性可能被反询问摧毁的证人根本不会被传唤，或者这种证人会在主询问中就主动承认反询问者可能将会穷追不舍地揪住不放的事实"。⑦ 事实判断者（侦查人员、法官或陪审团）根据对质陈述中的矛盾与不合情理，根据对质一方陈述人的言语神态，如不敢正视被告，目光闪烁不定，言词含混、矛盾等情况，根据对质过程中双方语言和神情的比较等，可以判断有关陈述的真伪。⑧

而且对质原则更具有实体上的意义。例如，对质常常可以创造现场

①Coy v. Iowa, 487, U. S. 1012, (1988). 转引自龙宗智：《论刑事对质制度及其改革完善》，载《法学》2008年第5期。

②美国宪法第六修正案明确赋予刑事被告人与指控自己的证人对质的权利。U. S. CONST. amend. Ⅵ.

③龙宗智：《论刑事对质制度及其改革完善》，载《法学》2008年第5期。

④See Pointer v. Texas, 380 U. S. 400, 404（1965）.

⑤这在中国也是一种常识性的观念。See Coy v. Iowa, 487 U.S.1012, 1019（1988）.Commonwealth v.Ludwig, 594 A.2d 281, 284（Pa.1991）.

⑥龙宗智：《论刑事对质制度及其改革完善》，载《法学》2008年第5期。

⑦RichardA.Posner, An Economic Approach to the Law of Evidence, 51 stan. L. Rev. 1477, 1490（1999）.

⑧龙宗智：《论刑事对质制度及其改革完善》，载《法学》2008年5期。

感，通过当时场景的营造以及情节，包括某些细节的提示，勾起某些回忆，发现认知与记忆中的某些错误。如在当面对质时，被告的形态、表情、言词、语调等使证人回忆起发案时的情景，从而确证案件的重要事实。①

④公开审判。公开审判，是指法院将审理过程和判决结果向群众、向社会公开的制度。"（公开审判）是废除欧洲各国专制时代实行的秘密审判和君主干预司法的制度，向公众表明光明正大地行使审判权，并且以审判受观众的监督来保证其实行。因此，这是法治国家的一项根本原则。"②"不管给被告在公开场合下审判的权利保障是否会给社会带来其他好处，这项权利一般被认为是防止把法庭变成指控的工具的有力保障。每一次刑事审判都要在公开的法庭上受到现场的监督，这是防止司法权滥用的非常有效的手段。"③ 美国联邦最高法院前大法官小奥利弗·温德尔·霍姆斯（1902~1932年任职）曾说过："案件的审判应该在公众的注视下进行。"在审判公开原则下，起到维护司法公正作用的主要力量是社会的舆论，"就是将审判活动暴露于社会之中，使社会根据其社会道德之共识，对审判活动作出社会评价，通过社会舆论监督的作用，启动法官的职业道德自我约束机制，从而在最大限度上实现审判活动结果上的公正性"。④

其实，公开审判不仅能对法官和检察官形成约束机制，也能对被告人或证人形成道德约束。因为在邻里的关注下，被告人和证人必须权衡自己的荣誉、诚信等社会评价和社会资源是否会因说谎而丧失。一旦做出了公众所否定或厌恶的行为，其必然遭受道德否定，进而影响其在当地的生存与发展。这种"众目睽睽"之下的道德压力毫无疑问具有相当大的威慑力。

综上所述，为了实现道德强化甚至强制，司法设计了种种原则或规则。但是道德强化与法律威慑并非截然分开，二者往往是相互交织的。例如，对质原则不仅保证了司法的亲历性，还从本能和道德上进行道德强化，而且具有发现事实进而处以有罪判决或"伪证罪"等法律后果。

---

①龙宗智：《论刑事对质制度及其改革完善》，载《法学》2008年5期。

②樊崇义：《诉讼原理》，法律出版社2003年版，第506页。

③Kenneth M. Wells&Paul B. Weston, Criminal Procedure and Trial Practice, Prentice-Hall, Inc. Englewood Cliffs, N.J., p.107.

④黄双全：《论公开审判制度的完善》，载《中国法学》1999年第1期。

不过，在陌生人社会的今天，随着道德感的减弱，单纯的道德强化已经越来越难以激发情态，法律威慑也就越来越具有必要性了。

（2）法律威慑。古希腊剧作家索福克勒斯曾经说过："如果法律没有恐惧支撑，它绝不能生效。"为了"噬者爪缩"[1]，必须让法律具有合理的威慑力。在情态证据运用中，需要通过法律给予被告人或证人等以压力，促使他们表露出真实的情态。在道德和法律的双重威慑中，诉讼各方会较为客观而谨慎地思考，以使自己的行为更加合乎道德和法律的要求。这种威慑可以使坦诚者"胆壮如狮"，而使过错者"惶恐不安"。而且当事人的情态反应既可以反映案件事实，也可以反映出其对法律和社会的态度等主观因素。同时，这种超语言的情态交流，也将司法人员和法律置于个案和人性的考验之中。因此，世界各国为了法律的正确适用和庭审的顺利进行，都设置了相应的法律威慑，主要是不利判决、伪证罪和藐视法庭罪的制度设置。

①不利判决。英国神学家奥古斯丁说过："惩罚是对正义的伸张。"法律对过错或罪过的惩罚是其应有之意。正是这种法律后果，使得法律对社会起着指引、评价、预测、教育和强制的作用。被告人在法庭上，面对自己可能遭受的不利判决，必然对庭审高度关注，面对庭审中的各种情况而表露出自我的情态。当自己的罪行即将暴露、证据难以掩盖、面对被害人或正义得到伸张时，被告都会由于不利判决的压力而表露出各种情态。这些情态可以证明事件真相和被告是否悔过等。特别是当被告面对因为撒谎和伪证而加刑的可能时，这种威慑将会一方面保证被告证言的真实性，另一方面在被告意图撒谎时促使其表露出"令人怀疑"的情态。在美国的量刑指导中，如果被告人通过提供假证言故意妨碍司法公正，可以提升两级犯罪等级进行量刑。[2] 这无疑能给被告人施加相当大的压力，使之"谨言慎行"。

当然，不利判决仅能给被告人施加压力，对于证人或其他诉讼各方则予以伪证罪或藐视法庭罪的法律威慑。

②伪证罪。伪证罪是一项古老而普遍的罪名。人类早期法典《汉谟拉比法典》和《十二铜表法》就对伪证罪进行了明确的规定。《十二铜

---

①沈德潜:《古诗源》，中华书局 2006 年版，第 4 页。

②United States Sentencing Guidelines § 3CI.I(1987).

表法》第 8 表第 23 条规定："作伪证的，投于塔尔佩欧岩下摔死。"[1]
我国唐朝《唐律疏议》对"证不言情"的处罚规定最为详尽。[2] 而今，
世界各国都有关于伪证罪的法律规定，并且处以严厉刑罚。如 1995 年
《日本刑法典》第 169 条规定："经依法宣誓的证人而作虚伪的陈述的，
处三个月以上十年以下惩役。"我国对伪证罪也有相似的法律规定。
《牛津法律大辞典》对"伪证罪"的解释为："在刑事诉讼中，已经进
行了法律宣誓的证人或译员，故意作他明知是虚假的或他不相信是真实
的陈述的犯罪行为。"在英美法系国家，伪证罪也可以发生在民事诉讼
中。普通法以外的制定法经常规定在行政等非司法程序中，如申报退税
或请发退休金时，行为人故意作虚伪誓言的，也构成伪证罪。[3] 而在对
质条款、交叉询问等保障下，伪证罪的存在，一方面可以促使证人如实
作证，另一方面也可以在证人作伪证时促使其暴露真实的情态。正如
19 世纪美国著名律师威尔曼（Francis L. Wellman）在他的《交叉询问
的艺术》一书里指出的，"证人在作伪证时常会以不同的方式露出马
脚：声音，茫然的眼神，在证人席上紧张扭动的身躯，尽可能复述事先
编造故事的精确措辞的明显努力，尤其是与其身份不符的语言的使用。"
这些情态都可以辅助审判者判断证言的真假。

③藐视法庭罪。在英美法上，藐视法庭的行为具体可以分为两大
类：一是直接地藐视法庭，即在主持审判的法官面前发生的、扰乱法庭
秩序的行为；二是间接地藐视法庭，通常发生于法庭之外，常包括不遵
守法庭命令等行为。直接地藐视法庭通常会被认定为犯罪，并且适用简
易程序审理，法官可以直接对行为单处或并处罚金或不超过 2 年监禁刑
的惩罚。[4] 同时，藐视法庭罪惩罚范围极其宽泛：凡不服从或不尊重法
庭或法官，可能影响司法运作之言行，皆可入罪。例如，1981 年英国
《藐视法庭法案》规定，藐视法庭，是一种严重的罪行，可以被判罚款
或监禁。藐视法庭包括不遵守法庭命令、违反对法庭作出的承诺、妨碍
司法公正等行为。该罪名是控制控辩双方行为的有力工具，包括防止控

---

①［意］阿尔多·贝特鲁奇等：《十二铜表法新译本》，徐国栋译，载《河北法学》2005
年第 11 期。

②左树芳：《伪证罪研究》，中国政法大学 2007 年硕士论文。

③关于伪证罪的几个问题，http://www.studa.net/xingfa/061102/09414663-2.html。

④易延友：《我国暂时不宜设立藐视法庭罪》，载《法制日报》2009 年 1 月 22 日。

辩双方不当的情态策略。亦即诉讼各方包括旁听群众，如果在法庭上有不当言行或情态，都可能被处以藐视法庭的相应惩罚。这无疑也给诉讼各方施加了法律威慑，促使其守法。

在道德强化和法律威慑的共同作用下，被告人和证人等会展现各种各样的情态，但是对于情态的判断仍需要进一步的制度设计。

3. 情态证据运用的裁量保障

为了保障司法对案件裁量的公正性，古今中外设置了相应的制度体系，从弹劾式诉讼制度到如今的辩论式诉讼制度都在探求着契合当下社会条件的诉讼模式。不同的司法裁量权的制度设计很大程度上决定了司法功能与价值的实现。在纠问式诉讼模式时期，实行证据法定主义，口供被视为"证据之王"，普遍的书面审理和秘密审判最终导致了大量的冤假错案。而现代司法制度则普遍采取了公开审判、迅速及时审判、排除合理怀疑（内心确信）和陪审团审判等制度，有意无意地契合了情态证据所需要的司法裁量权设计。诚如笔者所言，情态并非如符号化语言或文字，所以对情态信息的解读必须有一定的条件，包括对情态语境的把握和对情态判断的设计。

（1）对情态语境的实体把握。对情态语境的把握包括对当地、当事人、案件和作证当时情况的了解。对这些语境了解越多就越能准确地理解情态的准确信息。美国新近研究认为，情态的现实运用比学术研究结论要复杂得多。在特定的条件下，陪审团和法律执行者可以通过情态辨别真伪：一是对证人可靠性的倾向，二是对证言背景信息的了解。[1]当背景信息无效时，对证人的倾向就起着重要作用。[2]

首先，对被告人或证人等的倾向来自于审判者对他们的"印象"。而对这种印象的解读来自于对当地社会的普遍认识或公序良俗。例如，将何种人归类为不可信任的，或将某类人归类为可信任的。这使得审判更加契合当地社会的许容性和心理预期。

其次，对证言背景信息的了解包括对案件和被告人或证人的了解，以及对情态展现时具体语境的了解。研究显示，如果单独看情态而不考

①Max Minzner, Detecting Lies Using Demeanor, Bias, and Context, Minzner. Final. Version, 2558 (2008).

②Charles F. Bond Jr. &Bella M. DePaulo, Accuracy of Deception Judgments, 10PERS. &SOC. PSY-CHOL. REV. 59-68(2006).

虑语境或背景等，其在识别可靠性上的准确率仅为50%。但是如果审判者具有信息优势，则其准确率可以大大提高。[1] 正如美国检察官对辩诉交易程序的信任的正当性：如果犯罪嫌疑人对控方所掌握的信息不知情或模糊。在这种情况下，其交易才可能是全面、深入和公正的。[2] 在知情陪审团时期，审判者的信息优势来源于对被告人和案情的熟知，如今信息优势则来源于生活经验、司法经验和在庭审当中对被告人或证人等以及其他科学证据的持续观察、总结和判断。当被告人或证人在长期的审判压力下逐渐展现出各种情态差异变化时，[3] 审判者可以从中进行某些合理判断。

（2）对情态解读的程序设计。既然情态证据是一种区别于言述性证据的非言述性证据，那么为了确保情态证据能够合理地实现应有的价值，司法的制度设计应该为其预留合理"空间"。这不仅体现在对情态证据的观察方面，还体现在对情态证据的裁量方面。基于情态证据的整体性和难以描述性，为了更好地裁量，一方面应该尽可能促使情态证据的语境具体而明晰，另一方面应该确保心证的连续性和有效性。

①交叉询问。交叉询问又称反询问、盘诘，是指由一方当事人向另一方当事人所提供的证人进行诘问，一般是在提供证人的一方首先向自己的证人提问后进行。[4] "交叉询问是发现事情真相的最有效的法律装置。"[5] "它是对证词准确完美的保障措施。"[6] "目前尚未有其他方式可以代替交互诘问而将证人之证词还原至真实方向。"[7] 它的一个"关键

---

[1] Max Minzner, Detecting Lies Using Demeanor, Bias, and Context, Minzner. Final. Version, 2568 (2008).

[2] Max Minzner, Detecting Lies Using Demeanor, Bias, and Context, Minzner. Final. Version, 2572 (2008).

[3] 这种变化不仅可以为审判者所感知和裁断，更表现出司法审判实现了对被告人或证人的教育作用，而这种变化也利于促进诉讼各方对法律的认同。

[4]［英］戴维·M.沃克：《牛津法律大辞典》，北京社会与科技发展研究所组织翻译，光明日报出版社1988年版，第230页。

[5]［英］迈克·迈考委利：《对抗制的价值和审前刑事诉讼程序》，载《英国法律周专辑——中英法律介绍》，法律出版社、博慧出版社1999年版，第120页。

[6]［美］约翰·W.斯特龙：《麦考密克论证据》，汤维建等译，中国政法大学出版社2004年版，第482页。

[7]王梅英：《证据能力与严格证明之研究》，台湾《司法研究年报》1999年第20期。

目标是激发出令人怀疑的情态，使之为事实裁判者所发现"。① 而且
"残酷"② 的交叉询问所激发的情态由于与具体的问题或对象相联系，
将使情态证据所表达的信息更加客观与具体。例如，在问到某个具体问
题时，证人的支吾或惶恐等。同时，交叉询问对某些问题的深入诘问，
能够帮助审判者对"可疑情态"进行验证，并形成正确的心证。

②迅速审判原则。美国宪法第六修正案规定了被告人享有迅速接受
审判的权利——"所有刑事诉讼，被指控者享有由发生罪行的州和地区
内的公正的陪审团迅速和公开审判的权利。"这一宪法性权利规定通过
第十四修正案"正当程序条款"而适用于各州。《欧洲人权公权》第5
条第3款规定，被逮捕或拘留的任何人应立即被送交法官或其他经法律
授权行使司法权的官员，并且有权在合理的时间内受理或在审前释放。
在德国刑事诉讼理论中，迅速审判尽管不是明文规定的诉讼原则，但许
多法条以此为基础，迅速审判的理念清晰。③ 从情态证据运用角度而
言，审判的迅速进行可以保证被告人和证人等的心理印记相对清晰，在
压力环境下能形成较好的应激反应，从而展现较明显的情态。

③集中审理原则。集中审理原则，又称不中断审理原则或审理密集
原则，是指法院开庭审理案件，应当在不更换审判人员的条件下连续进
行，不得中断审理的诉讼原则。即一个案件组成一个审判庭进行审理，
法庭成员不可更换，集中证据调查与法庭辩论，庭审不中断并迅速作出
裁判。法国《刑事诉讼法》第307条规定："审理不得中断，应当持续
进行至重罪法院作出裁定，宣布审判结束为止。"德国《刑事诉讼法》
第226条规定了不间断在场原则："审判是在被召集做裁判人员、检察
院和法院书记处一名书记员不间断在场情形下进行。"日本《刑事诉讼
规则》第179条之二规定："法院对需要审理2日以上的案件，应当尽
可能连日开庭，连续审理。"诸国与地区立法还有体现集中审理原则其

---

① Ohio v. Roberts, 448 U.S.56,64 n.g.

② 交叉询问的"残酷性"是英美法律界的共识，不过，正是这种"煎熬"给了证人以压
力，使得证人的作证更加深思熟虑而力求真实，而审判者也能够更好地观察证人的情态表现。
律师在对出庭作证的证人进行交叉询问中使用的质疑点包括：感觉缺陷、证人的品格、证人
的精神状态、证人的重罪前科、该陈述的自相矛盾之处、证人的利益或偏见。[美] 乔恩·R.
华尔兹：《刑事证据大全》，何家弘译，中国人民公安大学出版社1993年版，第130页。

③ 马静华、潘利平：《迅速审判：不同刑事诉讼模式下的理念与制度之比较》，载《四川
大学学报（哲学社会科学版）》2007年第4期。

他要求的具体规定。而英美控辩式庭审尤其是陪审团审判对该原则的要求更为严格，这不仅是因为强调被告人获得迅速审判的权利，而且因为陪审团审理内在要求实现法庭审理的连续性与集中性。①

集中审理一方面可以对被告人形成连续的心理刺激，并形成一定的庭审氛围；② 另一方面可以让审判者通过集中、全面地接触被告人、证人和其他证据，进而对案件形成全面而深入的认识并形成信息优势。这种信息优势将使得审判者能够更深刻而准确地理解情态证据，并不断验证和修正先前对情态证据的认识。最终，通过情态证据在内心的整体印象结合其他证据形成正确的裁判。集中审理被认为是诉讼上为发现实体真实，形成正确"心证"，提升裁判品质的技术要求，与审判的基本原则言词辩论、直接主义之事实审理密不可分，是实现司法公正，维系程序正义不可或缺的一环。③ 正如林山田所说："在此审理密集原则下，可促使法官在对其审理诉讼客体之内容记忆尚极清晰时，即行判决，一方面可及早结案，另一方面亦可以免因中断后，续行审理时，因为法官对于诉讼客体已是记忆模糊，而未能作出公平合理之判决。"④

④尊重审判者的心证。"所谓心证，狭义言之，系指法官在事实认定时所得确信之程度、状况；广而言之，系指法官就系争事件所得或所形成之印象、认识、判断或评价。"⑤ 自由心证原则是当今世界上多数国家所确立的一项诉讼基本原则。⑥ 不管是专业法官抑或陪审团，"都可以通过自己的努力获取知识，普通人都具有简单的逻辑推理和概率推理的自然能力，这就使他们可以在已经掌握的一般知识的基础上去评判那些新增加知识的可信度"。⑦ 自由证明所依据的不再是少数事先已规定好的标准。而是范围更广的关于我们可能会因之改变意见的具体情况的标准。这些标准都具有客观性，包括逻辑和概率标准、自然规律标

①陈卫东、刘计划：《集中审理原则与合议庭功能的强化》，载《中国法学》2003年第1期。

②庭审氛围的形成，可以促进被告人和其他各方的"反省"，并促使证人如实作证。

③吕阿福：《集中审理在刑事诉讼法上的展开》，载蔡敦铭主编《两岸比较刑事诉讼法》，台湾五南图书出版公司1996年版，第304页。

④林山田：《刑事诉讼程序之基本原则》，载中国政法大学刑诉教研室编《程序法论》1999年版，第360页。

⑤邱联恭：《程序选择权论》，台湾三民书局2000年版，第141页。

⑥张卫平：《外国民事证据制度研究》，清华大学出版社2003年版，第399页。

⑦[英]乔纳森：《证明的自由》，何家弘译，载《外国法译评》1997年第3期。

准、人类行为标准及其他普遍真理标准。① 在日本的诉讼实践中，把对法官自由心证的内在制约称为"经验则"。所谓"经验则"，是根据已知事实来推导未知事实时能够作为前提的任何一般知识、经验、常识、法则，是人们逐渐从个别经验的积累中抽象、提炼、归纳出的一般知识或常识，具有高度的盖然性。② 现代自由心证原则要求法官在遵守法律规则的基础上，从理性和良心出发，凭自己的知识、经验、道德以及这种心理状态去认识具体案件事实，这使相对严格的证据规则更具有客观性和科学性。从而相应地促成法官更为准确地认定案件事实，提高诉讼效率，实现诉讼程序公正、效率、效益价值的有机统一。③

审判者心证的形成可以来自包括情态等不可描述或难以描述的信息在内的诸多证据。④ "它要求法律绝对保证法官内心思想的自由，法官有权不公开其关于案情的任何看法，除了审判结果。对于审判结果是如何形成的，法官有权拒绝回答。"⑤ 自由心证的这种秘密性，也是其核心特征。⑥ 当然，为了克服法官心证形成过程中的偏差和主观随意性，在裁判上防止对当事人及其利害关系人的"突袭性裁判"，符合司法审判民主、公开和透明的发展潮流，⑦ 需要进行适度的心证公开。但是心证公开限于一定的范围和阶段，而且在陪审团审判中，其裁判是不需要说理的。这种对法官心证的合理尊重和对陪审团心证的充分尊重，为情态证据等其他目前尚未为人类智力所理解和掌握的因素的功能与价值的实现预留了合理的空间，也为司法的进一步发展提供了可能。⑧

---

①何家弘：《证明的自由》，载《外国法评译》1997 年第 3 期。

②叶兰：《论自由心证制度及其在我国行政诉讼中的运用》，苏州大学 2004 年硕士论文。

③熊丙万、鲍艳：《试析自由心证及心证公开》，http://www.law-lib.com/lw/lw_view.asp?no=4551。

④或许人类在潜意识里都坚信着对事实和价值的把握应该着眼于人和人性，而非仅仅是琐碎的事实和证据细节。其实，证据所表明的只是人们对证据的看法，以及对事实的看法，而非证据本身，更非事实本身。在此意义上，所有的科学证据一如情态证据，都是一种对事实的感知和反映，只不过表达方式不一样而已。

⑤叶自强：《民事证据研究》，法律出版社 1999 年版，第 457 页。

⑥毕玉谦：《中国司法审判论坛》（第 2 卷），法律出版社 2002 年版，第 184~186 页。

⑦邱联恭：《突袭性裁判》，载《民事诉讼法之研讨（一）》，台湾三民书局 1992 年版。

⑧我国司法理论界的另一个特色是：武断界定某些要素和框架后，便以之为理所当然，更顽固地否定其他要素。对未知和传统缺乏敬畏和尊重。法治当中的这种武断乃至蛮横的习气是否来自于几千年专制统治的遗毒，不得而知。

二、情态证据的证据归类

在普遍追求"理性主义"的今天，证据的技术设计越来越"确定"，人们愈加重视条文、细节，却忽视了蕴含其中的精神内核。但是随着技术在现实情势面前的捉襟见肘，越来越多的学者认识到：20世纪以来，"社会关系较前代更为复杂，且又变化多端，欲以有限之法条，适应无穷之人事，在势显不可能，成文法既穷于应付，故条理将取而代之，而为最主要之法源矣"。① 当然，也不能无限夸大制度或原理，而忽视了技术和规则。"尽管没有任何本领可以被按照其明确的规则来实施，但这样的规则还是可以对一门本领具有极大的帮助的，假如这些规则在这门本领的操作场景中被附带的遵守的话。"② 因此，情态证据也需要合理的技术设计，需要在当下的证据法理论体系中寻找自己的定位与效能。

英美学者普遍认为，虽然没有具体规则规范情态证据，但是它一直被视为证据；③ 虽然对情态证据进行形式化的努力不一定就合乎其性质和理论模型，但是证据分类的演进在一定程度上反映了人类对证据认识的深化，是司法人员正确履行收集、审查和认定证据职能的行为依据，是健全和完善各种证据规则的客观需要和内在要求。④ 所以，仍有学者或立法试图将其形式化。例如，美国加利福尼亚州证据法典曾经列举了一系列的情态表现，并认为这些情态表现具有证明或反证证言真实性的价值。⑤ 当然，这种模糊性将可能使得情态证据缺乏一种"法律所具有的威严和持久性"。⑥ 因此，合理地从证据种类角度对情态证据进行界定，利于对其进行证据资格和证明力的设计和判断。

（一）展示性情态证据的证据归类

展示性证据指的是能够向事实裁判者传达相关的第一手感官印象的

---

① 林纪东：《"中华民国宪法"释论》，台湾大中国图书公司1981年改订第41版，第17~18页。

② ［英］迈克尔·波兰尼：《个人知识——迈向后批判哲学》，许泽民译，陈维政校，贵州人民出版社2000年版，第249页。

③ 3A John Henry Wigmore, Evidence § 946(James H.Chadbourn rev.ed.1970).

④ 雷建昌：《论我国刑事证据分类模式的缺陷及其完善》，载《法律科学（西北政法学院学报）》2004年第3期。

⑤ Cal.Evid.Code § 780(Deering 1966).

⑥ ［美］约翰·W.斯特龙：《麦考密克论证据》，汤维建等译，中国政法大学出版社2004年版，第643页。

一切现象。① 展示性证据如果根据被出示的展示物是否在导致审判的事实或者交易中起到实质的和直接的作用来分类，可以分为实质证据（原始证据）和示意证据。被出示的事物如果起到了直接的作用，通常被称为实质证据（原始证据）。如果被出示的事物本身没有在案件的审理过程中起到作用，而仅仅是为了使其他证据更容易被事实裁判者所理解，则是示意证据。而示意证据本身不是证据。法官经常允许使用展示性的图表或道具等来概述或展示证人证言。② 然而，这些视觉示意手段的有限作用是帮助陪审团（法官）理解证据；手段本身并非独立证据，③ 更不能被带入陪审团评议室中④用于裁断案件。

近些年来，在西方司法审判中，展示性证据的使用得到了很大的提高，而且这种趋势还会继续下去。西方部分学者认为，情态证据属于一种展示性证据。显而易见的是，展示性证据与情态证据具有许多类似甚至相互包容之处。不过，展示性证据尚无统一而稳定的概念，其标识和分类更是个难题。同时，如果仅仅将展示性证据界定为一种示意性的证据，那么情态证据实质上并非都是展示性证据。情态证据可以分为语言性情态证据、情感性情态证据和展示性情态证据。展示性情态证据指的是对证言具有解释和说明作用的情态。⑤ 展示性情态证据无疑为一种展示性证据，其存在是为了让证言更容易被理解，或者促进作证的顺利进行。而语言性情态证据和情感性情态证据则属于其他证据种类。当然，如果以广义的展示性证据进行界定，则情态证据无疑可以归为展示性证据，但是这种归类缺乏标识和分类的应有价值与功能。

（二）语言性情态证据的证据归类

语言性情态证据指的是与口头语言有高度的相似性，甚至可以用词汇或句子替代的情态。⑥ 言词证据，是指当事人或证人以言词陈述为形式提交给法庭的证据，它包括民事诉讼中的当事人陈述及证人证言和刑事诉讼中的受害人陈述、被告人供述及证人证言。言词证据在现代司法

---

① ［美］约翰·W. 斯特龙：《麦考密克论证据》，汤维建等译，中国政法大学出版社 2004 年版，第 435~436 页。

② G.Joseph,Modern Visual Evidence § 9,02［3］［f］(1985).

③ Bower v.O'Hara,759 F.2d 1117,1127(3d Cir.1985).

④ T.Mauet,Fundamentals of Trial Techniques,at 193(1980).

⑤ 详见本书第一章"情态证据的分类"。

⑥ 详见本书第一章"情态证据的分类"。

中占据重要地位，正如美国法谚"无证人即无诉讼"。语言性情态证据是一种有意识的意思表示，往往表现为身体动作，目的在于进行或阻止信息交流。语言性情态证据与言词证据的区别在于，言词证据是通过语言的词义来表达意思，而语言性情态证据则是通过动作来表达意思。二者都可以进行直接观察和评论。语言性情态实质上类似于聋哑人手语，与口头语言有高度的相似性，甚至可以用词汇或句子替代，获得清晰的编码和词义，一般不存在解读的困难和多义性，因此可以将其归类为证人证言，适用相应的证据规则。

（三）情感性情态证据的证据归类

情感性情态证据，是指下意识表现出来的传递情感信息的情态。①笔者认为，情感性情态证据属于物证，理由如下：

在我国证据法理论中，物证是指能够以其外部特征、物质属性、所处位置以及状态，证明案件真实情况的各种客观存在的物品、物质或痕迹。在英美法系国家，物证，是指"法官能够通过其感官得出结论的物体"。② 大陆法系国家则将物证描述为因其存在、位置、状态或性质而对法庭判断案件产生影响的一切物体。尽管定义上存在差异，两大法系司法实务界对"物证"的理解其实并没有太大的分歧，即物证是由其自身的存在、性质、位置或状态而使事实审理者产生感觉印象的物体。基于对物证内涵的如此理解，两大法系证据法理论一直将人的生理特征，如伤痕、左撇子、身高、体型、生理残缺等划入物证类别。表情、势态、举动是以其存在和状态而使事实审理者产生感觉印象的人的生理特征，符合物证的内在规定性，归入物证当无争论。同理，情态中的腔调、语气是以其存在（声波传导）和状态（音调高低、连贯程度、语法正确性等）造成事实审理者感觉（听觉）印象，同样也应当归入物证序列。③ 因此，英美学者普遍认为："情态证据满足了实物证据的定义的要求。"④

不过，也有学者认为，情态证据就如同司法认知一样，是证据一般

①详见本书第一章"情态证据的分类"。
②龙宗智：《证据分类制度及其改革》，载《法学研究》2005年第5期。
③陈麒巍：《情态证据刍议》，载《中国刑事法杂志》2009年第1期。
④2 J.Wigmore，Evidence § 273（1）（Chadborun rev.ed.1979）；see Fed.R.Evid.401.

规则的例外，即被诉讼一方所自然地提出而后被法官自然地认可。[①] 笔者认为，司法认知的事实有两类：一是在一定区域内必定为一般人所普遍知道的事实；二是能够被准确地、随时可借助某种手段加以确认的事实，但该手段的准确性不容被合理质疑。[②] 而且在司法实践中，法院往往是对一个更可能真实的事实采用司法认知，而非对一个无可争议的事实。因为司法认知最古老、最明显的理由是：事实在社区内是众所周知的，以至于要求证明是无意义的；或者事实是确实已知以至于不会引起一般人争议。[③] 显然，情态证据类似于一种"众所周知的事实"。因为情态证据的判断正需要依赖于某种共同的背景知识或信念，或者是知识渊源与参照点等。不过，情态证据显然不能达到司法认知的需要和效果。基于情态证据的种类繁多，其背景知识可以是众所周知的，但是具体到案件中时，其具体意义仍需要结合具体语境进行判断。

当然，正如英国学者莫菲所指出的："采用各种类型的不论是法律还是非法律的词汇来组成等同划一的术语，以此来鉴别和分辨不同种类的证据是不可能的事情……对证据的探索，是一种最贴近实际的命题，不能随心所欲地创设一种系统的或一成不变的定式，而是适应现实生活的不同情况和需要。证据制度贯穿于每个诉讼阶段的所有实际法律过程，它不单纯地受制于学理上的归纳分类。"[④] 如果我们随时注意世界上业已发生的变化，那么我们从证据中得来的各种论点必须随之变化。[⑤] 因此，情态证据的分类并非一成不变。

三、情态证据的证据效能

情态证据在证据体系中的效能包括其证据能力和证明力问题。世界各国的证据体系对此具有不同的立法模式和司法实践。证据能力是证明

---

① Jerome Michael & Mortimer J. Adler, Real Proof: I, 5 Vand. L. Rev. 344, 365–66, 366 n.65 (1952).

② [美] 约翰·W. 斯特龙：《麦考密克论证据》，汤维建等译，中国政法大学出版社 2004 年版，第 629 页。

③ [美] 约翰·W. 斯特龙：《麦考密克论证据》，汤维建等译，中国政法大学出版社 2004 年版，第 640~641 页。

④ 毕玉谦：《民事证据法及其程序功能》，法律出版社 1997 年版，第 34 页。

⑤ 宋冰：《程序、正义与现代化———外国法学家在华演讲录》，中国政法大学出版社 1998 年版，第 338 页。

力的前提，有了证据能力才会有证明力。大陆法系国家对证据能力采取了一种较为宽松的态度，赋予法官较大的自由裁量权。其他国家则采取严格限制的态度。在证据的证明力方面，要么由法律预先规定其证明力大小、取舍及运用，称法定证据制度；要么由法官在审理时依法自由判断，称自由心证制度；抑或介于二者之间。情态证据的证据能力和证明力如下：

（一）情态证据的证据能力

证据能力，亦称证据资格、证明能力或者证据的适格性，它是指证据资料可以被采用为证据的资格。在证据法中，发现事件真相至关重要。为了使判决奠定在对争议事实的正确推定的基础之上，证据制度就预设这样一个前提条件成立，即当事人均可能将所有支持其待决事实的证据出示给法院或陪审团。[1] 例如，在普通法上，"除非法律另有其他规定，所有具有关联性的证据都是可采的……没有关联性的证据不可采"。[2] 当然，如果存在事实发现者应拒绝听取该证据的理由，则不具可采性。拒绝听取的理由包括特权、传闻、司法效益、偏见危险、合法性等。可见，英美法系的证据可采性，是指证据必须符合关联性、真实性以及其他规则，还要满足关于认定可采性的程序保障。[3] 因此，只要情态证据具有关联性，并且不存在法律另有其他规定的情况，就具有证据能力。

1. 情态证据的关联性

证据的关联性，又称相关性，是证据的基本属性（或称基本特征）之一，是证据适格的基础性条件。概括来说，在英美法系国家，具有关联性的证据一般是可采的，反之则不可采。证据的关联性包括两个方面的含义：实质性和证明性。实质性涉及的是证据与案件之间的关系，它注重的是被提供的证据欲证明的主张和案件中的争议事实的关系。证明性，是指证据支持其欲证明的主张成立的倾向性。《联邦证据规则》和修订后的《统一证据规则》第 401 条合并了实质性和证明性概念："'关联证据'，是指证据具有某种倾向，使对决定诉讼具有重要意义的

---

① ［美］约翰·W. 斯特龙：《麦考密克论证据》，汤维建等译，中国政法大学出版社 2004 年版，第 359 页。

② 美国《联邦证据规制》第 401 条以及相应的《统一证据规则》。

③ 刘品新：《美国（联邦证据规则）评介》，载何家弘《证据学论坛》（第 1 卷），中国检察出版社 2000 年版，第 429~432 页。

某项事实的存在比没有该项证据时更有可能或更无可能。"① 因此，情态证据毫无疑问是具有关联性的。

（1）情态证据欲证明的主张与案件中争议的事实具有关系。情态证据不仅可以反映主观态度，也可以表达客观记忆。

首先，情态证据被公认为是证人主观思想的有效线索。② 无数世纪以来，人们的外在表现被认为是其内在的显现（相由心生）。③ "我们评价一个人的行为是正义抑或不正义，是基于他们的整体性格上的具体的动机和行为，而动机、行为和性格当中的关键要素是道德判断。"④ 在各类法庭中，情态证据的运用都有着悠久的历史。美国联邦最高法院某案件中对于情态证据与内心的关联性问题如此裁定："实物证据（object evidence）只是有助于证明某人是否信仰某种宗教，但这个人对这个宗教的忠诚程度应当是一个纯粹主观的问题，任何使人对此产生怀疑的事实都应当是有关联性的。"⑤

其次，情态和语言一样，都具有表述记忆的功能。⑥ 因此，情态证据通过表现案件事实所欲证明的主张当然与案件中争议的事实具有关系。同时，诚如斯特龙教授所说："（证据的实质性）除了要求证据直接与争议事实有关以外，也允许存在一定的灵活性，甚至在对仅仅被用于证明陈述的背景，使陈述更有力、更形象、更生动的事实证据的直接询问中，也是这样。地图、图表、海图以及录像带在被用来辅助理解其他的实质性的证据时，均可能具备实质性。此外，当事人双方可能对证人的可信性提出质疑，并在限定范围之内提出证据以攻击或支持证人的可信性。"⑦ 而情态证据毫无疑问满足了这些要求。所以，正如美国著名学者威格摩尔教授所说："情态证据满足了证据关联性的要求。"⑧

---

①［美］约翰·W. 斯特龙：《麦考密克论证据》，汤维建等译，中国政法大学出版社2004年版，第360页。

②J.Weinstein & M.Berger,Weinstein's Evidence 1800［01］,at800-10(1985).

③H.Hardwicke,The Art of Winning Cases 85-90,153(1901).

④Robert C.Solomon, A Passion for Justice:Emotions and the Origins of the Social Contract 203(1990).

⑤陈麒巍：《情态证据刍议》，载《中国刑事法杂志》2009年第1期。

⑥详见本书第一章。

⑦［美］约翰·W. 斯特龙主编：《麦考密克论证据》，汤维建等译，中国政法大学出版社2004年版，第360页。

⑧2 J.Wigmore,Evidence § 273(1)(Chadborun rev.ed.1979);see FED.R.EVID.401.

（2）情态证据具有支持其欲证明的主张成立的倾向性。在考察一项证据是否具有证明性时，有两种方法：一是一个人可以简单地提出疑问："对此证据的认识是使发现争议事实更为可能还是更为不可能？"二是将假设视为成立的情况下，来考虑证据出现的可能性。[1] 情态证据作为一种被告人或证人的内心世界在情态上的各种反映，不仅有有意识的情态表现，还有下意识的情态反应，它们都可以在某种程度上使争议事实更为可能或更为不可能。例如，故意伤害案的庭审中，被告人对作证时的被害人怒目相向，做出威胁情态等，都使争议事实更为可能。或者，证人在作证时明显撒谎的情态表现，使得其证言所欲证明的事实更为不可能。当然，什么是"争议事实"应该根据具体案情和法律规则来理解。不过，需要提醒的是，诉讼各方出示证据时，是陆续提出的。一项证据仅仅是证据锁链中的一个环节，没有必要非得能终局性地证明它所欲证明的主张，甚至不必使该主张显得更加可能成立。如果该项证据能够合理地表明某项事实存在的可能性比没有该项证据时稍大，那就足够了。[2] 而情态证据毫无疑问能够合乎这一证据关联性的基本要求。

2. 情态证据可能带来的危险

证据的关联性并不绝对保证其可采性。另一个需要考量的问题是：该证据的价值是否与其所可能带来的危险相当。如果该证据所可能带来的危险超过了其证据价值，则法官可以予以排除，《联邦证据法》等对某些危险予以了成文化。例如，"如果可能导致不公正的偏见、混淆争议或者误导陪审团的危险充分大于该证据的证明价值，或者考虑到过分地拖延、浪费时间或者无须出示重复证据，也可以排除该证据。"[3] 情态证据可能带来以下危险：

首先，情态证据可能带来偏见的危险。偏见，是指根据一定表象或虚假的信息相互作出判断，从而出现判断失误或判断本身与判断对象的真实情况不相符合现象。在此，偏见是指一种"不公正的偏见"，产生于那些引起陪审团不顾证据的证明性而对一方产生敌意或者同情的事

---

[1] ［美］约翰·W. 斯特龙主编：《麦考密克论证据》，汤维建等译，中国政法大学出版社2004 年版，第360 页。

[2] ［美］约翰·W. 斯特龙主编：《麦考密克论证据》，汤维建等译，中国政法大学出版社2004 年版，第361 页。

[3] ［美］约翰·W. 斯特龙主编：《麦考密克论证据》，汤维建等译，中国政法大学出版社2004 年版，第363 页。

实。在这种证据所带来的偏见下，审判者可能会满足于对一定程度上低于法律所要求的强制性的有罪证明。① 部分情态证据所带来的情感共鸣或冲击等，可能带来审判者对诉讼一方的偏见。其次，情态证据可能误导审判者。在情态证据所带来的吸引和冲击下，审判者可能会脱离案件的争议焦点，转而忽视关键证据和主要问题。最后，情态证据可能消耗过多的时间。因为情态证据往往是微妙的，不可言述的，如果需要运用明示的语言来论证情态，无疑会导致在情态证据上的过多拖延。

但是情态证据可能带来的危险并不必然成为排除其的理由。因为没有任何证据是完美的，"虽然判断证人情态证据的程序是不准确的、不完美的，但是它是最好的有效引导之一"。② 事实上，不同的法官在对此类问题进行裁定时，往往会有不同的结论。这依赖于情态证据与案件中其他证据的关系，依赖于情态证据所证明的问题的重要性，并且依赖于法官对陪审团所作的谨慎指示所产生的可能的功效。因此，审理法官在公正的衡量情态证据可能带来的危险时，就被赋予了很大的自由裁量权。

（二）情态证据的证明力

证明力，也称证据价值、证据力，它指的是证据对于案件事实有无证明作用及证明作用的大小。长期以来，美国证据法学者将可采性问题视为证据法学研究中的核心问题，而将与可采性相对应的证明力问题视为事实认定者自由裁量的事项，归于经验操作领域，事实认定者可以运用经验、良心、理性进行自由判断，证据法对其不予规范。③ 即证据证明力上采自由心证原则。自由心证原则来源于大陆法系，1808 年《法国刑事诉讼法典》第 342 条详细界定了自由心证证据制度："法律不要求陪审官报告他们建立确信的方法；法律不给他们预定这些规则，使他们必须按照这些规则来决定证据是不是完全和充分；法律所规定的是要他们集中精神，在自觉良心的深处探求对于所提出的反对被告人的证据和报告人的辩护手段在自己的理性里发生了什么印象，法律不向他们说：'你们不要把没有由某种笔录、某种文件、多少证人或多少罪证……所决定的证据，看作是充分证实的。'法律只是向他们提出一个

---

① ［美］约翰·W. 斯特龙主编：《麦考密克论证据》，汤维建等译，中国政法大学出版社 2004 年版，第 363 页。

② Broadcast Music, 175 F.2d at 80.

③ 陈一云：《证据学》，中国人民大学出版社 2007 年版，第 79 页以下。

能够概括他们职务上的全部尺度的问题：'你们是真诚的确信么？'"①
大陆法系证据制度实行的是自由心证原则，由法官自由地对证据进行取
舍和判断证明力；而英美法系国家也实行自由心证原则。② 日本《刑事
诉讼法》第 318 条规定："证据的证明力由审判官自由判断。"奥地利
《民事诉讼法》第 272 条第 1 款规定："除法律另有规定外，法院应慎
重考虑辩论和调查的全部结果依自由心证对事实主张与否进行判断。"
俄罗斯《民事诉讼法》第 56 条规定："法官在公正、全面、充分地审
查一切证据的基础上，按照内心信念对证据进行判断"，"任何证据对
法官都没有预定的效力。"我国台湾地区"民事诉讼法"第 222 条规
定："法院在判决时，应斟酌全部辩论旨意及调查证据之结果，依自由
心证判断事实之真伪。"我国《最高人民法院关于民事诉讼证据的若干
规定》第 64 条也规定审判人员应当"依据法律的规定，遵循法官职业
道德，运用逻辑推理和日常生活经验，对证据有无证明力和证明力大小
独立进行判断"。

　　边沁认为不应该将"证明力诉诸刚性规则规制"。③ 威格摩尔认为，
任何法律规则都不能对陪审团审查判断证明力或可信性予以限制。④ 虽
然自由心证主要由审判者内心进行自由判断，而且情态证据自身就是不
可言述的，司法实践仍然通过证据规则等方式为证明力提供相应指导，
并力求确立明确的标准。⑤ 例如，规定情态证据是直接证据，或者仅仅

---

①现为法国的《刑事诉讼法典》第 353 条。见《法国刑事诉讼法典》，余叔通、谢朝华
译，中国政法大学出版社 1997 年版，第 131 页。

②樊崇义：《刑事诉讼法学研究综述与评价》，中国政法大学出版社 1991 年版，第 200 页。
《联邦证据规则》的基本内容是证据的可采性，即围绕可采性进行建构，其中几乎没有关于证
明力的规定，即便 104（e）就证明力和可信性作出规定，这一规定的内容也不是常规意义上
的证明力规则。可以说，从内容上来看，《联邦证据规则》以及各州的证据法几乎都看不到证
明力规则的身影。See Dale A.Nance, The Best Evidence Principle, 73 Law and Law Review 227, 227
（1988）.

③William Twining Rethingking Evidence Exploratiory Essays（2nd Edition）, Cambridge University
Press 2006, p. 40.

④John H.Wigmore, Book Review of C.Moore, William Twining and Alex Steined. Evidence and
Proof, Dartmouth Publishing Company Limited, 1992.

⑤就英美法系而言，目前，通过法律明文规定证明力的只有《美国宪法》第 3 条第 3 款：
"无论何人，如非经由两个证人证明他公然的叛国行为，或经由本人在公开法庭认罪者，均不得
被判。"根据这一规定，单一证人的证言不足以认定被告人有罪，这一规定无疑是效力等级最高
的证明力规则。李训虎：《美国证据法中的证明力规则》，载《比较法研究》2010 年第 4 期。

是出于弹劾目的的证据；在其他证据存在的情况下，情态证据必须具有多大的证明力才能保证其可采性；如何防范虚假情态证据的出现；以及如何给予某一中立的或反对方及其专家一个充分而有效的观察或审查检验及分析过程的机会；如何对陪审团进行适当的指示；可否记录情态证据并以此为理由上诉等。具体如下：

1. 情态证据的补强规则

补强证据规则，是指法律规定因某一证据的证明力较弱，不能将其单独作为认定案件事实的依据，只有在其他证据以佐证方式对其证明力给予补充、加强的情况下，法院才能将该证据作为认定案件事实的依据的规则。在国外，补强证据规则一般适用于言词证据，而且主要适用于刑事诉讼。普通法中最著名的证明力规则莫过于补强规则。[①] 而在我国，补强证据规则不仅适用于刑事诉讼，也同样适用于民事诉讼。作为一种法定的证据规则，根据我国《民事诉讼证据规定》第 69 条，补强证据规则不仅适用于言词证据，如证人证言，还适用于书证、物证、视听资料。[②] 我国《刑事诉讼法》第 46 条规定："只有被告人供述，没有其他证据的，不能认定被告人有罪和处以刑罚；没有被告人供述，证据充分确实的，可以认定被告人有罪和处以刑罚。""美国各司法辖区信奉这一要求：欲支持一项以供认为基础的有罪判决，该供认必须为庭审中提出的其他证据所佐证。"[③] 在美国，补强证据规则主要适用于伪证罪、性犯罪等类型案件的审理。[④] 在英国，对于叛国罪、伪证罪和超速行驶等适用补强规则。[⑤]

确立证据补强规则，一是为了防止误判，二是为了防止偏重某一证明力较弱的证据。补强规则需要解决三个问题：一是补强证据的条件。对此，英国判例曾指出，用来补强的证据是"一些具体的细节支持而倾向于证实其他证据的真实性或准确性的证据"。为实现补强的目的，"它必须是可采的和可信的，而且还必须来源于与需要佐证的证据独立

---

①Peter Murphy, Murphy on Evidence(7th edition), Blackstone Press Limited 2000, p. 543.

②严克新：《浅谈补强证据规则的适用范围》，载《人民法院报》2007 年 12 月 18 日。

③[美] 约翰·W. 斯特龙：《麦考密克论证据》，汤维建等译，中国政法大学出版社 2004 年版，第 274 页。

④李训虎：《美国证据法中的证明力规则》，载《比较法研究》2010 年第 4 期。

⑤Peter Murphy, Murphy on Evidence(7th edition), Blackstone Press Limited 2000, pp. 546-551.

的资源"。① 二是需要补强的范围。对此，有不同的判例。有的要求以独立证据直接佐证犯罪实体（the Corpus Delicti）；② 有的则是要求补强证据能够证明被补强证据的真实性。不过，后者要比前者更容易适用，而且在达成佐证要求真正的现实目标方面也是富有效率的，并且导致偶发的不合理后果的可能性较小。③ 三是补强证据的证明标准。在目前各国的司法实践中，大致存在以下两种不同的做法：其一，证明犯罪实体存在；其二，按照真实性标准，补强证据只要能够证明其真实性就达到了补强标准。对此，尚无统一而稳定的规则予以规制。

就情态证据而言，基于其可靠性和有效性的激烈争论，需要其他证据予以补强。即可以通过补强证据证明犯罪实体，或者通过补强证据证明情态证据的真实性。例如，采用录像摄像记录，或现场作证展露情态时，由双方及专家进行质证。或者，由审判者根据不断地观察形成心证。因为任何对情态证据的过度文字化、言述化或细节化都可能是对情态证据的一种歪曲，甚至导致对审判者审判权力的侵蚀或架空。同时，基于笔者以上分析，情态证据也可以成为补强证据。成为补强证据的，必须是有证据能力的证据，且必须是本人情态以外的证据。

2. 情态证据的法官指示

诚如笔者所言，在司法的诸多领域，人类尚无法对其进行"人工化"或"形式化"。④ 实质上，大陆法系国家所谓的证据补强规则的运用产生了另外一种大陆法系的检察官不会遇到的证据障碍……补强规则已经被弱化为允许法官就证据证明力进行消极评论。⑤ 因此，情态证据的证明力在现实的社会环境及司法语境中，进行着"自我更新"。法官通过对大量法律的了解，并通过具体的审判，更新着对具体的情态证据的证明力的内心考量。而陪审团则在法官的合理指示下，根据自身的社

①齐树杰：《英国证据法》，厦门大学出版社 2002 年版，第 366 页。

②犯罪实体的定义尚存争议。但是一般认为，在刑事案件中，犯罪实体需要考虑三个条件：一是发生了构成该罪行的损害或伤害，二是该损害或伤害是犯罪行为造成的，三是被告就是造成该损害或伤害的人。

③[美] 约翰·W. 斯特龙：《麦考密克论证据》，汤维建等译，中国政法大学出版社 2004 年版，第 277~279 页。

④例如，美国上诉法院认为：确实没有必要把司法认知的做法形式化。[美] 约翰·W. 斯特龙：《麦考密克论证据》，汤维建等译，中国政法大学出版社 2004 年版，第 640 页。

⑤[美] 达玛斯卡：《比较法视野中的证据制度》，吴宏耀等译，中国人民公安大学出版社 2006 年版，第 117 页。

会经验和庭审观察，合理地考虑情态证据。

利文森教授认为，相对于对情态证据的完全禁止或完全允许，对情态证据进行相应限制并加强法官指示是一个更好的选择。因为对陪审团滥用这些信息（情态证据）的最好防护是：发展出一致的、原则性的规则和指示，以此来规范情态证据（包括非作证时的情态证据）。[1] 虽然陪审团可以忽视法官的指示，但是通过给予指示、指导陪审团如何使用他们在法庭上得到的信息仍然是有价值的。指示不仅连接着法律规则，也连接着陪审员的行为准则。[2] 相对于陪审员对诉讼双方的不信任，他们将法官视为中立的权力，并极为信任法官的指示。[3] 通过关于某些情态证据关联性或没有关联性的指示，可以指导陪审团在评议过程中更好地达成判决。[4] 因此，法官应该根据法律规则慎重地给予指示。一方面，不能高估情态证据的重要性。例如，通过描述情态证据（或指示书记员记下被告人或证人等的情态），法官将个人对情态证据重要性的见解强加于陪审团。[5] 这导致的一个危险是，陪审员将接受法官关于情态的描述和评价，仅仅因为这是法官的描述，而非陪审员亲自观察和判断。[6] 另一方面，不能低估情态证据，否则可能导致案件流审或者迟延等。当今，必须能够对各种区别于传统证据的信息进行合理的指示。例如，某些学者认为，法官的指示应该如下所示：

女士们、先生们，你们必须根据本案中的所有证据来进行决定。在裁断证人的可靠性时，你们可以考虑证人在证人席上的情态。但是在法庭内证人席外发生的行为不能被视为证据，除非法庭特别指示你们去考

①Professor Laurie L.Levenson：Courtroom Demeanor：the Theater of the Courtroom，Legal Studies Paper No.2007-30.p. 51.

②Anne Bowen Poulin, The Jury：The Criminal Justice System's Different Voice, 62 Univ. Cincinnati L.Rev.1377,1411(1994).

③Dombrooff, Jury Instructions Can Be Crucial in Trial Process,Legal Times,Feb.25,1985,at 26.

④Professor Laurie L.Levenson：Courtroom Demeanor：the Theater of the Courtroom，Legal Studies Paper No.2007-30.p. 52.

⑤在一起儿童性侵害案件中，法院告诉陪审团：被害人的表现和其他一切都表明了被告人的可靠性。People v.Hewitt,1 A.D.2d 914,149 N.Y.S.2d 686(N.Y.App.Div.1956).

⑥Edward J. Imwinkelried, Demeanor Impeachment：Law and Tactics, 9 Am. J. Trial Advoc. 183 204 (1985).

虑。这包括诉讼各方、律师、法官和庭审观众的情态和行为。[1]

在法庭决定被告人的情态可以被视为证据的司法辖区中，法官的指示应该如下：

在本案中，（控方/辩方）已经被告知：你们应该从被告人在法庭的情态中进行评论。对于从被告人的情态中如何进行评论，完全取决于你们。在进行任何评论前，你们应该考虑：首先，这些情态是否是有意识的，并且意图传递与案件争议焦点有关的信息，如被告人的主观故意。其次，被告人情态是否显示了"被告人是无辜"的信息。最后，情态发生的语境。你们既不能考虑任何被告人和他的律师之间的交流，也不能从被告人的拒绝作证中进行任何评论。[2]

当然，其他法院可能会主张更加谨慎而严格的指示，特别是在那些情态更容易被误解的案件中，如被告人来自不同的文化环境等。

3. 情态证据的个案规则

个案规则，是指在处于同一位阶上的法的价值之间发生冲突时，必须综合考虑主体之间的特定情形、需求和利益，以使得个案的解决能够适当兼顾双方的利益。在联邦法院与州法院的司法实践中，通过个案创造了大量的证明力规则。例如，本质上难以置信的证言通常是不可信的；证人对于自己行为的记忆要优于其他人的记忆；当证人证言与其自身行为相矛盾时，陪审团可以忽视其证明力……正是这些证明力规则成为美国证据法实践中"不成文的证据法"，与以可采性为核心建构的成文证据法构成了美国证据法的全景图。[3]

基于情态证据的特殊性，更需要坚持其证明力判断的个案规则。情态证据的个案规则，是指审判者（包括陪审团）根据情态证据及案件的具体情形、需求和利益，并最终确定证明力。例如，在某些司法辖区中，法官可应律师的要求将情态记录下来，并指示陪审员自由评价。[4]同时，该情态的记录可以供上诉法院审查。所以部分上诉法院要求审理

---

[1] Nancy S.Marder, Bringing Jury Instructions in the Twenty-first Century, 81 NOTRE DAME L. REV.499(2006).

[2] Professor Laurie L.Levenson："Courtroom Demeanor：the Theater of the Courtroom", Legal Studies Paper No.2007-30.p. 54.

[3] 李训虎：《美国证据法中的证明力规则》，载《比较法研究》2010年第4期。

[4] 如果法官不是基于诉讼一方的请求而记录该情态的，则可能会让陪审团认为法官是在怀疑证人的可靠性。State v.Huff, 76 Wash.2d 577, 458 P.2d 180(1969).

法院清楚地说出其作出关联性裁定的理由。①

综上所述，恰如边沁反对所有的证据规则，认为对可信性、证明力和证据数量进行规范的规则都是有害的，② 对证明力贸然划定规则也是有害的。笔者认为，对情态证据的证明力可以进行原则性的规范，但是就个案而言，尤其应该坚持个案规则，将证明力的裁量权归于庭审法官或陪审团，尊重审判者的心证。

本章小结

诚如笔者所言，在证据法的理性主义潮流中，情态证据具有其特殊性，因而似乎显得与之"格格不入"。以至于虽然情态证据具有重要性，但是当下的证据和司法理论几乎完全忽视了情态证据。主要的证据规则很少注意到情态证据的作用。③ 绝大部分的证据判例书籍都在该主题（情态证据）上保持沉默，④ 司法实践教科书也没有填补该空白，审判律师教材也轻视情态证据。⑤ 法学院教材也是如此。对情态证据研究的欠缺是可以理解的，却是可叹的。⑥

随着人类感官察觉的事实与用来发掘感官所不能及的世界的辅助工具所揭示的真相之间鸿沟的扩大，人类感官在事实认定中的重要性开始下降。科学将持续地改变生活……伟大变革摆在了所有司法制度面前，这些变革最终可能与中世纪末期出现的改革一样重要。⑦ 而关于情态的种种科学发现和论证也正在不断地深入。例如，时间符号学、人体动作学、空间关系学、声音学和法庭实证研究等都越来越证明着这一点。情态证据越来越获得人们更系统的认识和认可，并由此而获得其正当性和合理性。

---

①［美］约翰·W. 斯特龙：《麦考密克论证据》，汤维建等译，中国政法大学出版社 2004 年版，第 364 页。

②William Twining，Evidence Theories Bentham and Wigmore，Standford University Press，1985.

③J.Weinstein & M.Berger，Weinstein's Evidence 1800［01］，at800-10（1985）.

④J. Kaplan & J.Waltz，Cases and Materials on Evidence（5th ed.1984）.

⑤R.Keeton，Trial Tactics and Methods（2d ed.1973）；The Anatomy of A Personal Injury Lawsuit 339（J.Norton ed.2d ed.1981）.

⑥Edward J. Imwinkelried，Demeanor Impeachment：Law and Tactics，9 Am. J.Trial Advoc. 183 234（1985）.

⑦［美］达玛斯卡：《漂移的证据法》，李学军等译，中国政法大学出版社 2003 年版，第 200、210 页。

在此，笔者重新梳理了司法理论与实践，并提出了情态证据的运用原理与条件。但是，笔者仍然无法彻底地刻画情态证据的细节与规则。或许，这正是情态证据的可贵之处，即保持一种人们无法掌握的存在，为司法提供一种必需的神秘感或威慑力。这种"恐惧"可以让人们保持一种对司法的敬畏和尊重。因此，在现今的证据理论和实务中，不可能也没必要对情态证据进行过度的文字化和细节化。否则，情态证据必然又沦为人工化，并轻易为人所"操作"，从而失去其可贵的价值。人们总是热衷于改造世界，而改造的一个重要指标就是人工生产。于是人们改造着司法尤其是证据。在司法实践中，几乎不存在人们所不能"改造"的证据。例如，伪造证人证言、伪造案发现场、伪造鉴定结论或通过对保管链条的破坏来歪曲物证等。人们在一系列的人工化过程中掌握了"玩弄"司法的技术，即通过侦查、起诉和审判及其证据的操作，来左右司法。在我国的司法实践中，这种利用证据规则等法律来规避惩罚的案例比比皆是。人们在法律面前往往望而兴叹。在此，成文法和司法的消极性暴露无遗，法律成了社会公序良俗的障碍而非保障。甚至司法非但没有实现定分止争的功能，反而成了社会矛盾的诱发点。

　　其实，我国有情态证据良好运行的历史和现实土壤。从文化上而言，我国是高语境文化，许多信息的传递并不在于语义中而在于语境中；从历史上而言，我国拥有情态证据使用的悠久传统；从地域而言，我国幅员辽阔，各地情势不同；从法律自身而言，我国成文法还很不完善；从司法实践而言，我国司法普遍被架空；从政治上而言，社会主义和谐社会的构建需要司法的和谐。因此，情态证据更能契合我国的社会现实和应然的司法实践。当然，笔者并非在攻击现有的证据理论及实践，更非觉得情态证据可以在一夜之间取代其他证据。任何意图对不公正进行一蹴而就的改革，都只会以更大的不公正来取代。因为任何规则都应该是一种立体的存在，不仅有条文更要有广泛的社会基础。美国废奴运动领袖菲力普斯曾经说过："若是没有公众舆论的支持，法律是丝毫没有力量的。"社会会以千百种方式自觉更新法律，否则，矛盾就会不断累积。因此，笔者是在提供一种反思的视角，让人们正视情态证据，并进行我国情态证据制度与技术的构建，以为我国司法的发展提供更多的养分或可能。

第四章　情态证据与当代中国刑事诉讼

引言

当我们研究法律时，我们不是在研究一个神秘莫测的事物，而是在研究一项众所周知的职业。[1] 同理，笔者研究情态证据，绝非是在进行某种学术上的炫耀，[2] 而是希冀能为法学研究和司法实践提供助益。因此，笔者在构思本文之时，一直有意无意地以中国为基准和参照，但是笔者在研究情态证据过程当中，常常感到困惑，困惑不是来自于情态证据本身的晦涩，而是来自于我国法学研究理论对情态证据的普遍性忽视和司法实践对情态证据的普遍性否定倾向。这显然有别于我国的司法传统，也有别于西方的司法实践，更有别于普适性的法学理论。这也与我国高文化语境的社会现实不符，与我国学者普遍追仿西方思潮、强调学术思辨[3]的现实不符。当然，笔者也曾一厢情愿地认为：莫非情态证据已经是一种无须证明的"司法认知"了？其实，在西方国家，学者们也曾发现类似现象，即无人问津情态证据，但是在司法实践中，情态证据却是至关重要并发挥着重大实效的。[4]

或许，究其原因就在于我国学术和司法的"独特性"。有学者认

---

①[美] 霍姆斯：《法律的生命在于经验》，明辉译，清华大学出版社 2007 年版，第 207 页。

②"文章写给写文章的人看"是某种研究范式，有其某些积极意义，但显然更是有缺失的。

③情态证据的整体性、模糊性、本能性、多义性、"不稳定性"和历史存在等，恰好非常符合这种研究环境。

④Edward J. Imwinkelried, Demeanor Impeachment：Law and Tactics, 9 Am. J. Trial Advoc. 183 234（1985）.

为，我国法学遵循的是"知识—文化法学"的发展进路，① 从而使其具有了与我国国情和法治模式的实然图景不同的独特性。纵观中国近30年的刑事诉讼制度，可以明显地看到其变迁的独特性。② 在其他法律中也体现了相应的独特性。这种独特性来自于一种冲突，即近代以来，"西方对中国的挑战，形式上是军事的、经济的、政治的侵略，实质上则是西方价值对中国价值的挑战，西方文化对中国文化的挑战"。③ "在剧烈的法律文化冲突过程中，固有的传统法律文化体系发生了深刻的变化，它逐渐吸收和融合了外域法律文化的某些因素，导致法律价值取向发生巨大转变，进而适应新的社会条件，开始了新的法律文化体系的整合或重建过程，并且由此获得了新的生命力。"④ 而且正如英国法律史学家 F. W. 梅特兰所说："我们的诉讼形式不仅仅是法律中的标题，也不是无生命的范畴；它们不是适用于既存材料的分类过程的产物。它们是法律的制度；我们毫不迟疑地说，它们是活的东西。它们各自过着自己的生活，有着自己的奇遇，享受或长或短的茁壮、成材和盛名之年。少数几个流产，其中一些没有子女，另一些则活到高龄，能够看到它们的子女和子女的子女。它们之间的斗争是激烈的，只有适者才能生存下来。"⑤ 因此，在这种整合和重建中，必然伴随着某种混乱或极端。

正如柯勒所强调的："法学家的使命就是发现并且构造这些存在于特定时空条件下的文明的法律前提，并由此给出一种评价性的理论，指出立法应符合的理论状态，从而使法律体系的资料得以通过法律著作、法学教育和司法判决发展并被适用。"⑥ 所以在本部分，笔者试阐述我国现行法对情态证据的态度，并分析其原因。然后，通过对我国学术及证据制度语境的展示，论证建立情态证据制度的必要性和可行性，并最

①法学研究被当作一个不依赖于社会现实而存在的自闭、自治以及价值自证的文化活动。学者重于对法律制度和法律现象做学理探讨，研究中大量运用法哲学、法理学原理，并广泛借用哲学、社会学、经济学、伦理学等其他学科的知识元素，尤其是吸收当代社会科学中各流派的新潮观点和新颖研究方法，从而使法学带有浓厚的思辨色彩，法学的哲理性、抽象性愈趋突出。顾培东：《也论中国法学向何处去》，载《中国法学》2009 年第 1 期。

②《中国道路与全球价值：刑事诉讼制度三十年》，http://www.chinalawedu.com/new/21601_21714_/2009_8_18_ji61144234981890002768.shtml。

③金耀基：《从传统到现代》，广州文化出版社 1989 年版，第 109 页。

④公丕祥主编：《法律文化的冲突与融合》，中国广播电视出版社 1993 年版，第 11 页。

⑤[美] 哈罗德·J. 伯尔曼：《法律与革命》，中国大百科全书出版社 1993 年版，第 7 页。

⑥[德] 马克斯·韦伯：《学术与政治》，冯克利译，三联书店 1998 年版，第 135 页。

终提出我国情态证据制度的初步设想。

一、中国现行法对情态证据的态度及其原因分析

诚如笔者所言，对于情态证据的使用，需要依循其运用原理，进行相应的制度及技术设计。但是相对于我国社会和传统司法对情态证据的肯定，现行法和学者表现出了一种对情态证据理所当然[①]似的忽视或否定。[②]

（一）中国证据制度对情态证据的否定

诉讼证据是一个当代各国审判实践中重点予以关注的司法问题，它对于司法裁决的公正性有着至关重要的影响。运用证据认定案件事实是三大诉讼活动的重要基础和基本内容。相对于证据的重要作用，我国证据的基础理论尚显薄弱，且仍未有统一的证据法规定。而且我国证据制度的相关技术规定相对宽泛、缺乏操作规程。不过，在某些领域又表现出极端性。[③] 例如，1997 年《刑事诉讼法》采取了封闭式的证据种类列举方式，将包括情态证据在内的诸多证据排除在外。[④] 2012 年《刑事诉讼法》采取开放列举式，但是没有明确其他证据的合法性。由于学界和立法对其他证据（包括情态证据）一以贯之的忽视和否定，情态证据等实质上仍被排除于证据之外。而且在我国以人证为中心的司法实践中，实质上是以证言（剥离了情态的言词）甚至是书面证言为中心。[⑤] 因此，非言述的情态证据一是难以出现，二是难以受到足够的关注和评

---

①学科越发展，定论越多，似乎基本理论已经毋庸置疑，剩下的只是如何执行的问题了。笔者认为，从某种意义上而言，这种观念不仅是一种惰性，更是一种奴性的表现，同时也是极具危害性的。正如中世纪的人们都理所当然地认为"地球是平的"，并嘲笑每一个提出质疑的人。

②我国现行法和学者在此取得了"难能可贵"的一致。

③而在实践中，由于"证据转化"、"证据整改"或"证据补证"的大量存在，又使得证据规定流于形式。

④令笔者不解的是，中国的学者和立法者哪来的自信，竟然如此武断而又极端地界定证据。

⑤在中国，口供成为证据之王。这是中国刑事证据的特点，原因如下：（1）被告人最了解案情，可以提供最丰富和完全的证据资源；（2）获得口供的同时也消除了诉讼的对抗性，从而获得了认罪服法的效果；（3）中国证据制度为口供中心主义提供了条件和空间。例如，被告没有"保持沉默权"（或不自证其罪）；对于口供合法性审查，我国采用的是宽松方式，没有真正建立排除违法口供的机制。根据龙宗智教授于郑州大学法学院模拟法庭讲座录音整理，2007 年 12 月 16 日。

价。立法和实践上的双重困境，造成在证据收集、举证、质证和人证过程中情态证据的先天缺陷。

1. 证据收集规范

证据收集不仅包括公检法机关工作人员为查明案件真相，依照法定程序调查、发现、取得和保全一切与案件有关的情况和材料的活动，还包括当事人及其辩护人或代理人进行的证据收集活动。我国三大诉讼法对证据收集规则的规定往往缺少具体的操作规程，对于庭审当中产生的证据如何处理并无涉及，对于情态证据如何提取和固定更是捉襟见肘。例如，情态证据的合法来源（被告人、证人、旁听群众）、提取时间（庭审期间、庭审之外）、提取主体（侦查人员、检查人员、法官）和如何固定（书面记录、摄影摄像、鉴定结论）等。同时，在司法的实际运行当中，形成了实际发生效力的"潜规则"。例如，仅根据第一次口供定案，不管被告人是在庭前还是庭上认罪；书面证言（庭后阅卷）盛行等。这些潜规则的盛行甚至直接架空了司法和证据制度，使之沦为"先定后审"，彻底否定了情态证据。

2. 举证、质证规范

举证，是指在出庭支持诉讼的过程中，向法庭出示、宣读、播放有关证据材料并予以说明，以证明诉讼主张成立的诉讼活动。质证，是指在审判人员的主持下，由诉讼双方对所出示证据材料的合法性、客观性和关联性相互进行质疑和辩驳，以确认这些证据材料是否作为定案依据的诉讼活动。举证、质证和认证是庭审的核心，直接关系到案件的裁判。

首先，就举证而言，三大诉讼法的一般规定是"谁主张，谁举证"。但是也存在"举证责任倒置"①的例外。举证方式则一般为证人出庭作证、控辩双方当庭出示和宣读证据。我国现行法关于举证的规定，一般要求证据来自庭审之外，而且需要予以书面固定，并先行提交证据目录等。而情态证据一般是在庭审中形成的，不仅难以提交证据目录，也难以进行书面固定。虽然也有当庭提交新证据的情况，但是当庭提交的新证据一般限于七大证据种类之中的证据，还需要当事人和法官

---

①举证责任倒置，指基于法律规定，提出主张的一方当事人（一般是原告）就某种事由不负担举证责任，转由他方当事人（一般是被告）就某种事实存在或不存在承担举证责任，如果该方当事人不能就此举证证明，则推定原告的事实主张成立的一种举证责任分配制度。

的认可或认定，同时给予对方当事人合理期限以提出意见或者举证。情态证据显然难以为对方当事人或法官所认可，而且对方当事人也难以提出意见或举证。

其次，在质证上，三大诉讼法都规定，证据必须要经过当庭质证才能作为定案的根据。对于举证、质证，一是要求证据可以出示、宣读或播放，二是要求质证集中在证据的合法性、客观性和关联性上。质证的对象应是符合法定证据种类的证据，而且要能出示、宣读或播放。就现行法而言，情态证据基本不具合法性，而且往往只能当庭即时展示，"只可意会，不可言传"，难以记录，更难以进行出示、宣读或播放。证人出庭难和质证难等问题的存在，也使得情态证据难以被激发和关注。

3. 证据认证规范

认证，是指法官对当事人举出的或法院自行收集的证明材料，通过法庭质证，进行分析研究后，按照一定的标准鉴别真伪，确定其关联性和证明力，从而认定案件事实的一种诉讼活动。[1] 我国关于证据法则的规范过于简单。首先，我国证据认证的原则性规定显现出了自由心证的核心内容，但是缺乏保障机制和规范，使得该原则很容易被其他因素异化或歪曲。其次，大量的认证规定集中于对方当事人认可、原件原物规则（但后面又有大量例外，以至于例外成了原则）、亲属证言等瑕疵证据补强和证据合法性规则等，并且要求在裁判文书中阐明"证据是否采纳的理由"。在以上认证规范中，对于被告人或证人可靠性的判断一是需要具有合法性（符合形式要件），二是需要其他证据佐证（孤证不得定罪），二者都不涉及情态证据的认证问题。在此，情态证据既由于不具有合法性而不能成为实体性证据，又由于不能为认证规则所涵盖而不能成为可靠性证据。

就司法实践而言，情态证据在法官独立的"自由心证"中，有没有成为实质上的证据，并对案件起到证明作用？答案显然是否定的。因为一方面，证明标准上"客观真实"的要求，极大地束缚了法官心证，

---

①杨荣新、尚建华：《论民事审判方式改革与证据制度完善》，载《诉讼法论丛》第 1 卷，法律出版社 1998 年版，第 357 页。

使得法官不得不排除其他"非法"的证据，专注于案卷上的记录。[1] 另一方面，情态证据在自由心证中要发挥合理的作用，需要其前提、语境和裁量上的大量制度设计与保障。但是在实践当中，当审判委员会决定案件时，甚至无法接触到被告人，更遑论情态证据。或者，当法官在大量案件累积下，根本无法形成对案件的直接感官印象，只能根据案卷判决，也难以形成对情态证据的认识和运用。在此类情况下，证据认证中信赖公权力[2]就成为一种自然而然的选择。而这种"选择"恰好也是对司法认知规律和司法权的限制与否定。

（二）中国司法制度对情态证据的否定

情态证据的使用应该从制度上保障其前提、语境和裁量。诚如笔者所言，在英美法系和大陆法系视野下，其前提保障表现为直接言词原则和传闻证据规则，语境保障表现为道德的强化和法律威慑，裁量保障表现为对情态语境的实体把握和对情态解读的程序设计。而我国现行司法体系与之存在诸多冲突。

1. 情态证据运用前提的保障不足

审判最重要的特性是亲历性，而我国对此并没有统一而稳定的保障。

（1）当事人出庭问题。当事人无疑对案件事实了解得比较清楚，是最佳的证据来源之一。同时，法庭审理的焦点正是被告人，包括其主观状态等。当事人的亲自出庭有利于激发真实情态，并促进诉讼各方理性与良知的回归和纠纷解决，[3] 也利于法官评断。我国司法对此并无充分认识与保障：

首先，在我国刑事诉讼中，被告人必须亲自出庭，不存在缺席审判的情况。但是《刑事诉讼法》对于被害人应否出庭没有规定；对于被害人陈述如何质证，审判人员、辩护人、被告人是否有权要求被害人出

---

[1] 在极端的错案追究制度等司法语境下，没有任何一个法官敢轻易的引用"非法"、"不安全"的证据，更没有必要为之承担个人责任，反正可以通过诸多案外方式巧妙地"解决"案件。

[2] 龙宗智教授称之为"公权信赖"，其表现为信赖控方提供的证据，否定辩方的证据等（否定辩护律师的书面证言，而信赖控方提供的书面证言）。

[3] 曾有作为行政诉讼被告的机关"一把手"在出庭应诉后坦言："一次诉讼，胜过十次法治培训。"情态等信息在庭审完整而集中地碰撞时，能够促使诉讼双方"和解"甚至"警醒"，利于定分止争。

庭等问题也没有作出明确的规定。审判实践中一般只将被害人出具的书面材料或办案机关的询问笔录当庭宣读，听取各方意见后认定其法律效力。其次，在民事诉讼中，民事案件的当事人通常可以委托律师和法院许可的其他公民代自己出庭进行诉讼。只有两类民事案件的当事人必须到庭：负有赡养、抚育、抚养义务和不到庭就无法查清案情的被告；离婚案件有诉讼代理人的，本人除不能表达意志，仍应出庭。最后，在行政诉讼中，虽然对原告不出庭的情况规定了明确的制裁措施，但是原告在某些情况下可以由法定代理人、指定代理人或委托代理人代为诉讼。而对于被告法定代表人不出庭的情况，则"可以缺席判决"。虽然2010年10月国务院颁布的《关于加强法治政府的意见》中，就明确指出"对重大行政诉讼案件，行政机关负责人要主动出庭应诉"。但是在实践中，行政机关负责人主动出庭应诉的比率仍然较低。①

（2）证人出庭问题。证人出庭率低，是我国刑事诉讼中久已存在的一大症结，原因很多，如法律缺乏强制性规定、证人保护制度不健全、出庭补偿难落实等。② 公开数据显示，全国法院一审刑事案件中，证人出庭率不超过10%，二审案件的证人出庭率不到5%。③ 证人不出庭作证，直接后果就是使控辩双方的质证难以有效展开，书面证言盛行，法官接触不到原始证据，无法听取证人的口头证言和观察情态，严重影响审判活动的公正与效率。

首先，新《刑事诉讼法》从证人出庭保护、证人作证费用补助、证人强制出庭及例外等方面，初步构建了富有中国特色的证人制度。但是新《刑事诉讼法》仍然规定了证人出庭的例外。同时，第157条规定，对于未到庭的证人证言、笔录等应当当庭宣读。对于鉴定人，新《刑事诉讼法》规定，人民法院认为鉴定人有必要出庭的，鉴定人应当出庭作证。笔者认为，新《刑事诉讼法》仍然为证人拒证预留了相应的"空间"。而且证人拒绝出庭作证的原因是综合性的，④ 如果不能系统应对，显然不可能取得预期效果。其次，《民事诉讼法》第70条规

---

① 在民事诉讼和行政诉讼中，法人、机关或其他法律、法规授权的组织作为原告或被告的，应由法定代表人、直接负责人或行政首长出庭。行政机关负责人亲自出庭应诉，能够获得巨大社会效益，利于矛盾化解，并促进依法行政等。

② 春元：《"证人出庭难"何时不再》，载《检察日报》2010年1月2日。

③ 李娜：《新刑诉法让证人愿意作证敢于作证》，载《法制日报》2012年3月28日。

④ 有文化观念、自身利益、社会氛围和公检法机关的因素等。

定证人确有困难不能出庭的，经人民法院许可，可以提交书面证言。《最高人民法院关于民事诉讼证据的若干规定》第 56 条规定了"证人确有困难不能出庭"的情形，该条第 1 款第 1 项是"有其他无法出庭的特殊情形"的兜底条款，在司法实践中扩大了证人无法出庭的范围，让一些本应出庭或可以出庭作证的证人以"在国外"、"生病"等事由搪塞。而法院对证人不出庭作证的原因无从调查，只好以书面证言代替口头证言，再加上我国法律并不排除传闻证据规则，使得书面证言的运用更加频繁。最后，行政诉讼中对于证人出庭作证也没有切实可行的配套措施，致使在司法实践中，法院面对证人拒不出庭甚至拒不提供证据配合调查的情况也无可奈何。

（3）二审径行裁判问题。我国二审程序容许不开庭而径行裁决。径行裁判，是指合议庭经过阅卷、调查、询问当事人，在全部事实核实后，认为不需要开庭的，直接作出裁判的审理方式。它是二审中的一种审理方式。径行裁判与书面审理的区别在于：径行裁判要进行调查和询问当事人，要核对案件事实；而书面审理则是不开庭、不调查、不询问当事人和证人，只通过审阅案卷材料即直接作出裁判。不过，由于法律规范不明确，导致径行裁判比例越来越大，而且裁判前进行的询问越来越简单，完全忽视了情态证据，对事实清楚的认定标准模糊和随意。

综上所述，司法亲历性作为一种公理性的诉讼原则，在我国的司法体系中并没有得到充分的认可，在司法实践当中更是被普遍忽视，由此导致了情态证据难以产生和运用。最高人民法院、最高人民检察院等六部委于 2008 年下发的《关于刑事诉讼法实施中若干问题的规定》第 42 条规定，检察机关对于在法庭上出示、宣读、播放的证据材料，应当当庭移交法院，或者在休庭 3 日内移交。对于在法庭上出示、宣读、播放未到庭证人的证言的，如果该证人提供过不同的证言，检察机关应当在休庭 3 日内，将"该证人的全部证言"移交法院。根据这一规定，闭庭后，检察机关会将全部侦查卷宗以及侦查、公诉机关补充的证据材料移送法院，形成庭后移送卷宗以及法官庭下阅卷的实际做法……形成所谓"庭后默读审判"的审判方式。[1] 这些案卷材料往往成为判决的主要

①龙宗智：《论建立以一审庭审为中心的事实认定机制》，载《中国法学》2010 年第 2 期。当然，龙宗智教授并不完全否定庭下阅卷的作用，认为它也具有某种相对的合理性。龙宗智：《刑事庭审制度研究》，法律出版社 2001 年版，第 236~239 页。

依据，整个庭审沦为形式。实际上，在法官不亲自接触证据、不直接接触证人的情况下，在院长、庭长、审判委员会委员甚至上级法院的法官不出席法庭审理、不听取控辩双方的举证、质证和辩论的情况下，案件的"事件真相"怎么能得到准确揭示呢？控辩双方的参与和对抗又怎么能具有最低限度的公平性呢？[①] 情态证据更是无从体现。

2. 情态证据运用的语境保障不足

情态证据的运用需要通过司法权威营造一种合理的压力语境，以激发各方的情态。司法权威来源于公众对司法的信任与认同，需要法律信仰的支持和维护。在法庭审判中，司法权威具体体现为道德强化和法律威慑。但是在我国的司法体系中，二者并没有得到很好的体现。

（1）我国司法体系道德强化的缺失。

首先，在法庭布置、服饰和仪式方面。正如宗教布置、服饰和仪式等显著区别于人的日常生活，并体现出某种优越性，使得人们参与其中时，总能感受到庄严、肃穆和神圣，并由此而形成对宗教的信赖乃至敬畏。[②] 近些年来，在我国司法改革中过分强调形式主义，试图通过外在的包装（包括法袍、法槌）强化法官的威严，而忽视了对质和公开审判，更忽视了案件判决的公正性。结果导致这些象征法官身份的外在东西，成为一种非常特殊的具有讽刺意味的符号，不断侵蚀着司法的公信力，损害着司法的权威。[③] 这种司法符号的出现并不能形成一种道德强化，反而形成一种道德讽刺与否定。

其次，在对质和公开审判方面。对质和群众旁听，能给诉讼各方带来道德压力。因为"在某人面前撒谎总比在某人背后撒谎要难得多"是一种不言而喻的公理。邻里的旁听和关注以及法庭上的反映，能让被告人和证人等慎重反思和权衡。同时，也能让控方和法官等慎重权衡法律，实现社会道德对法律的"实时更新"。但是公开审判没有得到现行法的充分保障，旁听证、场所限制和要求旁听等因素的存在，成为法院阻碍公开审判的手段。例如，实践中，许多法院为了实现对庭审的"控制"，避免"麻烦"，通过故意选择比较小的法庭场所、严格限制旁听

---

①陈瑞华：《看得见的正义》，法制出版社 2000 年版，第 53 页。

②当然，宗教必须对人们的世俗生活具有引导、渗透或干涉（乃至暴力控制）的概括性影响力，才使得宗教布置、服饰和仪式等形成符号性标志，并具有强大威慑力。

③乔新生：《司法权威如何体现》，载《长江商报》2009 年 5 月 8 日。

证发放和邀请"特定人"（如政府工作人员或其亲属）旁听等方式，来拒绝实质性的公开审判。同时，在二审中，司法体系更是为不公开审判留下了充分的空间。

正如贝卡利亚曾经说过："审判应当公开，犯罪的证据应当公开，以便使或许是社会唯一制约手段的舆论能够约束强力和欲望。"这种强力和欲望不仅来自于政府，也可能来自于被告人或证人甚至群众。通过道德强化，可以促进强力和欲望的约束，激发真实的情态。

（2）我国司法体系法律威慑的偏差。与西方司法惩戒体系相似，我国司法体系中法律威慑也包括不利判决、伪证罪（包括律师伪证罪）和司法强制措施。但是这些措施适用的判断基准并不是相关人在庭审中的控辩行为，因此难以形成合理的压力以激发情态，更难以使情态证据得到合理关注和评价。

首先，被告人在庭审当中的行为基本不会影响判决。虽然仍有"不利判决"能将被告人置于罪行被揭露和刑罚的压力当中，能够激发其情态。不过，被告人的法庭作证行为对定罪量刑基本没有影响。甚至在开庭前，被告人的定罪量刑已经基本确定，或者审判长或审判委员会在庭审后根据案卷定罪量刑。而且在民事诉讼和行政诉讼中，被告人可以不出席庭审；证据也仅限于法定种类。这些因素使得被告人在法庭内外都显得"无关紧要"。自 2010 年 10 月 1 日起，《关于规范量刑程序若干问题的意见》在全国范围内施行，[1] 但是这种量刑规范化的核心在于对"量刑证据"的量刑辩论（新《刑事诉讼法》也增加了量刑辩论环节）。显然，被告人在法庭上的表现一方面不构成定罪证据，另一方面也不构成"量刑证据"。至于认罪态度良好或自首等情节的认定也限于侦查阶段。综上所述，难以通过不利判决和加重量刑给庭审当中的被告人形成即时的压力，并激发合理的情态。

其次，伪证罪难以发挥合理作用。伪证罪往往仅在刑事诉讼当中存在，而且对于鉴定人、记录人、翻译人工作不负责任，疏忽大意，或者业务水平有限而提供不正确的鉴定、记录、翻译的，以及由于对于案件真实情况一知半解，认识不准确，或者道听途说而传闻作证，从而提供了虚假证明的，因不具备伪证的主观故意，不构成伪证罪。对于虽有伪

---

[1]袁定波：《聚焦刑事诉讼法修改：量刑证据举证质证成一大难题》，载《法制日报》2011 年 9 月 7 日。

证行为，但情节显著轻微，危害不大的，不应认定为犯罪。在司法实践中，由于对伪证罪主观要件、伪证所针对犯罪成立与否、伪证情节和后果等的规定不尽合理，使得伪证罪难以形成合理的压力，以激发情态。律师伪证罪则"成了一些侦控机关实施职业报复，甚至构陷律师的利器，不适当地增加了律师执业风险，恶化了刑事辩护环境"。① 因此，伪证罪要么难以适用，要么被利用来进行"报复"，证人（或律师）庭审当中的主客观因素则被忽视。而民事诉讼和行政诉讼关于伪证的规定过于简单，可操作性不强，更难以处以刑罚。所以，伪证罪或伪证的相关处罚难以发挥实效，难以对证人（包括律师）形成合理的压力。

最后，对庭审各方的刑罚和司法处罚规范不尽完善。英美法系认为，法官拥有固有的权力以藐视法庭罪惩罚那些干扰司法程序的不当行为。而且既然该权力是固有的，它就能够不经立法授权和控制。② 这种藐视法庭罪的存在不仅用于规范被告人和证人的行为，也用于规范控方和代理律师乃至旁听群众的行为，以维持法庭秩序、杜绝不当的诉讼策略和维护司法公正。除了对被告人、证人和群众的法律威慑，对控方的法律威慑也是必不可少的。甚至相对于事后的错案追究③或定罪量刑等，这种当庭的法律威慑更能彰显司法权威的存在，利于激发真实的情态。我国并无藐视法庭罪，仅有扰乱法庭秩序的司法处罚和扰乱法庭秩序罪，不过，这些罪与罚针对的是对法庭秩序的干扰和破坏行为，并不包括控辩双方的某些不当和不合理策略行为。

3. 情态证据运用的裁量保障不足

任何一种语言，都不可能将某个法律规定表达得精确到可以排除法官在解释和适用它时的自由裁量权。④ 马克思说："除了法律就没有别的上司……法官的责任是当法律运用到个别场合时，根据对法律的诚挚的理解来理解法律。"⑤ 司法应"保障法官能够以其法律素质、理性良

①张玉镶、门金玲：《刑法第 306 条的理性解读》，载《河北法学》2007 年第 2 期。

②Louis S. Raveson, Advocacy and Contempt: Constitutional Limitations on the Judicial Contempt Power, 65 WASH. L. REV. 477（1990）.

③我国的错案追究制度存在诸多不合理之处，笔者将另文具述。

④[英] 彼得·斯坦：《西方社会的法律价值》，王献平译，中国人民公安大学出版社 1990 年版，第 47 页。

⑤马克思、恩格斯：《马克思恩格斯全集》（第一卷），人民出版社 1956 年版，第 76 页。

知及其所熟知的经验法则、逻辑法则等形成合理心证"。① 因此，为了保障法官对法律的"诚挚的理解"和对事实的"心证"的公正性，就必须进行相应的制度设计。就情态证据的观察和判断而言，需要法官尽可能地了解案件和证据的语境，并在庭审中不断验证以最终形成合理心证。但是我国司法体系显然没有相应的制度保障。

（1）法官对案件和证据及其语境了解的缺失。为了确保司法裁量权的公正性，法官应该尽可能地接触原始证据，并了解证据的语境，以准确地把握证据所表达的事实。但是现行司法并没有对此予以保障。

①法官的选任。与自然科学以及社会科学的许多其他门类不同，法律与人类社会生活有着千丝万缕的联系。没有社会生活经验的人，对法律纠纷是难以作出明智而公正的裁判的。② 要判断某件事实或法律在个别场合的实然和应然情况，必须对该场合有透彻而诚挚的了解。否则，就难以公正地进行裁断。通俗地讲，法官应该能够了解该案件、被告人和证人等所处的社会背景，包括法律知识、社会常识和公序良俗等语境，否则就难以理解法律和事实并正确裁判。所以，西方国家对法官的资格要求比律师、检察官更高。普通法系国家历来强调法官必须由富有实务经验且道德学问都优秀的人士担任。法官的特点是："年长、经验、精英。"③ 大陆法系国家也十分重视法官的任职资格，但大陆法系国家不像普通法系国家那样要求法官必须是年长的、富有经验的，而更注重法官的专业知识的训练。不过，一些大陆法系国家也在逐渐改革。④ 对法官选任的严格要求，尤其是"年长、经验、精英"的要求，确保了法官能够诚挚而恰当地理解事实和法律。

1995 年的《法官法》专设第四章规定了"法官的条件"。第 9 条规定，担任法官必须具备下列条件：具有中华人民共和国国籍；年满 23 岁；拥护中华人民共和国宪法；有良好的政治、业务素质和良好的品行；身体健康；高等院校法律专业本科毕业或者高等院校非法律专业本科毕业具有法律专业知识，从事法律工作满 2 年的；获得法律专业硕士学位、博士学位或者非法律专业硕士学位、博士学位具有法律专业知

①邵民：《析自由心证原则》，载北大法律信息网（www. chinalawinfo. com）。
②朱苏力等：《关于司法改革的对话》，载《公共论丛》1996 年第 2 卷。
③John. Henry Merryman: Civil law Tradition, Stanford University Press, 1969.
④王利明：《法官的选拔制度》，载《司法改革研究》，法律出版社 2001 年版，第 71 页。

识，从事法律工作满一年。第 12 条规定："初任法官采用严格考核的办法，按照德才兼备的标准，从通过国家统一司法考试取得资格，并且具备法官条件的人员中择优提出人选。人民法院的院长、副院长应当从法官或者其他具备法官条件的人员中择优提出人选。"可见，我国法官人才根本没有达到"年长、经验、精英"的要求。而且法院招录人员的结构也不尽合理，过去局限于军队转业和退伍人员，现在局限于应届毕业生。这些都是与现代法官选任制度和司法公理相违背的。尤为关键的是，现在许多法官的工作和生活经验显然有别于一般的社会大众，也有别于一般的社会规范。这使得法官难以理解案件和证据及其语境。[①] 而人民陪审员也往往沦为陪而不审，难以起到英美陪审团所起的作用。

②判决法官难以接触原始证据。原始证据往往包含着大量的情态信息，不仅可以更全面地传达信息，更可以据以判断证据的真伪。不过，我国司法实践中普遍存在的"审"、"判"分离的现实，使得判决法官不能接触到原始证据，难以对情态证据进行合理而充分的关注与评价。造成这一情况的原因如下：

其一，证人不出庭、庭下阅卷等情况的存在。大量书面证言和案卷的存在，使得各种证据在庭审之前就已经被充分地"框定"、"改造"，甚至"曲解"，证据的原始面貌荡然无存。而正是证据原始面貌储存了事实的大量细节并附带了鉴别该证据可靠性的细节特征。审判法官无法接触到证据展示时的语境，这种语境连同证据本身，可以以另一种方式传递信息并据以判断证据证明力。例如，强奸案的被告人在面对被害人时不敢正视等深深愧疚的情态表现。这种情态证据如果没有当庭感知，是无法准确获知和判断的。

其二，审判委员会的存在。审判委员会是人民法院内部对审判工作实行集体领导的组织形式，各级人民法院设立审判委员会，实行民主集中制；审判委员会的任务是总结审判经验，讨论重大的或者疑难的案件和其他有关审判工作的问题。审判委员会实际上就是一种集体议事规则，是司法行政化的典型体现，审判委员会与案件承办法官或合议庭之间事实上仍是领导与被领导、管理与被管理的内部行政关系模式。审判委员会对案件采取的是"审"、"判"分离，没有贯彻公开审理原则，

---

①正如一个尚未结婚的年轻法官，无论如何也难以理解为什么原告在主张感情破裂时的理由竟然是被告不洗碗。

也没有回避制度保障，其人员组织结构和运行机制不尽合理。其后果是造成了法官对审判委员会的依赖心理，甚至架空了整个司法规律和体系设置。

其三，请示汇报情况的存在。受统揽型的国家权力机构的影响，我国上下级法院之间总是存在一定程度的行政关系，而请示报告、内部决定与批复等制度体现了上下级法院的这种关系……法院系统总体上加强了请示汇报制度等行政性制度。[①] 下级法院对上级法院，以及同一法院内部行政层级之间的请示汇报行为，实行着实质的间接书面审理主义。一是案件审批制，同一法院内部的请示汇报制度表现为案件审批制；二是请示答复制度，上下级法院之间的请示汇报表现为请示答复制度。请示汇报制度是司法体制行政化和法院体制行政化的产物，直接违背了庭审同一等诉讼原则。

（2）法庭辩论流于形式。法庭辩论，是指在法官的主持下，双方当事人及其诉讼代理人在法庭上，就有争议的事实和法律问题，从自己的立场出发进行陈述、驳斥和论证。[②] 恰如"交叉询问是发现事件真相的最有效的法律装置"，[③] "它是对证词准确完美的保障措施"。[④] 通过当庭辩论，可以给诉讼双方和证人带来即时的压力，激发情态证据，促进各方理性思考问题、陈述事实和提出诉讼请求，实现诉讼的多重价值。而且可以让情态证据的关联性和传达的信息具体而清晰。

我国三大诉讼法都对法庭辩论进行了相应的规定，但是当事人在辩论时，可以采用书面形式，如起诉状、上诉状、答辩状等。而且在审判实践中，一些法官片面强调庭审效率，不重视对律师辩论权的保障，在开庭过程中，不认真听取控辩双方的辩论意见，随意打断辩护律师发表辩护意见，导致庭审辩论经常以控辩双方各自发表公诉词和辩护词而告终，很少进行多轮辩论。

而且证人出庭难或者证人出庭作证方式不够规范和严谨的问题，也

---

①龙宗智：《论建立以一审庭审为中心的事实认定机制》，载《中国法学》2010 年第 2 期。

②何建华：《从如何主持法庭辩论谈司法能力提高》，http://article. chinalawinfo. com/article_print. asp？articleid＝31952。

③［英］迈克·迈考委利：《对抗制的价值和审前刑事诉讼程序》，载《英国法律周专辑——中英法律介绍》，法律出版社、博慧出版社 1999 年版，第 120 页。

④［美］约翰·W. 斯特龙主编：《麦考密克论证据》，汤维建等译，中国政法大学出版社 2004 年版，第 482 页。

使得法庭辩论不可能得到保障。例如，鉴定人往往不出庭接受当事人的询问，这容易导致鉴定结论在程序上缺乏正当性，鉴定结论实际上相当于传闻证据；赋予单位以证人资格的规定，违反了证人作证的一般机理，其实质基本上也是对间接诉讼行为的认可。实践中，大多采用证人提交书面证言的作证方式，这既阻碍了当事人言词辩论权的行使，也导致了间接书面审理行为的滥用。① 很多被告人受经济条件的制约，没有聘请律师，他们中的大部分只知道要求从轻处理，没有针对性，致使法庭辩论难以形成控辩对抗局面，② 难以发挥法庭辩论应有的作用。

（3）集中审理的缺失。在大陆法系国家，集中审理是让法官形成心证的最佳方式，也是保证法官形成正确心证的手段和程序，③ 并且有利于情态证据的集中观察与判断。因此，集中审理被认为是诉讼上为发现实体真实、形成正确"心证"、提升裁判品质的技术要求，与审判的基本原则——言词辩论、直接主义之事实审理密不可分，是实现司法公正、维系程序正义不可或缺的一环。④ 我国司法实践中违反集中审理原则的现象主要表现在以下几个方面：

其一，一个法官交叉审理数个案件，一个审判庭交叉审理数个案件。法院案件多，法官少（尤其是办案的法官少），一些案件因故中止审理或延期审理后，合议庭成员参与其他案件审理的现象并不少见。不仅如此，法官还要参与诸多非业务活动。

其二，更换法官、人民陪审员随意性大，而且合议庭中审判长、承办法官之外的其他法官"陪坐"的现象在一定程度上存在，具有很大的随意性。所有这些，必然导致合议庭流于形式，名不副实，"合而不议，议而不决"。⑤

其三，延期审理的情形较多见，而且延期之后无论经过多长时间再开庭，既无更新审判的立法规定，更无更新审判的司法实践。同时，法

---

①江伟：《民事诉讼法》，复旦大学出版社 2002 年版，第 115 页。

②袁定波：《聚焦刑事诉讼法修改：量刑证据举证质证成一大难题》，载《法制日报》2011 年 9 月 7 日。

③吕阿福：《集中审理在刑事诉讼法上的展开》，载蔡敦铭主编《两岸比较刑事诉讼法》，台湾五南图书出版公司 1996 年版，第 308 页。

④吕阿福：《集中审理在刑事诉讼法上的展开》，载蔡敦铭主编《两岸比较刑事诉讼法》，台湾五南图书出版公司 1996 年版，第 304 页。

⑤肖建国：《正本清源的合议制改革》，载《人民法院报》2011 年 6 月 23 日。

官、人民陪审员更换之后，也没有更新审判的立法要求以及司法实践。

其四，在一些案件尤其是重大、复杂、疑难案件的审理中，证据调查与法庭辩论缺乏集中性。由于中止审理、延期审理的大量存在以及证人、鉴定人、侦查人员不出庭等方面的原因，证据调查与法庭辩论有时不能集中进行，破坏了法庭审理的集中性。①

其五，法庭当庭宣判率较低，违反速决原则。实践中，当庭宣判率不高，有违速审、速决原则，而定期宣判的大量存在给裁判的公正性蒙上了阴影：一方面，合议庭在庭审结束进行评议后即应做出结论，否则可能因时间的流逝而产生记忆模糊，影响裁判的正确作出；另一方面，法庭迟迟不宣判，亦为法外因素的干扰提供了活动空间，不仅使当事人对裁判的公正性产生怀疑，社会公众亦必产生疑问，从而不可避免地出现对司法的信任危机，重则动摇司法制度的根基。②

综上所述，法官对案件和证据及其语境了解的欠缺，法庭辩论和集中审理的不足，使得司法裁量权的运行不能契合诉讼规律，也限制了情态证据价值与功能的发挥。不过，也有学者认为，"在我国，没有自由心证原则是事实，是法实践中法官确确实实享有自由心证之实也是事实"。③ 但是这种自由心证如果没有制度保障和合理的凭借，则只能沦为法官个人对法律的僵化套用或武断理解。

（三）情态证据的困境解析

相比之下，西方国家对情态证据的忽视仅仅是一种表述上的忽视，而在司法制度和实践中却高度重视情态证据。西方学者也越来越发现情态证据在司法实践中的不可替代作用，以及情态证据在诸多司法制度和证据规则当中的基础性价值，并宣称：对情态证据研究的欠缺是可以理解的，却是可叹的。④ 为什么似乎有悖于司法理性主义理念的情态证据能成为英美法系国家和大陆法系国家普遍认可的证据，甚至在我国某些司法个案中也可觅见其身影？当司法观念与普遍的实践相悖而且难以解

①陈卫东、刘计划：《论集中审理原则与合议庭功能的强化》，载《中国法学》2003年第1期。

②陈卫东、刘计划：《论集中审理原则与合议庭功能的强化》，载《中国法学》2003年第1期。

③魏晓娜、吴宏耀：《诉讼证明原理》，法律出版社2002年版，第185页。

④Edward J. Imwinkelried, Demeanor Impeachment: Law and Tactics, 9 Am. J. Trial Advoc. 183 234 (1985).

释这种实践时，我们就不能不对司法语境及其理念本身进行反思。笔者认为，我国情态证据面临困境的原因在于以下几个方面：

1. 否定传统糟粕的政治语境

"法律科学是受政治支配的：立法者可以并且经常不理睬法学家的研究成果。在现实中，逻辑和经验常常成为权力、偏见和贪欲的牺牲品。"① 毋庸置疑的是，政治对我国法律和司法具有无与伦比的影响力乃至决定性作用。我国近代以来政治的基本主题是反帝反封建，在近代中国 100 多年的历史进程中，由中国的革命政党推动的旧民主主义革命和新民主主义革命，组成了近代中国社会发展进步的主旋律。这个革命主要是反对帝国主义侵略，以谋求民族独立；反对封建主义专制，以谋求国家的民主进程。② 毫无疑问，这一政治主旋律推动了我国各方面事业的发展。

因此，为了反封建，就必须抛弃封建历史糟粕。新的政治理念的传播也需要对传统政治、经济和文化进行批判，这种批判越彻底就越能体现新事物的价值，并形成一种"理所当然"的概括性暗示。所以封建社会司法中广泛运用的"五听断狱讼"和"师听五辞"等连同"刑讯逼供"都被视为封建糟粕而被人们自觉或自发地否定和抛弃。封建社会中的种种似乎都被贴上了"落后的标签"，而新中国的司法当然必须与封建社会糟粕划清界限，这就使得现行法普遍忽视或否定情态证据的存在及其运用。同时，中央集权的政治体制，也决定了代表着一审庭审法官（包括陪审员）权力扩大的情态证据制度难以获得认可。

2. 苛求确定性的司法制度设计

"确定性是和谐之母，因而法律的目的就在于确定性。"韦伯甚至幻想："法官像一台自动售货机，投入法条和事实，产出司法判决。"③这种幻想直接表达了人们对法律的高度确定性的希冀和追求。或许，在古代社会中，人类面对世界有太多的未知与无法把握，不管是对于自身、他人或自然界，人们有的大部分是恐惧，总处在朝不保夕的境地

---

① [美] 哈罗德·J. 伯尔曼：《法律与革命》，中国大百科全书出版社 1993 年版，第 186 页。

② 张海鹏：《反帝反封建是近代中国历史的主题》，载《中国青年报》2006 年 3 月 1 日。

③ Max Weber, On Law in Economy and Society, trans and ed. Reinstein, Harvard University Press, 1954. 转引自苏力：《解释的难题：对几种法律文本解释方法的追问》，载梁治平编《法律解释问题》，法律出版社 1998 年版，第 93 页。

中。随着社会的发展，人类发明了语言、文字和工具等，掌握了越来越多的规律，架构了诸多制度，希冀构筑一个理性的社会秩序，还人类一个可预期的世界。或许，人们之所以会在法律中寻求无法实现的确定性，是因为他们试图在法律中发现类似其童年时代对父亲所具有的稳定性、可靠性、确定性和万无一失性的替代物。① 而且我国"文化大革命"的沉痛历史教训，也使得人们尤其渴望司法的确定性和可预见性。②

但是这种司法对确定性的诉求，在我国司法制度架构和司法实践中，受主客观因素的干扰，往往演变成一种不信任，并简单化为文字化和集体化。

首先是司法的文字化。③ 相对于飘忽不定的口头语言和即时情态，人们更喜欢明示的语言或"白纸黑字"带来的稳定性的感觉，而作为定分止争的司法更强调语言和文字的作用。现代司法制度以理性主义自居，强调客观、具体和可描述化，即强调司法必须有具体而客观的基础，同时可以用语言予以描述（并书面记录固定）。从某种意义上说，司法中的证据和行为等都应该能用语言进行描述并书面化，最终借由文字考量其是否是具体的或客观的。于是，从侦查开始，就需要各种书面卷宗，并要求将所有侦查过程及所得书面化。接下来的审查起诉和审判更是需要各种各样的文字化，如起诉书、辩护词、法庭记录、判决书、证人证言、鉴定结论和专家证言等。整个诉讼过程都是在用语言文字描述着所谓的案件实体及程序事实，非语言的因素被排除在外。人们开始欢呼雀跃地庆祝，终于用文字从纷繁复杂的现实世界剥离出了事实的"构成要件"，让整个司法都固定在文字的疆域中，实现了司法的"确定性"。④

其次是司法的集体化。相对于西方司法浓厚的个人主义色彩，我国司法却表现出强烈的集体主义色彩。在司法架构和实践当中，个人往往

---

① ［美］博登海默：《法理学——法律哲学与法律方法》，邓正来译，中国政法大学出版社2004年版，第165页。

② 在我国传统社会，司法从来都不是一种主要的社会调控手段，更不是一种独立的存在。因此，高度强调司法功能和价值的今天，种种的"揠苗助长"或"恨铁不成钢"，都使得我国司法越发地"不堪重负"和"形影相吊"。

③ 又称案卷中心主义。

④ 蔡艺生：《解除司法的语言禁锢》，载《法制日报》2011年6月25日。

不被信任，个人的感官更是如此。特别是在我国从熟人社会向陌生人社会的转型过程当中，这种不信任更是明显。因此在审判中，大部分案件都不信任独任法官或合议庭，而是相信审判委员会；下级法院也往往不自信，需要就个案进行请示或汇报等；人们则不信任下级法院，而相信上级法院或最高人民法院。① 在法院内部，还通过种种过度量化的指标来"考核"法官。例如，"错案追究制度"等。这使得司法人员不敢对审判进行合理的个人裁断，不敢承担个人责任，以致司法越来越脱离其应然规律和轨迹。因此，当"仿生学"在自然科学中不断深入时，作为受自然科学启发而兴起的"理性主义"标榜下的我国司法理论界和实务界却在强化对人的本能和感官的否定，并试图构建一种脱离社会正常认知规律的司法。

正是这种对司法确定性的狂热追求，使得司法的文字化和集体化无处不在。而情态证据的主观性、整体性和难以描述性，使之与我国现代司法追求"格格不入"，进而为现行法所忽视与否定。我们需要的应然是一种"足以对付实际生活的确定性"，② 而非那种终极意义上的实质确定性，更非形式意义上的确定性。

3. 追仿西方的法学研究诉求

始自于 20 世纪 70 年代末的中国法治实践，把中国法学带入"显学"的行列，法学获得了任何时期都不曾有过的社会意义。但是近 30 年中，中国法学始终处于西方法文化的强势影响之中。中国现代历史学家、国学大师钱穆曾无奈地说："近代中国学者专以抄袭稗贩西方为无上之能事。"③ 不可否认，中国法治建构无法避免对西方国家的法律制度及法学理论进行借鉴；而且当代中国法学人所接受的专业教育很大一部分来自于西方的理论，西方著述在法学人的专业阅读中占有重要分量。不仅如此，今天活跃于法学界的中青年学者，多数都具有直接留访欧、美（包括受欧、美法学影响很深的日本）的教育背景。应该说，西方法治的一些理念、原则，乃至某些制度已经深深地植入当代中国多

---

①所以人们在败诉后，往往选择上诉或上访，而且尽可能地要到北京上访。

②G. Shafer. Moral Certainty. 转引自［美］波斯纳：《法理学问题》，苏力译，中国政法大学出版社 1994 年版，第 271 页。

③钱穆：《中国传统政治》，载《国史新论》，生活·读书·新知三联书店 2005 年版，第51 页。

数法学人的心际。①

但是这种西方法文化的强势影响，并没有让西方司法制度所尊崇的情态的价值也理所当然地成为我们的追求。相反的是，情态证据被我们所忽视和否定。究其原因，在于中国相当一部分的学者所追求的法治仅仅是"学者自己理解下的西方法治"。而这种理解往往被诸多"前见"所"自动更新"。这些前见包括政治、经济和文化的影响。因此，我国司法理论和实践都呈现出一种混乱。②

当我们静下心通过一手资料对某些国外理论的起源、现状与发展进行考证时，往往会发现国内研究中许多"失真"的情况。③ 部分学者对西方法治的追仿成了一种对西方制度和现状的迷恋，而非对理性和法治的热爱。而且当法律显失公正、严重混乱或者极速变迁的时候，教义性研究便会兴起。④ 这种教义性研究更容易为各种主观所蒙蔽或歪曲，甚至激发各种欲望而少有反思。因此在这种追仿中，我们追寻的是自己心中的"偏执"而非法治本身，更非真正的理性。规律自身往往被忽视，取而代之的是对各种符合自己想象的显性"标志"的盲目追求和架构。⑤

二、中国建立情态证据制度的必要性

相较于我国千百年来的传统司法和西方现代司法理论，我国现代司法具有其特殊性。这种特殊性是一种社会转型期的特有表现，也是一种冲突与嬗变的漫长过程。其实，"理性和法治可以采用不同的形式。没有特定的法律推理模式、特定的法律制度安排或特定概念体系可以确定为我们定义的法治所必不可少的东西"。⑥ "特定的地理环境、风俗习

---

①顾培东：《也论中国法学向何处去》，载《中国法学》2009 年第 1 期。

②缺乏反思是混乱的主要原因之一。或许，某些学者对司法当中未知因素的武断和对内心理解的偏激，正是一种封建专制统治的特质的体现。

③蔡艺生：《学术理应返璞归真》，载《法制日报》2011 年 7 月 5 日。

④Roger C. Park, Michael J. Saks, Evidence Scholarship Reconsidered: Results of the Interdisciplinary Turn, Boston College Law Review, 2006, Autumn.

⑤亦如我国的"GDP 崇拜"、统计数字崇拜等。

⑥〔美〕劳伦斯·M. 弗里德曼，引自宋冰编《程序、正义与现代化》，中国政法大学出版社 1998 年版，第 117 页。

惯、经济和历史条件要求司法必须因地制宜、适时调整。"① 因此，为了探求真正的理性，我们应该回归规律本身和当下语境，探讨情态证据制度在我国的必要性。

（一）我国司法语境认可情态证据

法律的生命在于司法经验，而不在于逻辑。例如，"罗马法律体系是在几个世纪漫长的历史过程中，由无数人一步一步地逐渐地形成的，每个人都将其活动建立在经验和先例之上，总是受到既有的状态的影响"。② 社会经验既是人类智慧的来源也是智慧的结晶，司法必须契合社会经验。从横向角度而言，必须关注司法与现代社会整体是否具有契合度。当社会评价判决的合法性时，其焦点在于法庭上的人，包括相关人的行为和展示的证据。毕竟，法庭不是实验室，审判者面对的不是样本和东西，而是真实的活生生的人和生命刑、自由刑等现实的结果。③ 司法不仅是对被告人的审判，也是社会对自我和正义标准的审判。如果法庭以种种"借口"武断且顽固地拒绝社会认同，那么司法逐渐成为"异端"进而渐行渐远，其权威必然遭受质疑和否定。从纵向角度而言，不仅应该关注情态证据与现代司法是否契合，还应该关注情态证据与传统司法和未来司法能否契合。证据收集和评价并不应该按照学者文献式的分析来进行，④ 而必须契合社会经验体系。我国的传统司法经验和社会经验都肯定了情态证据的运用。

1. 传统司法对情态证据的肯定

在我国漫长的历史长河中，大量存在利用情态证据来辨别真伪或定分止争的情况，并对情态证据有深刻认识，对其困境也有应对措施。这是社会经验尤其是司法经验的积累与结晶。虽有其不足，但更有借鉴意义。但是情态证据在 20 世纪初的冲突与变革中，被我们逐渐忽视，乃至最后否定和抛弃。这一种"断裂式"的发展显然值得商榷。因为司法的传统"体现了从过去沿袭、传承到现在并依然在发挥作用的某种法

---

①［美］罗斯科·庞德：《法理学》（第一卷），余履雪译，法律出版社 2007 年版，第 2 页。

②［意］布鲁诺·莱奥尼等：《自由与法律》，秋风译，吉林人民出版社 2004 年版，第 211 页。

③Norman J.Finkel,Common Sense Justice:Jurors' Notions of the Law,39(1995).

④449 U.S.411,418(1981).

律精神与文化"。① 而且正如希尔斯所说，传统"是既存的过去，但它又与任何新事物一样，是现在的一部分"。② "任何一个社会的现代司法都无法排斥传统司法的存在。只有充分认识传统司法文化的价值意义，才能在现代司法变革浪潮中实现传统司法文化的创造性转换。"③ 当我们粗暴地否定一项传统司法时，要么该传统司法以其他方式自我更新（当我们否定"五听"时，情态的使用仍然在侦查和治安业务当中普遍存在），要么司法在面对社会时变得捉襟见肘（一种众所周知的认同被司法拒之门外，无异于司法的自我否定）。

当然，笔者并非在为封建糟粕招魂，而是在强调一种对司法传统的理性态度。"在剧烈的法律文化冲突过程中，固有的传统法律文化体系发生了深刻的变化，它逐渐地吸收和融合了外域法律文化的某些因素，导致法律价值取向的巨大转变，进而适应新的社会条件，开始了新的法律文化体系的整合或重建过程，并且由此获得了新的生命力。"④

2. 高语境文化的社会现实

马克思曾经说过："社会不是以法律为基础的。那是法学家们的幻想。相反地，法律应该以社会为基础。"⑤ 我国是高语境文化社会，大量的信息并不包含在明示的语言词义中，而是包含在文化语境当中。相比之下，我国更注重"意会"而非"言传"，这显然与现代我国司法一味追求的可描述性和文字化格格不入。

语境是环绕着一个事件的信息，而"事件"则是沟通所要表达的内容，它们之间的组合方式反映一种文化的特征。美国语言学家霍尔指出："高语境传播指消息的大部分信息或蕴含在物质语境之中或内化于个人，很少显示在外在的编码信息之中。而低语境传播则相反，即大部分信息表现在明示的编码信息之中。"⑥ 在高语境文化社会中，人们重

①公丕祥：《传统与现代性：中国法制现代化的历史逻辑》，载《中国社会科学季刊》1993 年第 2 期。

②[美] 希尔斯：《论传统》，上海人民出版社 1991 年版，第 20 页。

③夏锦文：《社会变迁与中国司法变革：从传统走向现代》，载《法学评论》2003 年第 1 期。

④公丕祥：《法律文化的冲突与融合》，中国广播电视出版社 1993 年版，第 11 页。

⑤马克思、恩格斯：《马克思恩格斯全集》第 6 卷，人民出版社 1965 年版，第 291~292 页。

⑥殷卉：《高语境文化中的公共危机应对》，载《企业导报》2011 年第 8 期。

视"语境",表达更为含蓄,而且对含蓄的信息非常敏感。同时,个体从早期就学会了准确解释这些含蓄的信息。因此,法律在高语境文化社会中不断要求"明示的编码信息",而且是一种高度专业的法言法语编码时,便有意无意地忽视了种种为社会所高度认可的情态信息,与社会渐行渐远。

司法无法否定和拒绝一个非语言交流和非语言语境的存在。因为司法人员首先是人,其次才是司法人员,他无法截然去除其自身认识世界的方式,这些认识必然会在其心中留下烙印并反映到司法中。从某种意义上而言,否定情态证据就是否定司法识知规律,否定司法自身。

同时,国外司法体系中普遍认可情态证据的历史和现实,也客观上要求我国吸取其有益元素,与之接轨。

(二)我国司法体系需要情态证据

我国现代司法经常遭遇困境。这种困境不仅来自于技术,还来自于人们对司法权威和公信力的质疑和否定;不仅来自于立法,还来自于司法和执法。例如,出现了新情况,法律没有明文规定;司法人员为了"附和"法律,而将事实"对号入座",玩起了文字游戏;某些犯罪嫌疑人利用法律漏洞逃避法律惩罚;某些证据难以判断证据资格或证明力;某些案件存在法律适用冲突;取证难等。尤为重要的是,当人们通过非语言和语言信息都感受到了犯罪事实的存在,而法律却简单地以语言信息为托词而否定犯罪存在时,整个司法体系便会遭受根本性的质疑。[①] 而情态证据制度及其配套制度的建立,可以破解这些困境。

1. 情态证据制度可以缓解相关成文法的僵化性

我国属成文法国家。成文法有其优越性,如明确和稳定等。但是成文法往往由于严格限制了法官的自由裁量,不利于实现公正裁判。尤其是法典本身,很难完全与社会实践的变化衔接,法律漏洞在法典中总是不可避免地存在。这就导致在大陆法系国家,自法典化运动以来,历来存在着有关法典的合理性问题的争论。[②] 正如萨维尼所指出:"法律自制定公布之日起,便逐渐与时代脱节。"[③] 在规则中心主义的影响下,

---

①蔡艺生:《解除司法的语言禁锢》,载《法制日报》2011年6月25日。

②梁作民、陈显江:《判例法与成文法互补法律制度的思辨与建构》,载《山东审判》2004年第4期。

③徐国栋:《民法基本原则解释——成文法局限性之克服》,中国政法大学出版社1996年版,第150页。

我国司法体现出了相当的僵化性。例如，封闭的证据种类、片面强调"客观真实"和片面套用法条。[①] 加上我国地域辽阔、民族众多、各地经济文化发展不平衡、公序良俗各有差异、社会转型期各种矛盾交织等，使成文法的僵化性困境表现得尤为突出。而情态证据制度强调的是对当下社会语境、个案和原始证据的深入了解与把握，可以打破证据分类的封闭体系、弥补法条的空白、尊重庭审法官的自由裁量权、节约司法资源和促进法律实现。

2. 情态证据制度利于司法与社会的良性互动

现代自由社会下，司法机关之所以被赋予定分止争的功能，并非在于其天赋的权力，更不在于它所掌握的高端技术，而在于人们的一个基本信念：他们被认为有能力正确判断，是社会良心的真正发言人。每一次法律诉讼的进行，都可以视为社会各方的一次和解，以及信念体系历史连续性的一次重建。人们虽然无法制定甚至理解法律规则，但却可以综合感受共同信念是否得到了实现。因此，一旦法律不能担当此角色，或者有人试图僭越此种基本信念，就显然违背了人们的共同信念，人们就会找寻其他有力的信念表达方式。于是，私仇报复、街头暴力或血腥抗争就会逐渐泛滥，这是为现代社会所不愿意看到的。因此，司法必须能够与社会良性互动。而情态证据制度的特殊属性，[②] 及其所要求的亲历性、言词原则和自由裁量权都能够极大地促进司法与社会的良性互动。

（1）庭审为司法与社会提供了一个特殊而有效的互动平台。目前，面对司法公信力的缺失，我国普遍强调司法公开和透明，或称"阳光司法"。而这种"阳光"最首要的应该是"阳光庭审"，即强调诉讼各方亲历庭审和庭审公开。

"人们只会对自己有权参与和有权发表意见，以及其意见被倾听、接受或认可的这样一种决策机制的公正性表示出信任，并在心理上准备服从和接受"。因此，这种"阳光庭审"会在最大程度上消解控辩双方对法官裁断的怀疑和抵触。[③] 通过诉讼各方各自公开的诉讼行为，并最

---

①如许霆案、交通肇事案等。

②情态证据可以传递感情，这是日益陌生而冷漠的社会所需要的，也是日益僵化而麻木的司法所需要的。

③季卫东：《法治秩序的建构》，中国政法大学出版社1999年版，第73页。

终获得最终判决时，更可能具有"愿赌服输"的效应。而普通群众通过庭审直观地观察整个司法的实施时，必然会从心理上更多地信任和信服司法。同时，法官和检察官在诉讼过程当中，也可以直观地感觉被告人、证人和群众的各种反应，包括情态反应；更直接地感受社会公序良俗对法律的判断，激发其作为一个司法人员应有的荣誉感和尊严，更好地将法律适用到个案中。

而且在这种互动平台中，更是一种对各方的教育和相互的认同，利于社会各界的和解和公共意志的体现。特别是在"民告官"的行政诉讼中，这种认同更具重大价值。因为该类案件的行政机关的负责人能出庭应诉，成为一种公众的期待。只要负责人一出庭，就能显现政府的态度和司法的权威，更利于矛盾的化解。而且当行政机关负责人出庭时，习惯了"与世隔绝"生活的官员，也能在集中的庭审现场真正感受群众的"疾苦"，感受法律的权威。官员在庭审现场，不仅被置于法律审判之中，更被置于道德审判之中。现场原告、证人和群众等的情态可以形成一种人性的力量直接叩击其心灵。[①] 至少，庭审现场会让其惶恐与不安，并潜移默化地影响其随后的行为。这对于树立"法律至上"的观念具有莫大的助益。北京大学法学院教授姜明安说："一次出庭可能等于上十次普法课。"在行政诉讼中，行政领导出庭应诉有利于领导了解政府依法行政中的问题，把握相应行政争议的症结所在，及时化解矛盾、解决纠纷；有利于体现领导亲民和关心群众疾苦的工作作风，改善政府在人民群众中的形象；还有利于提高行政审判的权威，增强老百姓对"民告官"的信心。[②] 以庭审为中心，也能有效地防止"庭外化为重心"的审判程序带来的审判的间接性、秘密性、专断性的色彩，符合诉讼制度民主化和法制化的基本要求。[③]

（2）情态和语言共同构成司法与社会互动的媒介。在庭审中，不

---

①这种"叩击"不一定能立竿见影，甚至随后的案件仍然可以因案外干扰而出现不公正的结果。但是这对官员和百姓的心理影响都是深远的。西方学者在分析法律规则时，往往喜欢从心理学角度入手，如儿时父辈的影响、性心理学等。而这种叩击必然可以引起诸多心理共鸣。

②《行政诉讼法出台17年 官员出庭应诉渐成常态》，http://news.163.com/07/1226/06/40KAT1KL0001124J.html。

③叶自强：《从传统自由心证到现代自由心证》，载《诉讼法论丛》（第3卷），法律出版社1999年版，第399页。

仅有语言交流与交锋，更有情态的展示与表达。而且相对于语言具有更多的间接、隔阂和偏滑等特点，情态显得更加直接、普遍和深入。在我国法治"突飞猛进"的过程中，大量的法言法语不断涌现，各种各样的法律逻辑和构造层出不穷。学术中也往往强调思辨和"黑格尔句式"。最终，导致学术与法律与社会渐行渐远，甚至这种"法言法语"成为司法盲动乃至司法腐败的借口。[①]

其实，在司法与社会互动的媒介中，语言虽具有其便利性，但是也具有诸多局限性。首先是语言本身的模糊性。"世界上的事物比用来描述它们的语词多得多。因此，不管我们的词汇是多么详尽完善、多么具有识别力，现实中始终会存在着为严格和明确的语言分类所无能为力的细微与不规则的情形。"[②]其次是语言技能的差异。现代司法都在或多或少地强调"文字训练"，即司法人员掌握法言法语等，利用专业术语对事实进行塑造和论证等。因而有口才或文笔好的人，往往能对法律进行更好的文字解读和论证，反之不然。而这种文字上的优势不仅可以歪曲事实和法律，甚至可以架空司法。特别是在进行语言描述或辩论时，更依赖于当事人的言述能力。但是有无辩论能力、辩论能力大小，往往与其个人的知识储备成正比。具体而言，在一个识字率较低的国家或地区推行言词辩论的困难较识字率较高的国家或地区要大得多。[③]我国文盲率虽有大幅度下降，但是对于纷繁复杂、体系不完整、不统一的"舶来品"——法律，面对仰赖西方而架构的宏大法律语言和逻辑体系，绝大多数群众都较为困惑或陌生。在这种情况下，片面强调言述性交流和互动是不应该的。而且这种片面强调言述的现状，将极易使得对法言法语不熟悉的人被法律"套牢"，即法律上具有特定意义的"词汇"可能被当事人进行社会常识性理解并认可。这种认可可能导致当事人遭受法律构造性的否定评价，而事实上当事人的认可是社会理解下的一种情绪

---

①这种借口实质上是在消费司法公信力和权威，乃至消费政府的正当性与合法性。强调法言法语和词汇而忽视其构造，其实是一种危险的实践。

②［美］博登海默：《法理学——法律哲学与法律方法》，邓正来译，中国政法大学出版社2004年版，第503页。

③［日］中村英郎：《新民事诉讼法讲义》，陈刚等译，法律出版社2001年版，第185页。

表达，而非该词汇在法律意义上所具有的定义。①

情态的运用不仅契合了我国高语境文化社会的现实，也有利于消除诉讼各方言述能力的差异，更好地还原案件和法律真实，以及有效地促进司法与社会的互动。例如，一个目不识丁的证人到法庭上，通过最朴实的语言陈述着他所了解的事实，该语言或许词不达意，但是其说话的方式等情态却能清楚地表达出其可靠性，并激发诉讼各方对事实全貌的理解和共鸣。而且这种对情态的关注和评判，能给滥用语言文字优势的人以压力，使之谨守内心诚信并谨慎行为。当然，情态交流也有其局限性，但是这种局限性可以通过与语言文字的配合或者增强对语境的了解逐渐消除。而且情态证据的局限性相较于其所带来的价值，显然是能为社会所容许的。

（3）合理的自由裁量权是司法与社会互动实效的保障。就法律规则自身而言，其永远不可能穷尽一切可能。而且基于证据自身规律，我们无法给证据证明力确立标准，情态证据的证明力更是无法划定统一界限。我们追求法律"与日益变化的文明状况相适应，而社会义务就是不断地制定出与新的情势相适应的法律"。② 但是这种对法律的即时修改显然是不可能的，因此就必须赋予法官以合理的自由裁量权，甚至"造法"的权力。正如法律现实主义者所指出的那样，在普通法的传统中，发现事实的困难、法律规则的含混不清和不确定性，使法官有很大的选择余地……"③ 当代社会生活的复杂，已经远非简单的逻辑推理所能涵盖，法官的自由裁量权更是不可避免的。对于人民陪审员，也应该赋予其实质的合理的自由裁量权。这才是社会主义国家"人民当家做主"的应有之义。从证明角度而言，"任何人都可以通过自己的努力获取知识，普通人都具有简单的逻辑推理和概率推理的自然能力，这就使他们可以在已经掌握的一般知识的基础上去评判那些新增加知识的可信

---

①例如，侦查员问："你是否具有杀人的主观故意。"犯罪嫌疑人答："是的，我是想干掉他。"则犯罪嫌疑人被以故意杀人罪定罪量刑。而案件事实是双方因琐事纠纷斗殴，最终导致一方死亡。此时，犯罪嫌疑人所说的"干掉他"，跟我们日常生活中说"你给我小心点，我要打死你"一样，根本不能简单等同于故意剥夺他人生命的主观故意。

②[美]博登海默：《法理学——法律哲学与法律方法》，邓正来译，中国政法大学出版社2004年版，第156页。

③信春鹰：《当代西方法哲学的认识论和方法论》，载《外国法译评》1995年第2期。

度"。①

这种自由裁量权的存在，并辅之以相应的配套措施，可以实时在法律和社会互动之间寻找理性的平衡点，并最终助益于司法独立和权威。

3. 情态证据制度有助于司法独立

一旦完全规则化后，虽然实现了司法的"确定性"，但是从另一个角度而言，也代表着对无数"不确定因素"的粗暴排除。而且由于司法脉络的全然暴露和确定，也往往代表着司法可以被"破解"，甚至是轻易"买卖"和"操作"。② 当司法外因素（尤其是权力）意图干扰或干涉司法时，也显得更加理直气壮，司法人员则更显得没有责任心（法官是法律的"奴隶"）或底气不足（拒绝法外权力干涉，则日后必然遭到"报复"）。

正如英国法律阶层甚至以法律的"封闭性"为借口来拒绝英国国王对司法的干涉。情态证据制度也能为我国司法树立一种"封闭性"。当然，这种封闭性不是一种对社会的隔绝，而是一种司法独立所必需的个案独立。通过对情态证据、自由裁量权、人民陪审员、当庭判决等的肯定和强调，可以营造一种"难以控制"的司法阶层和模式。

例如，人民陪审员可以分担法官的压力。在许霆案中，"依法"应该判无期徒刑。但是如果让人民陪审员来判决，则可能是无罪释放。而且对于案外的请托，当庭宣判、庭审公开和人民陪审员的实质参与等，可以对之形成有效的免疫。在某案中，土地管理局局长喝酒喝多了，撞倒了人，结果就有人找法官说情，法官就说，"我是想帮你的，但是人民陪审员不同意啊"。③

而且情态证据制度的确立，可以给司法引入一种合理的"不确定性"。例如，提供假证言者，如果面临出庭和伪证罪等的压力，就会更谨慎地作证。诉讼各方无法把握情态证据可能带来的影响，就会更谨慎诉讼。而诉讼各方通过当庭对抗，最终当庭获得判决时，这种全程的参与也能使他们更容易接受判决。由此，司法才能逐渐获得其权威，真正

---

① [英] 乔纳森：《证明的自由》，何家弘译，载《外国法译评》1997 年第 3 期。

② 例如，只要毁灭关键证据，并坚不吐实就可以规避责任。笔者坚信，当司法沦为一种纯技术时，也必然代表着司法已经失去了价值。

③ 何兵：《百年中国司法路》，http://news.ifeng.com/opinion/200807/0714_23_650530.shtml。

发挥定分止争的作用。

4. 情态证据制度有助于破解"侦查中心主义"难题

侦查中心主义，指侦查是决定国家对于特定的个人有无刑罚权以及刑罚权范围的最重要阶段。具体来说，在整个刑事程序中，侦查程序是中心，对起诉和审判具有决定性作用。侦查中心主义存在的主要原因之一是侦查机关在证据收集乃至判断上的垄断。这种垄断往往导致公诉部门和法院沦为一种事实碎片或证据片段的"验收"的角色。司法文字化（又称案卷中心主义）的存在，使得法院不可能全面而深入地接触并验证证据。加上案件累积等的压力，法院的庭外调查取证权也当然受到限制。虽然法院具有法庭调查权，但是这种权力的行使必须以侦查机关调取的证据为前提，往往成为对证据的"出示"，难以发挥实效。

情态证据作为一种当庭产生的证据，不仅可以据以验证相伴随的言词证据的真伪，更可以独立证明案件事实，并形成心证。情态证据的出现，不仅能打破侦查机关在证据收集上以及公诉方在证据选择和解释上的垄断优势，更能加强法院对其他证据的识别能力，也能缓解辩方在证据上的困境。而且情态证据的可促成性，也能激发公诉人员的成就感和法官的荣誉感，增强一审庭审的作用，促进公诉和审判权力的充分实现。

同时，情态证据的理论体系还能对我国目前存在的诸多司法顽疾进行解释，并提出对策。尤为重要的是，情态证据的理论体系能获得更多的社会大众的直觉性认同和支持。

三、中国建立情态证据制度的可行性

既然我国有建立情态证据制度的必要性，那么其是否亦具有可行性？因为相对于必要性，可行性也是至关重要的。可行性分析要求以全面、系统的分析为主要方法，以效益为核心，围绕影响制度运行的各种因素，运用大量的资料论证其是否可行。笔者认为，情态证据制度在我国具有可行性，主要来自于政治、经济和文化因素的考量。而且情态证据制度确立所可能导致的风险是可以避免、化解或接受的。

（一）情态证据制度在政治上的可行性

近30年来的法治实践使我们越来越清晰地看到，中国实行法治的主要难题在于：传统法治理论以及既往法治模式中所形成的，被认为具有普适意义的某些理念、原则以及制度遭遇到中国具体国情的挑战。进

一步说，中国国情中的某些特有因素一方面显示出传统法治理论及既往法治模式的时空局限，另一方面更突出了中国实行法治的复杂性与艰巨性，当然，也决定了中国实行法治的创造性与开拓性。[①] 而这种创造性和开拓性往往表现为某种"中国特色"。如果我们能够像庞德所说的"特定的地理环境、风俗习惯、经济和历史条件要求司法必须因地制宜、适时调整"，[②] 或者卡多佐所称的"司法过程是一种妥协，一种矛盾与矛盾之间、确定性与不确定性之间，崇尚书面文字的拘泥字义与破规律及有序的虚无主义之间的妥协"，[③] 那么就可以从古今中外法治实践和理论中寻找真正的理性。我们应该意识到，我国的政治环境、架构和影响力是不可忽视的，也是我国司法进步不可或缺的要素。

1. 政治理念上的可行性

维护社会稳定是党和政府一直以来的工作重点之一，尤其是在纷繁复杂的国际局势中，社会稳定更加具有重大意义。维护社会稳定也是司法的应有之义。尤其是当前经济、社会快速发展，社会矛盾较多且容易激化，司法对维护社会稳定更有着十分重要的作用。司法的目的是"定分止争"，化解矛盾，这与我国的政治理念相契合。但是对于如何实现"社会稳定"却有着不同的路径。不过，我国当下司法功能与价值却没有得到良好的体现。三十多年的法制建设不仅没有让司法获得应有的实效，反而让司法公信力一再弱化。情态证据制度不仅可以促进矛盾的化解，而且可以节约司法资源，同时可以促进司法与社会的良性互动，从而使司法具有其正当性与合理性，并促进社会稳定。这无疑是契合我国政治理念的。而且情态在我国历史和社会中的广泛存在，也使得情态证据制度具有更多的制度基础。

2. 司法组织上的可行性

司法组织作为司法制度的硬件设施，在司法制度中占有重要地位。西方学者认为，一个国家如果没有立法机关，则法庭还可以沿用判例或

---

① 顾培东：《也论中国法学向何处去》，载《中国法学》2009 年第 1 期。

② [美] 罗斯科·庞德：《法理学》（第一卷），余履雪译，法律出版社 2007 年版，第 2 页。

③ [美] 本杰明·N. 卡多佐：《演讲录·法律与文学》，董炯、彭冰译，中国法制出版社 2005 年版，第 31 页。

者习惯法；但如果没有司法机关，这个国家将无法维持。[①] 情态证据制度的建立必须有相应的组织结构框架。我国 30 多年来的法制建设已经依循西方的法治进路，构建了基本的组织结构，并发挥了一定的实效，司法机关的概念、性质、种类及权限等都有了较为合理的设置。这种司法组织与情态证据制度所需要的组织架构是基本相适应的。

3. 司法程序上的可行性

司法程序，又称诉讼程序，是指行使司法权时所必须遵循的法定的方式、方法、顺序及步骤等的总称，包括起诉程序、审判程序等不同的内容。司法程序是司法权的构成要素之一，程序改革在司法改革中占有极其重要的地位，发挥着十分独特的作用。我国的司法程序也基本契合了现代司法的程序要求，并且符合情态证据制度所需的司法亲历性、司法权威和司法裁量权的现行法上的程序配置，只不过没有发挥实效而已。

4. 司法人事上的可行性

对于情态证据制度的树立及其运行所需要的人事准备，已经初见成效。首先，在司法人员准入上，普遍要求具有大学本科以上学历，同时必须通过司法考试。这是全面推进依法治国，建设社会主义法治国家的必然要求，为建设高素质司法队伍和律师队伍提供了重要的制度保障。这一制度的实行对提高法律职业人员的素养，确保司法公正，进一步改革和完善我国司法体制必将发挥重大作用。这种准入决定了司法人员必须接受法学教育和法律考核，加上同受社会语境尤其是高语境文化的影响，也就为情态证据制度的适用提供了共同的知识背景和人员储备。其次，在司法人员的考核中，构成了以"错案追究制度"为中心的一系列考核机制。这些考核机制的核心在于促进司法公正，力求适应审判方式改革需要，旨在加强对司法机关工作人员的监督、确保办案质量的措施，[②] 有利于确立法律至上的观念和行为规范。

综上所述，三十多年的法治实践为情态证据制度的确立奠定了扎实的政治和司法组织、程序和人事基础。

---

①宋世杰：《中外司法机关设置的一般规律及特点之比较研究》，湘潭大学 2001 年硕士毕业论文。

②王晨光：《法律运行中的不确定性与"错案追究制"的误区》，载《法学》1997 年第 3 期。

（二）情态证据制度在文化上的可行性

文化的力量，深深熔铸在民族的生命力、创造力和凝聚力之中。纵观人类社会发展的历史，文化既表现在对社会发展的导向作用上，又表现在对社会的规范、调控作用上。[1] 探讨情态证据的可行性，离不开对我国文化的探寻。根据通说，文化可以分为物态文化、行为文化、心态文化和制度文化，情态证据制度在文化上的可行性表现如下：

1. 物态文化上的可行性

所谓物态文化，是指人类在长期改造客观世界的活动中所形成的一切物质生产活动及其产品的总和，是文化中可以具体感知的、摸得着、看得见的东西，是具有物质形态的文化事物；物态文化是文化诸要素中最基础的内容；物态文化是人类的第一需要，它直接体现了文化的性质、文明程度的高低。[2] 我国物态文化一直有着较好的发展。例如，服饰文化、建筑艺术文化和书法文化等，而且这种物态文化经常被"符号化"，并获得自然而然的权威和认同。这种权威和认同，极易让参与者产生情感上的共鸣并影响随后的行为。例如，人们在见到法庭庄严肃穆的设置和服饰等，自然就会联想到司法的权威，进而产生压力。千百年来的物态文化积累，其实已经为我国司法赋予了一种概括性的社会认同，并形成了诸多司法物态文化。一旦人们参与其中并感受到司法物态文化的存在时，必然能形成一种情感上的共鸣。这些物态文化即信息自身，不需要再行经过言语叙述。正如西方法官的法袍。这种物态文化的存在正是我国社会运行不可或缺的依托，而司法物态文化的存在也应该能促进司法的实施，不仅有利于个案的解决，更有利于司法功能与价值的体现。

2. 行为文化上的可行性

行为文化是人类在社会实践，尤其是在人际交往中约定俗成的习惯性定式。它以民风民俗的形态出现，具有鲜明的民族、地域特色。我国行为文化依托民族和地域而形成，人们从小就生活在此种行为文化之下，构成了行为文化的类型化和传承。这些习惯性定式不仅能引导人们自身的行为，也能引导对他人相应类型化行为的预测和理解。这是一种群体间的互认与共鸣。行为文化的宏大语境让当事人的言述具有了特定

---

① 顾伯平：《文化的作用》，载《光明日报》2005 年 3 月 2 日。

② 郭建庆：《中国文化概述》，上海交通大学出版社 2005 年版，第 127 页。

的含义，也让当事人的情态具有了明确的意义。行为文化的存在为情态证据的产生与认知提供了相同的概括性语境，当这种文化的认同延伸到庭审，使庭审变成一种社会互认与反省的场所时，情态证据就能发挥其应有的作用。而司法如果不尊重这种行为文化，或者忽视行为文化的地域和民族差别，则其正当性和合理性显然应受到质疑。

3. 心态文化上的可行性

心态文化是由人类社会实践和意识活动中长期酝酿出来的价值观念、审美情趣、思维方式等构成的。它是文化的核心部分，可分为以下两部分：

其一是社会心理，指人们日常的精神和思想状态，是未经过理论加工和艺术升华的流行的大众心态。社会心理的形成往往是长期社会积淀的结果。人一出生，就开始接受社会心理的暗示，并自然地接纳社会心理。因此，社会心理也必然影响司法。中国人历来重视实际，深信"眼见为实，耳听为虚"，崇尚在实际工作和生活中追求人生理想，实现人生价值，这就是中华文化的求真务实精神。例如，《荀子·儒效》中："闻之不若见之。"这种求真务实的社会心理恰好是情态证据制度所需要的前提基础。同时，我国社会心理还强调"以和为贵"、"以德服人"、礼让和当面对质等。这种社会心理在特定的平台和媒介中（如亲历的庭审等）必然能够发挥其应有的作用。例如，促进心态文化的共鸣，进而促进纠纷的彻底解决。

其二是社会意识形态，指经过系统加工的社会意识，它们往往是文化专家对社会心理进行的理论归纳、逻辑整理、艺术完善，并以物化形态（通常是著作、艺术作品）固定下来，传于后世。千百年来，古圣先贤抑或文化专家对社会心理进行了大量的归纳整理。例如，"儒"、"释"、"道"对我国社会文化的总结等。在大量的作品中，普遍强调"察言观色"、"洞幽烛微"、"见微知著"、"一诺千金"、"表里如一"、"天地君亲师"、"杀身成仁"、"节义廉耻"和"己所不欲勿施于人"等。这些社会意识形态可以让情态证据制度发挥更加显著的作用。例如，在庭审对质等压力中，当事人的内心斗争会更加激烈，情态表现会更加明显。而且司法人员和旁听群众也会因此而产生强烈的内心共鸣。

（三）情态证据制度在经济上的可行性

司法成本是我国司法必须考量的一个关键要素之一。公正是司法活动的基本价值，而公正又要以一定的物质保障作基础，以一定的物质付出为代价。司法经费对于维护司法公正至关重要。司法经费充足，有利于保证法院独立行使司法权，有利于司法公正的实现。[1] 就我国目前的情势而言，司法财政的投入及其配置适用总体上尚不能满足司法所需，主要表现在司法财政受制于地方财政，以致司法机关不得不受制于地方政府。而且这种财政上的缺乏也导致了司法机关为创收而"乱收费"或"枉法裁判"等问题，还影响了司法人员队伍建设和稳定，以及司法人员的信心和积极性。情态证据制度的确立并不会加大司法的财政支出，相反还可以实现司法资源的合理利用。

1. 情态证据制度不会加大司法的财政支出

诚如笔者所言，情态证据制度的确立需要强调司法的亲历性、司法权威和司法的自由裁量权。由此进行的制度和技术设计并没有包括显然迥异的新设或新增，而往往表现为一种对现有司法制度和技术的细化或强化，让司法规律能真正地发挥作用。

首先，情态证据可以依托现有的司法"硬件"。改革开放30多年来，我国的司法也获得了长足的进步。侦查机关、检察院和法院系统都搭建了相对完善的组织结构，控辩审三方诉讼构造及其权力义务结构不断契合社会内心的预期，并真正发挥着相应的实效。情态证据可以利用现有的司法组织结构，不需要进行再次的机构设置。

其次，情态证据只需要现有司法"软件"的适度完善。在我国司法实践中，目前法律架构下的司法并没有发挥其应有的功能，甚至司法规律本身被法律或实践所弱化与虚置。情态证据制度的构建则是要从社会认识规律和司法规律本身入手，强化司法规律。而这种规律的强化更主要的是进行司法程序的完善，包括对司法人员的教育、司法机关内部权力的配置和诉讼各方权利义务的分配。这些司法财政支出是自始就有的，情态证据制度的设立正是让司法财政的相应支出落到实处。

2. 情态证据制度可以避免司法资源的浪费

近年来，司法公信力显受质疑。更有甚者，司法不仅没能起到定分止争的作用，反而激化了矛盾。正如龙宗智教授所说："对庭审重视不够，就要在庭后下功夫，而请示、汇报等活动也会降低效率。尤其是对一审重视不足，信任不够，势必加大二审乃至再审与复核审的事实审责任，案件被反复审判，浪费司法资源，降低诉讼效率。而且由于不符合

---

[1] 张俊鹏：《让司法公正彻底脱离地方财政的制约》，载《大公报》2008 年 12 月 11 日。

诉讼规律，即使加大了资源投入，也难以取得较好的司法效果。"[①]

首先，情态证据制度可以避免机构权力重叠而造成的司法资源浪费。情态证据的运用要求审判者的亲历性，事实问题相对尊重一审等，这就使得目前我国普遍存在的审判委员会"判而不审"，法官"审而不判"，审判人员向领导或上级法院的"请示汇报"，审判长主审其他合议庭成员（包括人民参审员）成"摆设"等情况得到相应改善，使得各个司法组织履行其应有权力，避免权力行使实质上的"走过场"导致的司法资源浪费。

其次，情态证据制度可以避免重复调查阅卷而造成的司法资源浪费。在司法实践中，整个侦查、起诉和审判过程往往要涉及大量的卷宗整理和复印、补充侦查、法官调查等，从诉讼效益的角度来考察，我国的公诉方式不但不利于提高审判质量和保护被追诉人的权利，反而还加重了检察院的负担，一定程度上阻碍了公诉职能的充分实现。[②] 法院重复阅卷和调查取证等也在实质上浪费了司法资源，并相应地阻碍了审判职能的充分实现。情态证据作为一种当庭出现的证据，不仅在特定条件下可以成为独立证据证明案件事实，更可以作为一种证据分析依据用于证据判断，最终促进审判的迅速与公正进行。

最后，情态证据制度可以避免矛盾激化扩大造成的司法资源浪费。我国司法目前所强调的书面性，并依据书面卷宗进行裁断，显然有别于社会普遍的认知和判断模式，也有别于公序良俗。因此，相当一部分的司法裁断不能为社会所容许和认可。情态证据强调突破司法的"文字禁锢"，可以让司法更加契合社会认知体系，也更符合人们的普遍心理预期，从而让司法规律真正发挥其实效，让司法不仅可以定分止争，更可以对社会起到良好的教育和引导作用。这无疑是对司法资源和社会资源

---

①"似乎程序越多，把关越多，事实认定就越准确，案件质量就越能保证。因此，一些案件在不同层级由检、审机构的不同主体反复看卷，似乎要从案卷中看出问题。然而，脱离庭审，在案卷上下功夫、做文章……有悖事实认定规律。"龙宗智：《论建立以一审庭审为中心的事实认定机制》，载《中国法学》2010 年第 2 期。"由于一审庭审是公正、有效的法空间，而且开庭时间距离发案时间较近，且因隔离原则而避免了信息干扰，因此，有争议的案件的重要证人应当出庭，出庭后的法庭记录，可以作为二审审理依据。由于二审不具备一审的有利条件，因此，证人、被害人出庭必要性降低。可见，在一、二审程序设计上的轻重倒置，可能损害审判的公正与效率。"

②李奋飞：《从"复印件主义"走向"起诉状一本主义"——对我国刑事公诉方式改革的一种思考》，载《国家检察官学院学报》2003 年第 2 期。

的最大保障。而且情态证据还可以使得司法具有一种更强的因应具体个案进行"自我更新"的能力，并且可以解决某些法律空白或司法难题。

当然，情态证据制度的确立和运行会给司法机构和当事人带来相应的支出。例如，民事诉讼中，当事人或证人出庭的费用等。但是这种支出所带来的效益是显著的，甚至这种支出给当事人带来的风险和压力可以使得当事人更加全面地评估或反省矛盾和自身，从而更加理性地行为。

（四）情态证据制度的风险评估及应对

当然，情态证据制度并不是"灵丹妙药"，更不可能有利无弊，其仍存在着相应的风险。不过，这种风险本身可能仅仅只是一个学者想象下的"伪问题"，或者是可以接受或化解的。

1. 情态证据的制度风险及其应对

情态证据的制度风险来自于我国 30 多年来法治实践和法学理论对其之忽视乃至否定。长久以来的司法实践和法律理论都在寻求和强调具体、客观和可描述，而在现有的法学理论语境下，情态证据却显得整体、主观和不可描述。相应的，我国司法制度的构建和实践都在有意无意追求某种"确定性"或"客观性"，而与之相适应的是，任何不"确定"和不"客观"的要素都应该被从观念上和制度上排除。这就使得情态证据显得与之格格不入，也就可能导致以下风险：

首先，公众和司法人员对情态证据的认同障碍。法学教育将情态证据指斥为一种不稳定的证据，并且将证据资格禁锢在"客观性"、"合法性"和"关联性"上，并对证据三性进行了特定的界定，使得人们很难在此理论模型中找到情态证据的适当地位，进而使得情态证据难以得到部分公众和司法人员的认同。不过，任何具有法律实务经验的人都应该能够了解情态证据对证据判断和案件裁断的意义，都能够感受到情态证据在司法中应有的地位和作用。而且在百姓的日常生活中，更是随处可见情态的运用。一旦情态证据能够循序渐进地进入公众和司法人员的视野和理论框架当中，必然能够引起足够的共鸣。

其次，情态证据制度可能会架空现有的法律和司法。我国现代司法的制度架构显然是趋向主流法学理论的。因此，这种制度架构所依赖的理论模型就对司法语境、应然体系和价值与功能等进行了强制界定。这种界定厘清了诸多司法脉络，但是基于任何理论都有其局限性，必然也随之忽视或否定大量其他要素。因此，我国司法体系的结构所凭借的内部规律及其体系，应然区别于情态证据制度所强调的司法规律和认知规律。这种理论基础的差异，将使得情态证据可能会架空现有的法律和司法，使得大量的司法构建被废置。不过，这种风险仅仅是一种理论上的风险。因为司法虽然需要依从诸多的法律规制和法学理论指导，但是司法更离不开社会语境的影响乃至更新。理论上否定的问题并不一定会被司法人员在实践中否定，反之亦然。放眼司法实践，存在着诸多"法外"因素，这些因素一方面可能是消极的潜规则，另一方面却可能是当地社会对司法的自觉更新，是一种僵化的法律在当地的灵活运用。① 情态证据虽然并不为法律和法学理论所明示认可，但是情态证据与其他各种证据和司法程序如影随形并且在诸多实践案例中多有体现。情态证据最多是一片理论上的盲区，而在实践当中显然不可能被完全抹杀。因此，情态证据的使用并不会架空法律和司法，仅仅会架空"伪司法"或学者片面想象中的司法。相反，情态证据制度还能够强化司法规律，促进法律和司法的进一步发展。

最后，情态证据可能导致一审法院或审判人员权力过大。基于情态证据的特性，司法必须尊重审判人员和一审法院的裁断。② 这显然与我国现实司法体系设置不相适应。例如，我国学者普遍认为，我国法官素质不高，基层法院公正性不足等。但是"刑事诉讼的事实认定，应以一审庭审为中心，即以审判为中心、以庭审为中心、以一审为中心；而不应当以庭前程序为中心、以庭下活动为中心、以上级审为中心。然而，实践中那些反诉讼规律的做法，在某种程度上正是中国刑事案件事实认定机制的现实。如果不解决刑事案件事实认定结构与机制的问题，就不能提高刑事案件的办案质量"。③ 因此，增强一审庭审审判权力应该是

---

① 正因为如此，基层侦查人员和司法人员往往并不忌惮或关心证据规则等的变更，因为不管法律如何变化，实践当中的操作模式不会有太大的变化，只是多了一道"操作工序"或"转化工序"而已。

② 正如龙宗智教授所说："实现庭审的实质化、有效性和中心作用，需要加强审判法官与合议庭的责任，限制审委会与院、庭长在案件事实认定上的权力，限制庭下阅卷的作用等措施，发挥庭审对事实认定的决定作用；需要规范请示汇报制度，调整诉讼资源配置，规范发回重审制度，同时全面加强基础基层建设，增强一审法院司法能力，保证事实审理以一审为中心。"因为"认定事实，强调亲历性、直接性，以获得丰富的证据信息，同时通过诉讼双方的质辩使事实越辩越明……庭审是最合理、最有效的事实发现空间"。

③ 龙宗智：《论建立以一审庭审为中心的事实认定机制》，载《中国法学》2010年第2期。这也恰恰是情态证据必要性和可行性的注脚之一。

事实认定机制之要求，否则就是违背司法规律和社会认知规律。而且在司法实践当中，对上级法院、一审法院庭审的监督从事实认定角度而言也是难以实现的。[①] 有诸多学者指出，我国司法实质上是"超自由心证主义"。[②]当然，笔者并非因此就认为一审法院或审判人员的权力就不需要制约。相反，这种对情态证据的肯定和运用，将会使得司法实践既存的种种要素公开化和透明化，更利于各界的探讨和监督，也更利于司法的不断自我发展与完善。当然，在法律适用上，可以突出"法律效果与社会效果相统一"而进行相应的差异设置。

2. 情态证据的技术风险及其应对

从技术上而言，其他书证、物证等可以伪造、变造和销毁，情态证据也存在类似的技术风险。

首先，情态证据可以伪装。西方学者曾以此而反对情态证据。不过，诚如笔者所言，没有任何证据是完美的。同时，基于以下理由，情态证据的伪装风险不足以大到司法所不能承受。一是我国民风相对淳朴，在司法和道德等压力下，少有人能长久伪装。二是庭审场合下，要进行长时间的情态伪装是很难的，特别是在被施加了各种压力和诱因的情况下。三是司法人员或参审员等往往谙熟当地甚至是相关人的语境，可以进行妥善的判断。四是情态证据并非都是实质性证据，更非唯一证据，在庭审中，审判者可以不断地通过其他证据进行验证。五是相对于情态证据所能带来的益处，其相应的弊端是可以合理容忍的。

其次，情态证据的证明力可能被高估。基于情态证据所特有的感情色彩和特有的证明力，其证明力可能被法官高估，进而忽视其他证据。这种风险在西方司法体系中也存在。但是情态证据并非可以完全游离于法律规制之外，相反仍必须对其进行相应制约。例如，辅之以交叉询

①任何从事过司法一线实践的人都应该能体会，对一线人员的监督显然是困难重重的。
②叶自强：《民事证据研究》，法律出版社 1999 年版，第 6 页。

问、对质、其他证据证明和特定情况下的上诉等。① 对此，不应该因噎废食。而且从事实角度而言，脱离了感情色彩的事实是否仍然是事实？正如一个脱了水的苹果是否仍然是苹果？从这个角度而言，情态证据和证言一起能比证言语义本身表达更饱满而客观的真实。同时，这也取决于一个核心问题，即我们愿意在多大程度上信任审判员、参审员或一审法院；愿意在多大程度上信任人民群众。这种信任不仅可以促进司法的独立和公正，更能增强司法权威和功能。

当然，笔者并非在鼓吹应该一蹴而就地建立情态证据制度，相反，任何改革都应该顺应现实情势而循序渐进。我国情态证据制度的建立亦应如此。

四、中国情态证据制度的路径选择

情态证据制度不仅仅希冀一种证据的运用，更包含了对司法规律尤其是事实认定机制的强化乃至重塑。情态证据制度不仅如其他证据一般需要一种技术上的肯定，还需要制度上的认可，并辅之以相应的机制。为此，情态证据制度在我国的确立有以下两种路径选择：

（一）情态证据的技术性路径选择

技术性路径选择，指的是力求将情态证据视为一种独立的证据，并根据现有的证据资格和证明力规则对其进行尽可能的规范。这种对情态证据的技术性运用，在传统司法中曾多次存在。例如，古罗马的审判员制度。1966 年《加利福尼亚州证据法典》明确列举了一系列的证人作证时所展现的具有证明或质疑证言真实性的情态表现。②

这种对情态证据的技术性路径选择，更多地要求对情态证据进行"语言化（可描述）"和"文字化（可记录）"。其目的在于以此实现

---

① 法庭记录是审判中心主义十分重要的技术性工作之一。华尔兹教授称："每一个经验丰富的公诉人和辩护律师在开始其刑事诉讼之时便认识到其可能在审判中败诉……在着手参与案件审判时就必须同时完成两项不同的任务。首先，他必须竭尽全力在审判阶段胜诉。从本质上说，这意味着他必须在证据和辩论的帮助下说服事实认定者相信其诉讼意见的正确性。其次，由于任何律师都不能绝对肯定自己会在审判阶段胜诉，所以他们必须尽一切可能制作出能向复审法院表明下级法院未主持正义的审判记录。"［美］乔恩·R.华尔兹：《刑事证据大全》，何家弘等译，中国人民公安大学出版社 1993 年版，第 32～33 页。情态证据是难以用文字记录的，不过现代摄影技术的存在，将使得法庭记录较为全面，并且也为特定情况下的重审或再审提供了可能。

② Cal. Evid. Code § 780 (Deering 1966).

情态证据的具体、客观和可描述性，将情态证据纳入"统一化"的证据序列，进而实现司法的确定性。为此，就必须明确将情态证据纳入证据种类当中，并通过法律条文对其证据资格、证明标准和证明力等进行规范。同时，要求法院详细记录被告人或证人等的情态表现，以供上诉审核。或者，出具书面证言的证人必须附随出具关于其情态的记录，或者不能出庭的证人必须在庭外进行录音录像，并在法庭上播放。审判人员必须有意识地观察情态，详细公开自己关于情态证据的心证，以供监督。控辩双方可以就情态证据进行质证，或者聘请专家对情态证据进行鉴定。

但是情态证据具有其特殊性，与其他证据的"具体、客观和可描述"相反，它具有"整体、主观和难以描述"的特点。但是这些当下主流理论所形塑下的特点不应该成为否定其价值的充分基础。① 仅仅因为我们尚不能把握某项事物并对其进行技术界定，就武断否定其一切价值并将其剔除出去的做法不仅是一种对当下司法规律的否定，也是一种对未来司法发展的钳制。正如英国著名哲学家迈克尔·波兰尼所说："客观主义完全歪曲了我们的真理观，它提升了我们知道和能证明的东西，却用有歧义的言语掩盖了我们知道但不能证明的东西。尽管后一种知识被隐含在我们能够证明的所有东西里并最终必然对它们加以认可。"②

当下我国对情态的掌握仍然未能够依循现代社会所要求的规则般的"全面而深入"。在美国，有大量的情态鉴定机构或个人，研究出了大量的理论模型和鉴定仪器，而且取得了某些成果并获得了法庭的认可。但是相对于情态证据的纷繁复杂，这些研究都暂时只是一种有益的尝试，而且就本质而言，情态证据与其他证据是有区别的，它甚至代表了更深层的司法路径和价值。③ 如果我们贸然将情态证据简单等同于其他证据，并片面要求对其进行技术性界定和运用，则不仅可能导致情态证据的适用捉襟见肘，更可能导致现有司法体系的混乱。同时也是在扼杀

---

① 理论在尚不能合理解释世界时，就开始野心勃勃地改造世界，这是一种不负责任的行为，更是一种不理性。笔者坚信，任何当下的主流理论都只是一种有效权威，但绝不是最终权威。

② [英] 迈克尔·波兰尼：《个人知识——迈向后批判哲学》，许泽民译，陈维政校，贵州人民出版社 2000 年版，第 439 页。

③ 参见本书第一章。

司法和证据法发展的另一种价值和可能性。①

（二）情态证据的制度性路径选择

制度性路径选择，指的并不是僵化地将情态证据视为独立证据，而是将其纳入事实认定机制或者视为证据分析方法的要素，并赋予审判者合理的自由裁量权。情态证据的制度性路径选择并不苛求对情态证据进行技术解释和界定，而是为其构筑合理的制度保障，确保情态能够实现其应然的价值与功能。

相比技术性路径，世界各国司法都不约而同地选择了制度性路径。情态证据的制度性路径选择应该着重进行制度设计，为情态证据规律的运行提供合理的空间，也为司法规律的实现预留相应的空间。在此种路径选择下，必须因应情态证据的理论模型，保障司法亲历性、司法权威和司法的自由裁量权。② 对于情态证据的技术规范方面，则由于其自身独特属性和社会历史局限而暂时不予详细罗列和界定，也不以此来约束审判者和诉讼各方。即让情态证据发挥潜在的作用，更多地以之为基础强调证据分析方法或事实认定机制的合理构建和运行。

综上所述，由于我国民族众多、地域广阔，各地风土人情和公序良俗各不相同，三大诉讼、案件类型、司法任务和个案情势以及证据千差万别，情态证据纷繁复杂。就刑事诉讼而言，根据"多种多样的刑事案件特点，必须建立多样化的刑事司法体系"，③ 民事诉讼和行政诉讼也应建立多样化的司法体系。即不宜选定单一的路径，而应该根据不同的诉讼和案件类型等构建我国的情态证据制度。

五、关于中国情态证据制度的初步设想

笔者认为，就我国目前国情而言，为初步建立情态证据制度，从技术完善方面，应该认可情态证据的合法性，强调情态证据的展示性和可靠性作用，重点构建情态证据的补强规则和个案规则，并从制度上予以相应保障。即强化证据质证权威性、庭审结果有效性和庭审展开唯一性，具体如下：

---

①理论的发展本身也必然伴随着对其他理论和实践的选择，这种选择既是一种肯定和促进，也是一种否定和钳制。

②详见本书第三章。

③［日］田口守一：《刑事诉讼法》，刘迪等译，法律出版社 2000 年版，第 1 页。

（一）明确情态证据的合法性

证据的合法性具体表现为：证据的形式合法，符合证据形式要求；收集、提供证据的主体合法；证据的收集、审查判断和运用合法。[①]

1. 明确情态证据的证据种类

我国实行的是封闭性的证据种类模式，为了将情态证据纳入证据种类当中，应该保持其相对的开放性。根据国际通说，具体为：语言性情态证据纳入人证范畴，视为犯罪嫌疑人的供述辩解、证人证言或被害人陈述；情感性情态证据纳入物证范畴；展示性情态证据则不单独成为一种证据种类，而是视为一种辅助理解的展示性证据。

2. 明确情态证据的收集、提供主体

基于情态证据是当庭产生，应该将情态证据的外延限定于法庭上被告人或证人（包括被害人）的情态表现。首先，庭审法官或陪审员成为应然的证据收集主体。因为庭审当中的信息都可能被审判人员有意无意地关注，并纳入其事后裁量的要素当中。这是一种基本的认知规律。其次，诉讼双方都可以成为情态证据的收集和提供主体。不过，诉讼双方收集和提供的情态证据限于语言性情态证据和情感性情态证据，而且应该仅限于某些案件。例如，被告人的主观态度为争议焦点的案件，或者性犯罪案件等。

3. 明确情态证据的收集、审查判断和运用程序

基于情态证据"只可意会，不可言传"的本质，以及审判所必需的自由裁量权。笔者认为，应该给予审判人员在情态证据的收集、审查判断和运用上相应的自由度。而诉讼双方在收集和提供情态证据时，应该经过庭审质证和认证（此类质证和认证应有特殊性和界限）。不过，为了避免情态证据被过度评估，应该坚持穷尽原则和证据补强原则。即在穷尽其他证据仍不能证明时，可以采用情态证据，但需要经过庭审质证和认证，并有其他证据补强。而对于展示性情态证据，则由法官进行相对自由的审查判断。当然，为了制约法官可能的滥权，法官应该在判决书中对情态证据的认定情况进行必要说明。

（二）强化证据质证的权威性

质证的本质属性和目的在于贯彻公开、辩论主义，直接言词原则，通过正当程序使有关证据材料成为诉讼证据。质证是法官自由心证的根

[①] 申君贵等：《证据法学》，湖南大学出版社 2006 年版，第 12 页。

据，也是形成裁判的必要基础。在刑事诉讼中，由于"侦查中心主义"的存在，使得庭审沦为"走过场"。龙宗智教授认为："忽视法院对侦查的实质性审查功能，会使刑事程序因线性构造过于强大而变成单面的治罪过程，而使刑事司法程序的防错与人权保障功能受到压抑，使刑事司法的公正性受到质疑。"① 在民事诉讼和行政诉讼中，往往将"证据经过质证"片面理解为证据经过出示和辨认。质证过程零散和法官认证并不依赖质证情况等，使得庭审质证权威大为减损。庭审只是诉讼各方"逢场作戏"，根本无法激发情态证据，审判人员也必然疏于观察各方情态反应。为了强化庭审质证权威性，应该强调庭前活动只是一种"控诉的准备"或"辩护的准备"，庭审需要对原始证据进行质证，并由审判人员根据诉讼各方的庭审质证情况进行证据裁断和定罪量刑。诉讼各方庭审中的伪证、藐视法庭或扰乱法庭等不法或不当行为，由法官予以相应处罚。具体如下：

1. 质证对象应为原始性证据

诉讼中各方"原则上必须提供原始性证据，以便能够有效质证，并使法庭能够进行实质性的审查，从而使庭审成为有实效性的法空间"。② 为此，需要控诉方重演取证过程，以便法院能够对证据和事实进行实质性审查……这一要求，是阻断侦审连接最重要的措施，也是实现审判实质化及庭审实效性最重要的保障。③

首先是人证，原则上应该要求原始的陈述者出庭作证接受质询。因为只有原始的陈述者才"身历"事实，其情态才能反映事件真相，或者当其撒谎时才能展现"不自然"的情态。而转述者只是简单地传达"语言信息"，没有对事实的深刻感知和心理印记，难以传达客观的情态。当然，对于诉讼双方无争议并且无关重大事实的证人，或证人确有

---

① 在"一体化"趋势加强，侦查决定论延续且有所强化的情况下，法院审判尤其是庭审对于控诉事实的审查过滤功能减弱，其必然后果是抑制刑事审判的人权保障功能，导致"无罪推定"难以贯彻，以致我国刑事审判中无罪判决率极低。根据肖扬 2006 年 11 月在第五次全国刑事审判工作会议上的报告，自 1997 年 9 月第四次全国刑事审判工作会议以来，全国法院 9 年间共判决宣告 41038 人无罪，占生效判决人数的 0.66%。龙宗智：《论建立以一审庭审为中心的事实认定机制》，载《中国法学》2010 年第 2 期。

② 龙宗智：《论建立以一审庭审为中心的事实认定机制》，载《中国法学》2010 年第 2 期。

③ 所谓"侦审连接"，是指由侦查形成的证据能够直入审判并取得定案依据资格。龙宗智：《论建立以一审庭审为中心的事实认定机制》，载《中国法学》2010 年第 2 期。

不便等情况，可以通过视频作证。而且控辩双方可以就视频当中的证人情态和证言进行合理的质证。同时，原告和被告本人应该亲自到庭，并全程参与庭审。

其次是书证，① 原则上应该要求书证制作者出庭作证并接受质询。对于书证，各国司法都强调出示原件，因为相对于书证原件，复印件或复制件更容易失真或者流失蕴含在原件之内的其他信息。笔者赞同书证的原件主义，不过笔者更强调书证制作者出庭作证，对书证制作过程作出说明并解释书证内容，并接受质询。一是因为书证制作者的文字表达可能有误或有缺失；二是因为书证制作者能对书证作出更饱满和客观的说明；三是因为如果书证制作者对事实有所隐瞒或歪曲，那么其出庭所面临的压力将促使其坦露更多的真实情态，有利于审判者对其书证进行审查判断。当然，基于司法效益和当事人的意思自治等考量，可以区分案件和争议焦点，选择性地要求书证制作者出庭。例如，对于勘验检查笔录，如果诉讼双方有疑问的，可以要求制作者出庭作证。不过，因为各种侦查笔录是对侦查活动的客观记载，一般情况下具有可信度，可参照"特信文书"适用传闻规则的例外规定，在无争议的情况下，直接用作法庭证据。②

最后是物证，原则上应该要求物证提取者出庭作证。美国著名法庭科学家赫伯特·麦克唐奈曾经讲过一段很经典的话："物证不怕恫吓。物证不会遗忘。物证不会像人那样受外界影响而情绪激动……在审判过程中，被告人会说谎，证人会说谎，辩护律师和检察官会说谎，甚至法官也会说谎，唯物证不会说谎。"不过，正如何家弘教授所说："物证也说谎。这是一个不争的事实。由于物证的头上戴着'科学证据'的桂冠，所以物证的谎言往往具有更大的欺骗性和危害性。"对付物证的"谎言"有两个关键环节：其一是物证的保全，其二是物证的"解读"或鉴定。③ 因此，为了避免物证在人们的概括性信任下"胡作非为"，

①在此，笔者根据龙宗智教授的观点，同时也为了论述的明晰，将证据总体上分为人证、书证和物证三类。

②笔录是侦查取证人员对直接人证提供情况的一种转述，它不可避免地被过滤甚至加工，不仅一部分陈述的内容被直接过滤掉，而且陈述时的语调、表情等丰富的信息（情态证据）也无以存在。而且对笔录这类"死的信息"无法进行质证。龙宗智：《论建立以一审庭审为中心的事实认定机制》，载《中国法学》2010年第2期。

③何家弘：《物证也"说谎"》，载《检察日报》2003年1月16日。

甚至僭越司法裁判权，必须对其有所制约。为此，笔者认为，一是应该强调原物优先原则，即应该尽可能地出示原物。二是应该要求物证的保全人员和鉴定人员出庭作证。通过这些人的当庭作证及其情态表现，可以从物证保全、保管链和所表达信息等方面全面判断物证。尤其是保全人和鉴定人，他们的情态能比他们的言语和物证本身提供更多的细节信息，有利于审判人员形成心证。

同时，对于庭审当中被告人或证人等表现出的特别明显的情态。可以由控方（原告）或辩方（被告）提出，并进行质证，由法官进行认证，或者在提出其他证据进行印证后由法官认证。最后，该情态证据可以作为定罪或量刑证据。

2. 质证程序应该完整充分

庭审质证的完整和充分，不仅能从逻辑和情理上达到"越辩越明"的效果，还能促使相关人情态的真实展露和审判者对情态的综合把握以及形成充实的心证。

首先，庭审质证过程应该完整。质证可分为四个阶段：第一阶段出证，即承担举证责任的当事人提供能证明自己主张的证据的活动。第二阶段认证，指当事人按"自认免质"规则对对方当事人出示的证据予以认可的活动。第三阶段质询，指对方当事人及第三人对举证人所举证据存有异议，进行询问和质疑的活动。第四阶段辩证，指双方当事人及第三人对所有法庭出示的证据，围绕证据的客观性、关联性、合法性等内容，进行争论和辩驳的活动。① 在司法实践中往往把"证据经过质证"片面理解为证据经过出示和辨认，而忽视了之后的质询和辩证。而恰恰是被忽视的质询和辩证才能更充分地激发证据矛盾或情态等，从而发现真实。质证过程中的出证、认证和质询在法庭调查阶段进行，而辩证则在法庭辩论阶段进行。而且质证顺序往往较为僵化，呈现单向性集中，即一方出示证据，另一方质证，该方所有证据出示完毕后，再由另一方出示证据并质证。② 这导致了质证过程过于零散，影响了审判者和诉讼各方对情态等证据和事实的集中整体把握。所以，庭审质证应当以

①程宗璋：《论我国民事证据制度的改革与深化》，载《北京邮电大学学报》2000 年第 3 期。

②《关于民事诉讼证据的若干规定》第五十一条第一款规定："质证按下列顺序进行：（一）原告出示证据，被告、第三人与原告进行质证；（二）被告出示证据，原告、第三人与被告进行质证；（三）第三人出示证据，原告、被告与第三人进行质证。"

单个证据为单位，完整涵盖质证四个阶段。

其次，庭审质证过程应当充分。在司法实践中，由于庭审实质作用缺失，加上质证程序设置不合理，常常导致庭审质证"半途而废"或"点到即止"。例如，审判者粗暴干涉质证，或采取无所谓的态度，使得质证无法深入而全面，更难以具有系统性而持续性地激发情态。这种审判者对质证的简单干涉，也给当事人以受阻的感觉，进而形成"司法不公"的印象。同时，法官职权因素较多地介入，导致当事人对质证制度的冷漠或低调处置方式的产生。① 因此，我国法官对于庭审质证应该秉持相对的消极中立，让诉讼双方充分质证。当然，这种消极中立并不代表着放任，而应该对其进行合理的控制。

3. 质证控制应当迅速有力

庭审质证控制并不是指对质证的职权干涉，而是指对质证中违法或不当策略行为进行制止和惩罚。质证控制能让诉讼各方形成一种对当下和长远利益的考量的紧张感，并以此激发情态。

首先是对庭审质证过程的控制。基于我国职权主义的司法现实，这种控制首先应该表现为一种引导。一是法官行使必要的释明权。例如，送达举证通知书时应当告知其进行举证，② 引导当事人提交证据材料和引导当事人知晓其证明责任。这是对当事人质证能力的一种弥补。法官行使释明权的时候应当以探求当事人的真实意思为限，提醒、启发当事人充分质证，并针对一些文化水平不高、法律知识贫乏的诉讼弱者进行适当的法律概念、法律规定的释明。③ 二是法官行使必要的职权，引导质证有效进行。例如，引导质证的条理性、针对性和程度。同时，法官对庭审质证的控制，更应该表现为一种惩戒。例如，对于质证过程当中的不当行为进行制止和批评，甚至诉诸处罚等。对此，法律应该赋予法官相应的权力，包括制止、警告、罚款、从重量刑和追究刑事责任（伪证罪）等。

---

① 汤流、柳建安：《论民事诉讼质证程序模式》，http：//www. chinacourt. org/html/article/200210/24/15314. shtml。

② 具体包括：告知当事人举证责任的分配原则与要求，告知当事人约定举证期限的方式或法院指定的举证期限等，告知当事人申请法院调查收集证据的权利，告知当事人申请鉴定的权利等。

③ 胡慧平：《对证据规定中质证规定的思考》，http://www.dffy.com/sifashijian/sw/200402/20040203152459.htm。

其次是对庭审质证结果的控制。为了避免庭审功能弱化和庭下功能增强，必须让庭审质证有合理且迅速的结果。例如，法官在诉讼双方质证后，应该即时做法庭小结，包括对证据资格、是否认可和证明力问题等进行必要的说明，并告知当事人相应的权利义务。如此，可以避免司法实践当中未经充分质证的证据被认定，并未提出异议的证据反而成立等现象造成的当事人对司法的质疑。同时，对于质证中发现的伪证行为或其他罪行，应该立即宣布相应的惩罚措施或启动相应的司法程序。通过对庭审质证的迅速有力的控制，可以促进诉讼各方重视和恪守质证规范，并在不知不觉中展现真实的情态，使之成为法官裁断的可靠性证据或独立性证据。当然，为了避免证人因为惧怕伪证罪等而不敢出庭作证，应该区分不同行为，进行合理的惩戒层级体系设计。

综上所述，当诉讼各方全神贯注于庭审时，他们就是在"虔诚"地参与审判活动，而司法规律也就会被遵守，司法的权威和公信力就会得到保障。

（三）保障庭审结果的有效性

保障庭审结果的有效性，指的是增强庭审功能，尤其是庭审法官的个案判断与处置权，让庭审真正成为心证和裁判的基础。但是我国法律规定的并非法官独立，而是法院独立，而且设立了审判委员会制度，法院院长或庭长拥有对裁判文书的审核和法官考核升迁等权力。合议庭实行审判长负责制，其他合议庭成员（包括参审员）往往只是"陪审"，不参与裁判。① 加上庭审后阅卷的"庭后默读审判"大量存在，使得庭审对案件判决影响越来越小，庭审中展现的大量情态证据无法发挥作用。这使得司法判决避开了司法法定规制，也避开了司法规律和社会认知规律。因此，为了保障庭审结果的有效性，彰显司法规律和事实认定规律，应该强化裁判对庭审亲历性的依赖。

1. 强化庭审法官和参审员的裁判权

书面阅读和逻辑推理无法构筑一个公正的司法，这种文献式的司法显然背离了司法的初衷，更背离了社会公理。特别是在大量案件累积和

---

①司法实践中，合议庭其他审判员往往是陪同庭审，对于案件的裁判等，则是由主审法官负责并制作判决书，再由其他合议庭成员签名。

交叉的情况下，更难以因应个案具体情况而作出"量身打造"的判决。① 没有对案件的深入全面了解，就不可能作出真正公正的"贴心判决"。所以，应该保障庭审法官和参审员裁判权合理而有效地行使。

首先，保障法官和参审员在裁判中的决定性作用。审判，顾名思义，先审后判。只有经过庭审出证、认证、质询和辩证，审判者才能对案件形成全面而深入的认识，才能妥善裁判。但是在司法实践中，合议庭往往"议而不判"，而是由审判委员会形成判决意见，然后由合议庭遵照执行。这样受多方制约和规范的庭审便失去了直接形成裁判的能力，"审而不判，判而不审"。这种"审判分立"模式，使得庭审质证无法具有权威，也使得庭审情态无法被运用。因为真正判决的审判委员会并不参与庭审，而参与庭审的审判者要么无心这走过场的庭审，要么不敢用被大多数人想当然地认为"不是证据的情态证据"来说服审判委员会。同时，在司法实践中，合议庭往往"合而不议"。承办案件、进行庭审的是合议庭，而实际上是主审法官（一般为审判长）主持和主导审判并负责最后的判决。具体而言：第一，绝大部分的实质性审理活动由主审法官进行；第二，主审法官对案件的最终处理结果在合议庭内有很大的影响甚至是决定性影响。② 特别是在人民陪审员参与审判的情况下，陪审员对案件的实质影响力更是微乎其微。而合议庭"合而不议"现象的存在，使得难以对情态证据进行一种有意无意地"集体验证"。人民陪审员也难以将当地公众智慧或行业普遍知识带入对情态证据的感知和评判当中。

因此，应该加强合议庭的裁判权，促进"审而判"和"合而议"。具体可以强调"迅速集中审判原则"，促进庭审的迅速集中和当庭宣判。同时，在合议庭评议时，合议庭成员具有相同的发表意见权，尤其是在事实认定上，合议庭成员之间的地位和权力是相等的。因此，必须相应地提高审判法官的素质、权力和地位。

其次，容许法官和参审员在裁判中的合理错误。最高人民法院于

---

① 在工业化高度发展的今天，社会更加浮躁，人们往往疏于调查和思考就轻率行为。结果产品往往粗制滥造，更遑论针对性和个性化。表现在司法中，则是充斥着统一化法律和证据，以及流水线式生产出来的制式判决，当事人和证人被忽略，司法实践与社会预期渐行渐远。

② 在笔者的实证调研中，相当一部分的法官坦言，由于案件众多，根本没有心思理会主审法官的案件，实质上仅仅是陪同庭审，最终附和主审法官的判决意见。

1998 年 9 月 3 日公布了《人民法院审判人员违法审判责任追究办法》（以下简称《办法》），《办法》第 14 条规定："故意违背事实和法律，作出错误裁判的。因过失导致裁判错误，造成严重后果的"应予追究责任。该《办法》俗称错案追究制度，其设立的初衷在于克服司法不公、确保审判质量。但是各地法院往往对该《办法》进行扩大解释，强调对实体错案的追究。而且这种标准被无限扩大，几乎达到非常不合理的程度，如有的法院将上级法院发回重审的案件和改判的案件均列为错案，这些案件甚至包括定罪正确但改判缓刑的案件。① 实践中的错案追究没有赋予法官豁免权，更没有相应的激励机制，使得法官尽可能地放弃审判独立和审判权，而将案件交付审判委员会或案件质量监督小组成员裁决，或者由庭长、院长层层把关审批，使得庭长、院长成了案件的连带责任人。这违背了司法认知规律，严重阻碍了庭审法官对情态证据的把握和运用。一是因为情态证据相对于其他证据会让裁判者承担更大的个人责任，二是因为庭审法官根本无心庭审。

笔者认为，基于错案概念内涵和外延的模糊，我国应该赋予法官相应的"豁免权"，②制定追究责任的程序和标准，强调法官的自律机制。③ 其实，合理而严格的法官监督惩戒机制，实际对法官起着保护作用，可以防止法官承担不合理惩戒，并促进司法独立。它也使得法官敢于对案件事实进行全面了解和对法律进行深入解读，实现真正的司法公正。

---

①其中，比较普遍的做法是以"事实为根据，法律为准绳"作为衡量原则，将本院审委会提起再审的案件、本院的案件质量监督小组认定的"事实不清，法律适用不当"的案件进行追究。对"错案"作出判决的法官，一般采取通报批评，扣发奖金、工资，在一定时间内剥夺评选先进、晋升晋级的资格的办法追究责任，对一年内错案累计超过一定数量的法官则"下岗"、"待岗"，不得参加案件的审判。葛磊：《法院错案追究制度分析》，http://www.legalinfo.gov.cn/moj/zgsfzz/2004-07/20/content_118563.htm。

②遍观西方的司法制度，基于司法独立的原则，错案概念基本上是不存在的，特别是英美法系国家，法官在权限范围内，任何错案都不被追究法律责任，以免除其后顾之忧。龚祥瑞：《西方国家的司法制度》，北京大学出版社 1993 年版，第 96 页。

③事实上，在自律机制的作用下，西方国家的法官是极少被追究责任的。美国自联邦法院建立 200 年以来，仅有 16 位法官受到弹劾，最终定罪者为 7 位；而英国"自 1830 年以来，法官从来没有因为严重行为不当而受到解职处分"，法官群体已成为社会各行业中最受人尊重、最少腐败的群体。因而可以看出，司法的公正并不是依靠追究法官责任建立起来的，而关键在于法官职业群体中形成严格的自律机制。

2. 限制审判委员会和院长、庭长的裁判权

长期以来，在法院系统中形成的由院长、副院长等行政长官组成的审判委员会游离于案件的庭审程序之外，不参与庭审却能通过法官口头汇报或书面审理的方式裁决案件，而真正参与审理的合议庭意见形同虚设，造成"判而不审"的司法现象。[①] 同时，院长、庭长对案件判决的层层审核，也是一种"判而不审"。这种现象的存在，违背了独立审判、审判公开、回避制度、规则控制、事实认定规律和司法亲历性等原则，更导致情态证据在案件裁判中的完全消失。因此，应该对审判委员会和院长、庭长的裁判权进行适当的限制和规范。

首先，限制其事实认定权力。从诉讼规律和认知规律而言，事实认定需要司法亲历性。[②] 因此，审判委员会或院长、庭长在没有亲自审理的情况下进行判决是不具有充分的正当性和合理性的。当然，基于我国目前的司法现状，想要彻底改变这一现状是不现实的。因此，正如龙宗智教授所建议的，应该建立"听审"制度，即审判委员会成员以及院长、庭长旁听审判的制度，以使审委会活动由会议制改为审理制，使审委会活动比较符合诉讼规律。从可行性考虑，应将审委会听审的案件限于认定案件事实有疑难的少数重大案件，而且除个别需要全体审委会成员听审的案件外，原则上可以采取分管院长、庭长听审的做法。应当明确规定并保障事实判断出自庭审的审判原则，除非审委会全体或其委托的成员旁听了庭审，原则上不得改变合议庭对事实的认定。[③] 笔者认为，可以通过以下阶段逐步限制其事实认定权力：第一阶段，审判委员会或院长、庭长要改变事实认定的，应该从庭审记录中寻找根据并在评议记录或判决书中说明；第二阶段，审判委员会或院长、庭长"听审"；第三阶段，法官独立审判。

其次，规范其法律适用意见。对于审判委员会和院长、庭长的权力限制，大部分学者都仅止于事实认定权。笔者认为，个案不仅仅是在单纯地适用法律，也是在对法律进行适时"更新"。因为"我们不仅通过原则来判断个案，也通过个案来判断原则"。[④] 而这种更新必须以对个

[①] 林琳：《走出"审而不判""判而不审"的怪圈》，载《工人日报》2007年1月23日。
[②] 详见笔者在本书其他部分论述。
[③] 龙宗智：《论建立以一审庭审为中心的事实认定机制》，载《中国法学》2010年第2期。
[④] John L. Kane, Judging Credibility, Ligigation Magazine, Volume 3, Spring 2007, p. 4.

案的深入而全面的了解和感悟为基础。当然，我国是成文法国家，法律、法规还存在诸多不合理的因素，而且法官素质参差不齐，因此审判委员会或院长、庭长仍可以对法律适用进行适度的把握，但是这种法律适用意见应该仅仅是为法官统一裁判尺度，不能直接改变合议庭的意见。

3. 规范庭下阅卷

诚如笔者所言，庭下阅卷的大量存在所形成的"庭下默读审判"显然是以文献式逻辑规律取代了事实和法律的本原规律，是不合理的，也容易导致法官对阅卷的依赖，从而忽视庭审。当然，法官庭下阅卷对于全面掌握相关信息，防范庭审举证的片面与局限，以及延伸对案件的审查思考空间，具有积极的作用，因此不能因其有弊端而予以否定。[①]但是应予以合理规范。

首先，阅卷应该以庭审记录为主。文字表述的局限性在于容易偏滑或局限，而且文字阐述带有记录者很大程度上的个人偏见，这种偏见如果没有经过质证而直接进入法官心证，容易造成实质上的审判权转移或弱化，即案卷越过庭审直接取得定罪证据资格。这实质上导致了情态证据等大量信息的消失，直接违背了诉讼规则和识知规律。因此，法官阅卷应该仅以阅读庭审记录为主。因为庭审记录是庭审的一个真实反映。这可以强化庭审作用，促进诉讼各方"虔诚"地参与和对待庭审。当然，这种庭审记录可以包括文字记录、录像或录音。而且基于司法效益考量，可以根据个案的重要性和争议性以及具体证据的情况来决定庭审或个别证人作证的记录方式。同时，可以通过保障庭审集中迅速进行等，来保证法官心证清晰完整。

其次，设计阅卷的附随程序和要件。基于种种因素，法官庭下阅卷在相当一段时期内必然是一种普遍而必要的实践。因此，必须对法官阅卷设置相应的附随程序和要件。一是法官阅卷范围必须是在庭审中出示过，或经质证过的证据。二是恢复法庭调查。庭下阅卷，遇到两种情况必须恢复法庭调查，而不能直接由合议庭作出处理。一种情况是拟将阅卷发现的某些未经庭审的证据材料作为定案依据。按照质证原则，合议庭必须恢复法庭调查，对该证据进行质证。另一种情况是庭下阅卷发现某些证据有问题，某些事实不清楚，需要进一步调查核实，也必须再次

---

①龙宗智：《论建立以一审庭审为中心的事实认定机制》，载《中国法学》2010年第2期。

开庭。不过具体处置方式可以根据不同情况而有所不同：有的需要告知控辩一方或双方，重新对特定问题举证质证；有的符合《刑事诉讼法》第 158 条的规定，需要法庭采用法定手段进行庭外调查的，则应在庭外调查后再开庭并由控辩双方对新证据进行质证。[①] 三是通知对方提出辩护意见。如果不能恢复法庭调查，则阅卷前应通知辩方查阅并提出辩护意见，或者由法官会见当事人直接说明，听取意见。四是如果确实不能做到以上要求，则法官应该在判决书中适当展开相应心证，包括阅卷内容及其对判决的影响等。

（四）强调庭审展开的唯一性

我国庭审不具唯一性，审判可以在同一审级或不同审级重复展开和纠正的问题，使得庭审的权威和有效性大为减损，也使得大量的普适性诉讼原则和规则等被忽视或否定。因为人们想当然地认为，既然程序可以无数次展开，则错误可以在一次次的"把关"中被修正，于是庭审程序也就不重要了。但是许多有效的信息或许会在一次次的重复庭审中消失或改变（包括证人记忆和情态会在一次次的庭审中不断"进步"或"失真"等），越来越多的案外因素或许会在一次次的重复把关中被强制性地掺进个案中。因此，应该强调庭审的唯一性，即一审庭审的唯一性。一审是回应全部公诉与辩护主张的全面审理和充分审理，而二审及以上审级是纠错审、救济审，虽然不可或缺，对部分案件能够发挥重要的防错纠错功能，但毕竟属于救济性审理，难以实现其保障案件质量的基础性作用。同时，一审提供的证据信息相对以后的审级具有可靠性、干净性和内容全面性的特点。[②] 这是其他庭审所难以具备的。所以，必须完善诉讼资源配置，全面加强基础基层建设，增强一审法院的司法能力。

1. 规范请示汇报制度

请示汇报制度损害了不同审级法院的独立性，而且导致两审变一

---

①龙宗智：《论建立以一审庭审为中心的事实认定机制》，载《中国法学》2010 年第 2 期。

②证据信息的可靠性，主要是指一审审理时间离案件发生时间比较近，案件信息较为可靠。证据信息的干净性，是指首次审判的基本要求是证据尤其是人证的不干扰，因此比较"单纯和干净"。信息内容的全面性，则意味着一审系全面审理，需要充分调集各方面的证据，全面地分析案件的证据和事实。龙宗智：《论建立以一审庭审为中心的事实认定机制》，载《中国法学》2010 年第 2 期。

审，审级制度虚置，还强化了下级法院的依赖思想。① 大部分学者认为，请示汇报制度于法无据，而且导致两审终审制形同虚设，违背了审判公开原则、直接言词原则，不利于审判人员素质的提高和工作责任心的增强，不利于提高基层法院的积极性，不符合司法效益原则，不利于合理的错案追究，不利于上诉权或抗诉权的行使，不利于庭审改革与完善等，也使得情态证据制度无法建议与运行。因此，应当规范请示汇报制度，并逐步取消个案请示汇报制度。

首先，禁止就事实认定问题请示汇报。由于事实认定需要强调司法亲历性，而请示汇报制度的存在，将使得一审庭审沦为"走过场"，二审法院则进行"文献式审判"。因此，应该禁止下级法院就证据和事实问题向上级法院请示汇报，禁止上级法院干涉下级法院对案件事实的认定。② 对于事实认定确有问题的，应该通过二审庭审审理程序解决。同时，上级法院为了促进基层法院事实认定的进步，应该加强案例指导，即通过案例汇编的形式，对下级法院进行指导，供下级法院参考。通过典型案例指导审判实践，既可以避免上述个案请示所存在的弊端，又可以作为下级法院以及未来类似案件的参照。特别是对新类型和复杂疑难的社会法律关系，如拆迁补偿、土地征收补偿费用分配纠纷等类案件形成典型、精品型案例，还能统一法律适用的司法尺度。③

其次，规范就法律适用问题请示汇报。最高人民法院在《人民法院第二个五年改革纲要（2004—2008）》实施意见中明确规定："改革和完善下级人民法院就法律适用疑难问题向上级人民法院请示的制度。"学者普遍认为，请示汇报制度的合理性和必要性在于上级法院可以对下级法院进行法律适用指导，即下级法院在案件审理过程中，就案件的法律适用疑难问题（包括实体处理或程序问题）以口头或书面形式向上级法院请示，上级法院经研究后予以答复，然后下级法院依此判决。

为此，法律适用请示汇报应该注意：一是仅应当请示多发性、有争议案件的法律适用问题，不应请示如何具体处理；二是最高法院仅就法律适用进行原则性答复，具体如何处理由受案法院自行决定；三是请示汇报之前本级法院必须经过充分讨论并形成倾向性意见；四是请示和被

---

① 陈光中：《刑事诉讼法实施问题研究》，法律出版社 2000 年版，第 4 页。
② 龙宗智：《论建立以一审庭审为中心的事实认定机制》，载《中国法学》2010 年第 2 期。
③ 龚睿：《完善我省案件请示制度的思考与建议》，载《审判与法治》2007 年第 4 期。

请示的主体分别是各级法院的审判委员会，答复的形式是书面的会议纪要，答复的结果在答复主体辖区内具有拘束力，但不具有溯及力。

不过，一个具有中国特色的例外是："案件受到当地干扰，法院难以下判，请示汇报意在拒绝当地干扰。遇到这种情况，下级法院必须对事实问题有明确的意见，请示汇报只是为了通过上级法院检验并确认这种判断的正确性，以抵御地方的影响。这是目前司法环境之下不得已的做法。今后随司法环境的改善，这一做法亦应废止。"① 同时，法院内部由主审法官向院长、庭长请示汇报的制度也应进行如上所述的规范，即事实认定问题不得请示，法律适用问题可以寻求解释、统一尺度等。

2. 慎重重审与再审

重审指的是基于法定事由，由二审法院作出撤销一审判决的裁定，将案件发回一审法院重新审理的审判制度。再审指的是为纠正已经发生法律效力的错误判决、裁定，依照审判监督程序，对案件重新进行的审理。司法实践中，重审和再审具有随意化和扩大化倾向。这不仅增加了当事人的诉累和司法资源的支出，也损害了司法的公信力和权威，还与"一事不再理"或"禁止双重危险"的国际准则不相适应。② 这样，更使得证据"可靠性"、"干净性"和"内容全面性"大为弱化，情态证据更加难以真实展现和为审判者所考量。

首先，限制重审和再审的随意性。在司法实践中，因事实问题发回重审的情况不少，因为发回重审既可以体现上级法院的严格把关，又可以转移改判可能产生的矛盾，还可以规避上级法院的审判责任，因此在实践中有一部分发回重审存在随意性。③ 对再审程序的提起，法律上规定得比较原则，导致启动再审的主体太多，范围过宽，随意性较大。④ 因此，应该从明确发回重审原则、改判标准和重审法定事由入手来限制其随意性。同时，从再审的主体、条件、审级、次数和申诉问题入手，

① 龙宗智：《论建立以一审庭审为中心的事实认定机制》，载《中国法学》2010年第2期。
② 一事不再理原则作为一项古老的诉讼原则一直延续至今，是基于现代刑事诉讼功能的多元化取向。刑事诉讼的价值目标不仅仅要惩罚和控制犯罪，而且应保障人权。国家权力的行使不应以损害公民的个人权利作为代价，同时应兼顾程序的经济性。一事不再理原则通过对国家权力的合理限制来达到保障人权的目的，实现诉讼经济价值。
③ 龙宗智：《论建立以一审庭审为中心的事实认定机制》，载《中国法学》2010年第2期。
④ 佚名：《民事再审程序改革之我见》，http://www.lunwentianxia.com/product.free.8736544.1/。

限制其随意性。①

其次，尊重一审庭审的事实认定。不管是重审、再审抑或二审，都应该相对尊重一审的事实判断。②除非存在"法律重要性"，③并有充分的证据支撑，否则不应该改变一审的事实认定。不过，为了对一审庭审的事实认定有所监督，同时也为了启动重审和再审提供法定依据，并促进重审和再审对一审的事实认定的充分考虑，应该强调一审庭审记录。一是明确庭审记录的法律价值。例如，明确其作为二审、重审、再审启动或审判依据，以及作为错案追究的考量依据之一等。二是规范庭审记录。例如，采书面记录或录音录像方式记录等；记录内容必须详尽具体，不得出现"参见侦查案卷第某卷第某页至某页"等字样。

3. 强化法院判决的执行

法院判决的执行问题虽然并不与司法规律和事实认定机制相关，但是判决执行实效却关系到司法的公信力和威慑力，进而关系到司法相关要素在庭审中的运行。例如，难以给当事人产生相应的压力，促使其展示真实的情态。尤其是在民事诉讼中，法院判决执行难更为普遍。早在1999年，中央11号文件就将"执行难"概括为四句话，即"被执行人难找，执行财产难寻，协助执行人难求，应执行财产难动"。当事人极少自动履行，而法院强制执行收效甚微。

为此，应该建立法院执行综合联动机制。2010年7月20日，最高人民法院与中央19个部门联合会签《关于建立和完善执行联动机制若干问题的意见》，各部门联动破解"执行难"。通过执行联动机制，将消极、被动、单一的协助执行机制，转变为积极、主动、多元的执行联动机制；将法院单打独斗的执行模式，转变为以法院为主、各部门协作联动的执行模式；将单纯依靠强制执行的工作模式，转变为强制执行与

①限制重审和再审随意性一般通过以下制约来实现：一是设置重审和再审程序的特定事由和将事由的审查程序法定化，是为内部约束；二是通过合理的审级制度保证司法统一性、公正性和终局性，以制约重审和再审程序的发生，是为外部制约。

②其理由笔者不再赘述，详见文章相关章节。

③"法律重要性"是美国为保证非常救济程序的有限运作对进入该程序的案件设置的一个技术门槛，即能够引起最高法院重新审查的案件必须具备"法律重要性"，提交上诉法院解决的案件有超越个案争议本身所具有的价值。

联动威慑并举的工作模式。[①] 具体包括：公安机关协助限制被执行人出境，检察机关对妨碍执行构成犯罪者进行追诉，国土部门协助法院办理土地使用权的查封，住建部门协助法院办理房屋查封手续，工商部门通过信用手段促使其履行判决，金融监管机构依法及时冻结被执行人存款，纪检部门追究干部"老赖"的党纪责任。同时，可以通过 2006 年以来逐步建立的"国家执行威慑机制的基础信息平台"，加强与银行信贷、工商注册登记、出入境管理、产权管理等职能部门的信息共享和措施联动，增强各种社会力量对拒不履行判决的被执行人的共同惩戒力度，加大拒不履行判决的被执行人的失信成本，挤压拒不履行判决的生存空间，构建执行威慑的天网，化解造成执行难的种种因素，促使被执行人自动履行生效法律文书确定的义务。[②]

不过，强化法院执行，最关键的还在于树立"法律至上"的观念，强调司法独立，促进司法判决的公正性等。

本章小结

情态证据制度关系到司法规律和社会认知规律的应然和实然轨迹，关系到司法的价值和功能的全面体现，也关系到司法的进一步完善和发展。但是我国现行法和学术研究对其持一种忽视或否定的态度。在实践中，各种不合理的法律、法规和思潮，也使得情态证据越来越难以发挥其实然作用。实质上，情态证据制度在我国尤其具有必要性和可行性。对此，我们有必要重新考量我国情态证据制度的构建。

在经历了对我国传统文化及司法的否定后，在市场经济和外来文化的冲击下，在各种特殊国情的影响下，我国法律和司法似乎显得无所适从。各种各样的司法制度、原则和规则被我国引进和移植后都产生了诸多变异。例如，司法当中的层层把关、层层负责，大部分变成了层层不负责。不管是在实务界抑或理论界，都有意无意地存在一种"不可说的默契"。当学者运用学者的研究内容来反思自我，往往发现自己和自己的行为其实正是自己所批判的对象。当司法实践者反思自我时，往往发

---

①刘炜：《20 个重要机构执行联动机制破解法院执行难》，载《民主与法制时报》2010 年 7 月 26 日。

②陈虹伟、廉颖婷：《我国将确立威慑机制破解判决执行难问题》，载《法制日报》2007 年 11 月 4 日。

现现有理论总结下的法律和司法规律仅仅是司法实践的"冰山一角"。因此，中国司法究竟是一个什么样的概念和现实，应然有一个什么样的进路和未来，不得而知。

毫无疑问的是，中国司法不可能否定中国语境，更不可能否定司法规律和认知规律。因此，必须因应我国社会和司法语境，逐渐探求一种真正的理性，构筑契合中国国情的司法。

或许，一个最根本的问题在于：我们是否想要一个"真正的司法"，是否真心希望"司法独立"和"司法权威"？为了司法所能为社会带来的利益，政府和群众愿不愿意让渡足够的权力和权利，让司法真正扎根社会，依循自身规律茁壮地成长？学者们是否真正地在研究中国问题、解释中国问题、解决中国问题？

参考文献

著作类：

1. 龙宗智：《刑事庭审制度研究》，中国政法大学出版社 2001 年版。

2. 孙长永：《沉默权制度研究》，法律出版社 2001 年版。

3. 龙宗智：《证据法的理念、制度与方法》，法律出版社 2008 年版。

4. 龙宗智：《刑事诉讼法》，高等教育出版社 2010 年版。

5. 龙宗智：《徘徊于传统于现代之间——中国刑事诉讼法再修改研究》，法律出版社 2005 年版。

6. 顾培东：《社会冲突与诉讼机制》，法律出版社 2004 年版。

7. 杜建录：《西夏学》，上海古籍出版社 2010 年版。

8. ［英］A. N. 怀特海：《科学与哲学论文集》，伦敦出版社 1948 年版。

9. ［法］古斯塔夫·勒庞：《乌合之众——大众心理研究》，冯克利译，中央编译出版社 2005 年版。

10. ［英］波利亚：《如何解决问题》，普林斯顿大学出版社 1945 年版。

11. ［英］鲁珀特·克罗斯：《法律解释》，孔小红等译，西南政法学院法学理论教研室 1986 年印刷。

12. ［美］马丁·夏皮罗：《法院：比较法上和政治学上的分析》，张生、李彤译，中国政法大学出版社 2005 年版。

13. ［英］D. 休谟：《人性论》，伦敦出版社 1983 年版。

14. ［英］爱德华·泰勒：《人类学——人及其文化研究》，连树声译，广西师范大学出版社 2004 年版。

15. ［法］皮埃尔·布迪厄、［美］华康德：《实践与反思——反思社会学导引》，李猛、李康译，邓正来校，中央编译出版社 1998 年版。

16.［美］希尔加德：《学习理论种种》，纽约出版社 1956 年版。

17.［法］孟德斯鸠：《论法的精神》，陕西人民出版社 2001 年版。

18. 钱玄等：《周礼·秋官司寇·司盟》，岳麓出版社 2001 年版。

19.［美］摩尔根：《古代社会》，杨东莼等译，商务印书馆 1977 年版。

20. 申君贵等编：《证据法学》，湖南大学出版社 2006 年版。

21. 北京大学哲学系：《荀子新注》，里仁书局 1983 年版。

22. 郭庆藩：《庄子集释》，中华书局 2006 年版。

23. 赵蕤、李孝国等译：《儒门经济长短经》，中国书店出版社 2013 年版。

24. 张燕婴译注：《论语》，中华书局 2006 年版。

25. 孙子：《孙子兵法》，人民文学出版社 2010 年版。

26. 杨鸿烈：《中国法律发展史上册》，商务印书馆 1933 年版。

27.（唐）房玄龄：《晋书》，岳麓出版社 1997 年版。

28. 令狐德棻：《周书·苏绰传》，中华书局 1974 年版。

29.［法］基佐：《法国文明史》（第 1 卷），沅芷、伊信译，商务印书馆 1993 年版。

30. 唐文：《郑玄辞典》，语文出版社 2004 年版。

31.［古罗马］查士丁尼：《法学总论》，商务印书馆 1970 年版。

32.［美］哈罗德·J. 伯尔曼：《美国法律讲话》，陈若桓译，生活·读书·新知三联书店 1992 年版。

33.［英］丹宁勋爵：《法律的未来》，刘庸安、张文镇译，法律出版社 1999 年版。

34. 睡虎地秦墓竹简整理小组：《封诊式》，文物出版社 1978 年版。

35. 张晋藩：《中华法治文明的演进》，中国政法大学出版社 1999 年版。

36. 李延寿：《南史》，文物出版社 1978 年版。

37.（东汉）班固：《汉书》，中华书局 2005 年版。

38. 沈元：《汉书补注》，西泠印社 2008 年版。

39.（唐）李林甫等：《唐六典·刑部员外郎》，陈仲夫点校，中华书局 1992 年版。

40. 刘俊文点校：《唐律疏义》，法律出版社 1998 年版。

41. 孙诒让：《周礼正义》，中华书局 1987 年版。

42. 文渊阁：《四库全书》，台湾商务印书馆 1978 年版。

43. 张鷟、赵守俨：《朝野金载》，中华书局 1979 年版。

44. 《四库全书存目丛书》，齐鲁书社 1978 年版。

45. 林咏荣：《中国法制史》，台湾正中书局 1973 年版。

46. 田涛、郑秦：《大清律例》，法律出版社 1999 年版。

47. 陈义钟：《海瑞集》（上册），中华书局 1962 年版。

48. （清）汪辉祖：《学治臆说·治狱以色听为先》，西南师范大学出版社 2011 年版。

49. （清）魏息园：《不用刑审判书》，群众出版社 1987 年版。

50. 田承春等：《简明证据法学》，成都电子科技大学出版社 2005 年版。

51. ［美］乔·纳瓦罗、东妮·斯艾拉·波茵特：《FBI 教你破解身体语言》，于乐译，中华工商联合出版社 2010 年版。

52. ［美］威格摩尔：《证据》，查德伯恩出版社 1974 年版。

53. 王菲：《外国法制史教程》，北京出版社 2005 年版。

54. 施鹏鹏：《陪审制度研究》，中国人民大学出版社 2010 年版。

55. ［德］Claus Roxin：《德国刑事诉讼法》，吴丽琪译，台湾三民书局 1998 年版。

56. ［德］米夏埃尔·施蒂尔纳：《德国民事诉讼法学文萃》，赵秀举译，中国政法大学出版社 2005 年版。

57. ［美］S. 伯曼、B. 哈勒尔·邦德：《法律的强制力》，学术出版社 1979 年版。

58. 张文显：《法理学》，高等教育出版社 2003 年版。

59. ［美］斯塔夫里阿诺斯：《全球通史》，赵沛林、张喜久、张乃和等译，北京大学出版社 2006 年版。

60. ［美］乔恩·R. 华尔兹：《刑事证据大全》，何家弘等译，中国人民公安大学出版社 1993 年版。

61. 姜乾金等编著：《医学心理学》，人民卫生出版社 2002 年版。

62. 陈瑞华：《看得见的正义》，法制出版社 2000 年版。

63. 田平安主编：《民事诉讼法原理》，厦门大学出版社 2005 年版。

64. ［法］卡斯东·斯特法尼等：《法国刑事诉讼法精义》，罗结珍译，中国政法大学出版社 1999 年版。

65. ［德］施密特：《德意志联邦共和国刑事诉讼法概述》，朱友芹译，北京大学出版社 2003 年版。

66. 卞建林：《美国联邦刑事诉讼规则和证据规则》，中国政法大学出版社 1996 年版。

67. 郭志媛：《刑事证据可采性研究》，中国人民公安大学出版社 2004 年版。

68. 沈达明：《英美证据法》，中信出版社 1996 年版。

69. 齐树洁：《英国证据法》，厦门大学出版社 2002 年版。

70. 樊崇义：《诉讼原理》，法律出版社 2003 年版。

71. 沈德潜：《古诗源》，中华书局 2006 年版。

72. ［英］戴维·M. 沃克：《牛津法律大辞典》，北京社会与科技发展研究所组织翻译，光明日报出版社 1988 年版。

73. 邱联恭：《程序选择权论》，台湾三民书局 2000 年版。

74. 张卫平：《外国民市证据制度研究》，清华大学出版社 2003 年版。

75. 叶自强：《民事证据研究》，法律出版社 1999 年版。

76. 毕玉谦：《中国司法审判论坛》，法律出版社 2002 年版。

77. 邱联恭：《突袭性裁判》，载《民事诉讼法之研讨（一）》，台湾三民书局 1992 年版。

78. 林纪东：《"中华民国宪法"释论》，台湾大中国图书公司 1981 年版。

79. 毕玉谦：《民事证据法及其程序功能》，法律出版社 1997 年版。

80. 宋冰：《程序、正义与现代化———外国法学家在华演讲录》，中国政法大学出版社 1998 年版。

81. 陈一云：《证据学》，中国人民大学出版社 2007 年版。

82. 余叔通、谢朝华：《法国刑事诉讼法典》，中国政法大学出版社 1997 年版。

83. 樊索义：《刑事诉讼法学研究综述与评价》，中国政法大学出版社 1991 年版。

84. ［美］达玛斯卡：《比较法视野中的证据制度》，吴宏耀等译，中国人民公安大学出版社 2006 年版。

85. ［美］达玛斯卡：《漂移的证据法》，李学军等译，中国政法大学出版社 2003 年版。

86. 〔美〕霍姆斯：《法律的生命在于经验》，明辉译，清华大学出版社 2007 年版。

87. 金耀基：《从传统到现代》，广州文化出版社 1989 年版。

88. 公丕祥：《法律文化的冲突与融合》，中国广播电视出版社 1993 年版。

89. 〔美〕哈罗德·J. 伯尔曼：《法律与革命》，中国大百科全书出版社 1993 年版。

90. 〔德〕马克斯·韦伯：《学术与政治》，冯克利译，生活·读书·新知三联书店 1998 年版。

91. 〔英〕彼得·斯坦：《西方社会的法律价值》，王献平译，中国人民公安大学出版社 1990 年版。

92. 王利明：《法官的选拔制度》，载《司法改革研究》，法律出版社 2001 年版。

93. 江伟：《民事诉讼法》，复旦大学出版社 2002 年版。

94. 魏晓娜、吴宏耀：《诉讼证明原理》，法律出版社 2002 年版。

95. 〔美〕博登海默：《法理学——法律哲学与法律方法》，邓正来译，中国政法大学出版社 2004 年版。

96. 〔美〕波斯纳：《法理学问题》，苏力译，中国政法大学出版社 1994 年版。

97. 钱穆：《中国传统政治》，三联书店 2005 年版。

98. 〔美〕罗斯科·庞德：《法理学（第一卷）》，余履雪译，法律出版社 2007 年版。

99. 〔意〕布鲁诺·莱奥尼等：《自由与法律》，秋风译，吉林人民出版社 2004 年版。

100. 〔英〕希尔斯：《论传统》，傅铿、吕乐译，上海人民出版社 1991 年版。

101. 徐国栋：《民法基本原则解释——成文法局限性之克服》，中国政法大学出版社 1996 年版。

102. 季卫东：《法治秩序的建构》，中国政法大学出版社 1999 年版。

103. 〔日〕中村英郎：《新民事诉讼法讲义》，陈刚等译，法律出版社 2001 年版。

104. 〔美〕本杰明·N. 卡多佐：《演讲录·法律与文学》，董炯、彭冰译，中国法制出版社 2005 年版。

105. 郭建庆：《中国文化概述》，上海交通大学出版社 2005 年版。

106. ［日］田口守一：《刑事诉讼法》，刘迪等译，法律出版社 2000 年版。

107. 申君贵等：《证据法学》，湖南大学出版社 2006 年版。

108. 龚祥瑞：《西方国家司法制度》，北京大学出版社 1993 年版。

109. 陈光中：《刑事诉讼法实施问题研究》，法律出版社 2000 年版。

110. 王兆鹏：《美国刑事诉讼法》，北京大学出版社 2005 年版。

111. 宋英辉、吴宏耀：《刑事审判前程序研究》，中国政法大学出版社 2002 年版。

112. 江礼华、杨诚：《外国刑事诉讼制度探微》，法律出版社 2000 年版。

113. 王兆鹏：《新思维》，广西师范大学出版社 2006 年版。

114. 陈光中：《21 世纪域外刑事诉讼立法最新发展》，中国政法大学出版社 2004 年版。

115. 陈光中、［加］丹尼尔·普瑞方廷：《联合刑事司法准则与中国刑事法制》，法律出版社 1998 年版。

116. 林钰雄：《检察官论》，学林文化事业有限公司 2000 年版。

117. 苏力：《法治及其本土资源》，中国政法大学出版社 1996 年版。

118. 孙长永：《侦查程序与人权——比较法考察》，中国方正出版社 2000 年版。

119. 陈瑞华：《刑事诉讼的前沿问题》，中国人民大学出版社 2000 年版。

120. 张建伟：《刑事司法：多元价值与制度配置》，人民法院出版社 2003 年版。

121. 曾正一：《侦查法制专题研究》，台湾"中央"警察大学出版社 2007 年版。

122. 陈光中、江伟：《诉讼法论丛》第 11 卷，法律出版社 2006 年版。

123. 胡肖华：《走向责任政府》，法律出版社 2001 年版。

124. 季卫东：《法治秩序的建构》，中国政法大学出版社 2002 年版。

125. 林钰雄：《刑事诉讼法》，中国人民大学出版社 2004 年版。

126. 王政勋：《正当行为论》，法律出版社 2000 年版。

127. 高仰止：《刑法总论之理论与实用》，台湾五南图书出版公司 1983 年版。

128. 黎宏：《日本刑法精义》，中国检察出版社 2004 年版。

129. 马克昌：《犯罪通论》，武汉大学出版社 2001 年版。

130. 田宏杰：《刑法中的正当化行为》，中国检察出版社 2004 年版。

131. 张明楷：《外国刑法纲要》，清华大学出版社 1999 年版。

132. 冯军：《刑事责任论》，法律出版社 1996 年版。

133. 张穹：《公诉问题研究》，中国人民公安大学出版社 2000 年版。

134. 李昌珂译：《德国刑事诉讼法典》，中国政法大学出版社 1999 年版。

135. 卞建林：《美国联邦刑事诉讼规则和证据规则》，中国政法大学出版社 1996 年版。

136. 何家弘：《外国证据法》，法律出版社 2003 年版。

137. 卓泽渊：《法治国家论》，中国方正出版社 2001 年版。

138. 谢晖：《规范选择与价值重建》，山东人民出版社 1998 年版。

139. 宋英辉、汤维建：《证据法学研究综述》，中国人民公安大学出版社 2006 年版。

140. 何家弘：《证据调查》，法律出版社 1997 年版。

141. 孙国华：《法理学教程》，中国人民大学出版社 1994 年版。

142. 田成有：《传统法文化与法治现代化》，贵州人民出版社 1999 年版。

143. 林钰雄：《刑事诉讼法》（上册），中国人民大学出版社 2003 年版。

144. 陈永生：《侦查程序原理论》，中国人民公安大学出版社 2003 年版。

145. ［美］韦恩·R. 拉斐佛等：《刑事诉讼法》，卞建林等译，中国政法大学出版社 2004 年版。

146. ［美］约翰·W. 斯特龙：《麦考密克论证据》，汤维建等译，中国政法大学出版社 2004 年版。

147. ［英］丹宁勋爵：《法律的正当程序》，李克强、杨百揆、刘庸安译，法律出版社 1999 年版。

148. ［英］约翰罗尔斯：《正义论》，何怀宏、何包钢、廖申白译，中国社会科学出版社 1998 年版。

149. ［德］拉伦兹：《法学方法论》，台湾五南图书出版公司 1997 年版。

150. ［英］迈克尔·波兰尼：《个人知识——迈向后批判哲学》，许泽民译，陈维政校，贵州人民出版社 2000 年版。

151. ［英］麦高伟等：《英国刑事司法程序》，姚永吉等译，法律出版社 2003 年版。

152. ［德］克劳思·罗科信：《刑事诉讼法》，吴丽琪译，法律出版社 2003 年版。

153. ［法］卡斯东·斯特法尼等：《法国刑事诉讼法精义》，罗结珍译，中国政法大学出版社 1998 年版。

154. ［美］霍姆斯：《法律的生命在于经验》，明辉译，清华大学出版社 2007 年版。

155. ［日］川端博：《刑法总论讲义》，（日）成文堂 1997 年版。

156. ［英］吉米·边沁：《立法理论》，中国人民公安大学出版社 2004 年版。

157. ［德］尼克拉斯·卢曼：《权力》，瞿铁鹏译，上海世纪出版集团 2005 年版。

158. ［英］约瑟夫·拉兹：《法律的权威》，朱峰译，法律出版社 2005 年版。

159. ［美］博登海默：《法理学：法律哲学与法律方法》，邓正来等译，中国政法大学出版社 1999 年版。

160. ［俄］斯库拉托夫等：《俄罗斯联邦刑法典释义》（上册），黄道秀译，中国政法大学出版社 2000 年版。

论文类：

1. 龙宗智：《欺骗与刑事司法行为的道德界限》，载《法学研究》2002 年第 4 期。

2. 龙宗智：《两个证据规定的规范与执行若干问题》，载《中国法学》2010 年第 6 期。

3. 龙宗智：《评检警一体化兼论我国的检警关系》，载《法学研究》2000 年第 2 期。

4. 龙宗智：《检察机关办案方式的适度司法化改革》，载《中国检察官》2013 年第 2 期。

5. 朱孝清：《刑诉法的实施和新挑战的应对——以职务犯罪侦查为视角》，载《中国刑事法杂志》2012 年第 9 期。

6. 万毅：《解读技术侦查与乔装侦查——以〈刑事诉讼法修正案〉为中心的规范分析》，载《现代法学》2012 年第 6 期。

7. 林钰雄：《国家机关挑唆犯罪之法律效果》，载《台大法学论丛》第 35 卷第 1 期。

8. 李惠宗：《立法之界限——法律明确性原则》，载《月旦法学》2008 年第 8 期。

9. 宋英辉：《刑事程序中的技术侦查之研究》，载《法学研究》2000 年第 3 期。

10. 詹文凯博士论文，《隐私权之研究》，台湾大学图书馆 1998 年。

11. 向燕：《美国最高法院隐私的合理期待标准之介评》，载《中国刑事法杂志》2012 年第 11 期。

12. 尹铮：《实现司法程序公正需要合理配置司法资源》，载《检察日报》2005 年 9 月 7 日。

13. 江国华：《立法模式及其类型化研究》，载《公法评论》2009 年第 1 期。

14. 林山田：《别迷失在主义的丛林中》，载《台湾本土法学》1999 年第 1 期。

15. 张会峰：《刑事诉讼法中的程序性裁判》，载《法学》2002 年第 4 期。

16. 陈兴良：《正当化事由研究》，载《法商研究》2003 年第 5 期。

17. 王洪龙：《试论刑法中正当业务行为的类型》，载《安徽农业大学学报》2009 年第 5 期。

18. 姚莉、吴丹红：《证人资格问题重述》，载《中国刑事法杂志》2002 年第 5 期。

19. 陈瑞华：《刑诉中非法证据排除问题研究》，载《法学》2003 年第 6 期。

20. 陈光中：《刑事证据制度改革若干理论与实践问题之探讨——以两院三部之公布为视角》，载《中国法学》2010 年第 6 期。

21. 蔡艺生：《从情词到口供：论情态证据的正当性与合理性》，载

《河南师范大学学报（哲学社会科学版）》2012 年第 1 期。

22. 蔡艺生：《让尾巴摇狗：美国情态证据实证研究》，载《时代法学》2012 年第 5 期。

23. 孙文红博士学位论文：《刑事政策视野中的司法理念》2005 年。

24. 郭云忠博士学位论文：《刑事诉讼谦抑论》2005 年。

25. 嘉陵：《情态证据揭开强暴真相》，载《十堰晚报》2011 年 3 月 28 日。

26. 陈麒巍：《情态证据刍论》，载《中国刑事法杂志》2009 年第 1 期。

27. ［美］约翰·卡普兰：《非法证据排除规则的限度》，陈虎译，载《刑事法评论》2008 年第 22 卷。

28. ［德］约阿希姆·赫尔曼：《国外刑事法制协商性司法——德国刑事程序中的辩诉交易》，程雷译，载《中国刑事法杂志》2004 年第 2 期。

29. 李昌盛：《有罪答辩的文化基础》，载《人民法院报》2005 年 6 月 17 日。

30. 龙宗智：《论刑事对质制度及其改革完善》，载《法学》2008 年 5 期。

31. 史友兴、徐立强、刘岚：《镇江运用"直接言词原则"还原真相》，载《人民法院报》2004 年 6 月 11 日。

32. 王去愚、茚思莼：《佛山女童之死给我们的思考》，载《环球人物》2011 年 10 月 25 日。

33. 刘原池：《从"得意而忘言"析论庄子的语言思维模式》，载《高雄师大学报》2008 年第 24 期。

34. 马青连、郑好：《中世纪英国陪审制度成因探究》，载《云南大学学报法学版》2007 年第 2 期。

35. 奚玮、吴小军：《中国古代"五听"制度述评》，载《中国刑事法杂志》2005 年第 2 期。

36. 苏力：《海瑞定理》，载《中国社会科学》2006 年第 6 期。

37. 易延友：《陪审团在衰退吗——当代英美陪审团的发展趋势解读》，载《现代法学》2004 年第 3 期。

38. 毋爱斌：《言词主义的历史变迁》，载《司法》第 4 辑，厦门大学出版社 2009 年版。

39. 卓泽渊：《司法公正论纲》，载《审判研究》2004 年第 3 辑。

40. 蔡艺生：《论司法独立的悖论及其破解》，载《北京人民警察学院学报》2010 年第 5 期。

41. 蔡艺生：《法学需要孤独的灵魂》，载《法制日报》2013 年 4 月 15 日。

42. 蔡艺生：《法律是一种信念》，载《法制日报》2012 年 4 月 18 日。

43. 蔡翘：《Selye 应激学说与生理应激》，载《生理科学进展》1963 年第 5 期。

44. 王明辉、张淑熙：《应激研究综述》，载《信阳师范学院学报（哲学社会科学版）》2003 年第 1 期。

45. 朱飞龙：《论直接言词原则》，对外经济贸易大学 2006 年硕士论文。

46. 陈卫东：《论刑事证据法的基本原则》，载《中外法学》2004 年第 4 期。

47. 刘秋平：《论直接言词原则》，湘潭大学 2002 年硕士论文。

48. 陈永生：《论直接言词原则与公诉案卷移送及庭前审查》，载《法律科学》2001 年第 3 期。

49. 丁杰：《论直接和言词原则》，载《山东大学学报（哲学社会科学版）》2001 年第 6 期。

50. 龙峥嵘：《论刑事诉讼中的直接言词原则》，湖南大学法学院 2009 年硕士论文。

51. 朱立恒：《传闻证据规则研究》，中国政法大学 2006 年博士论文。

52. 周沂丽：《如何认识和加强司法权威》，载《人民法院报》2008 年 8 月 29 日。

53. 黄双全：《论公开审判制度的完善》，载《中国法学》1999 年第 1 期。

54. ［意］阿尔多·贝特鲁奇等：《十二铜表法新译本》，徐国栋译，载《河北法学》2005 年第 11 期。

55. 左树芳：《伪证罪研究》，中国政法大学 2007 年硕士论文。

56. 易延友：《我国暂时不宜设立藐视法庭罪》，载《法制日报》

2009 年 1 月 22 日。

57. 王梅英：《证据能力与严格证明之研究》，中国台湾"司法"2000 年印行。

58. 马静华、潘利平：《迅速审判——不同刑事诉讼模式下的理念与制度之比较》，载《四川大学学报》2007 年。

59. 吕阿福：《集中审理在刑事诉讼法上的展开》，载蔡敦铭主编《两岸比较刑事诉讼法》，台湾五南图书出版公司 1996 年版。

60. 林山田：《刑事诉讼程序之基本原则》，载《程序法论》2001年版。

61. ［英］乔纳森：《证明的自由》，何家弘译，载《外国法译评》1997 年版。

62. 雷建昌：《论我国刑事证据分类模式的缺陷及其完善》，载《法律科学（西北政法学院学报）》2004 年版。

63. 刘品新：《美国〈联郑证据规则〉评介》，载《证据学论坛》2000 年版。

64. 李训虎：《美国证据法中的证明力规则》，载《比较法研究》2010 年第 4 期。

65. 严克新：《浅谈补强证据规则的适用范围》，载《人民法院报》2007 年 12 月 18 日。

66. 顾培东：《也论中国法学向何处去》，载《中国法学》2009 年第 1 期。

67. 杨荣新、尚建华：《论民事审判方式改革与证据制度完善》，载《诉讼法论丛》第 1 卷，法律出版社 1998 年版。

68. 春元：《"证人出庭难"何时不再》，载《检察日报》2010 年 1 月 2 日。

69. 李娜：《新刑诉法让证人愿意做证敢于做证》，载《法制日报》2012 年 3 月 28 日。

70. 乔新生：《司法权威如何体现》，载《长江商报》2009 年 5 月 8 日。

71. 张玉镶、门金玲：《刑法第 306 条的理性解读》，载《河北法学》2007 年第 2 期。

72. ［英］迈克·迈考委利：《对抗制的价值和审前刑事诉讼程序》，载《英国法律周专辑——中英法律介绍》，法律出版社、博慧出版社 1999 年版。

73. 袁定波：《聚焦刑事诉讼法修改：量刑证据举证质证成一大难题》，载《法制日报》2011 年 9 月 7 日。

74. 肖建国：《正本清源的合议制改革》，载《人民法院报》2011 年 6 月 23 日。

75. 陈卫东、刘计划：《论集中审理原则与合议庭功能的强化》，载《中国法学》2003 年第 1 期。

76. 张海鹏：《反帝反封建是近代中国历史的主题》，载《中国青年报》2006 年 3 月 1 日。

77. 蔡艺生：《解除司法的语言禁锢》，载《法制日报》2011 年 6 月 25 日。

78. 蔡艺生：《学术理应返璞归真》，载《法制日报》2011 年 7 月 5 日。

79. 公丕祥：《传统与现代性：中国法制现代化的历史逻辑》，载《中国社会科学季刊》1993 年第 2 期。

80. 殷卉：《高语境文化中的公共危机应对》，载《公关与广告国际论坛论文集》2008 年版。

81. 梁作民、陈显江：《判例法与成文法互补法律制度的思辨与建构》，载《山东审判》2004 年第 4 期。

82. 叶自强：《从传统自由心证到现代自由心证》，载《诉讼法论丛》，法律出版社 1999 年版。

83. 信春鹰：《当代西方法哲学的认识论和方法论》，载《外国法译评》1995 年第 2 期。

84. 宋世杰：《司法机关设置的一般规律及特点之比较研究》，湘潭大学 2001 年硕士毕业论文。

85. 王晨光：《法律运行中的不确定性与"错案追究制"的误区》，载《法学》1997 年第 3 期。

86. 顾伯平：《文化的作用》，载《光明日报》2005 年 3 月 2 日。

87. 张俊鹏：《让司法公正彻底脱离地方财政的制约》，载《大公报》2008 年 12 月 11 日。

88. 李奋飞：《从"复印件主义"走向"起诉状一本主义"——对我国刑事公诉方式改革的一种思考》，载《国家检察官学院学报》2003 年第 2 期。

89. 何家弘：《物证也"说谎"》，载《检察日报》2003 年。

90. 程宗璋：《论我国民事证据制度的改革与深化》，载《北京邮电大学学报》2000 年第 3 期。

91. 龚睿：《完善我省案件请示制度的思考与建议》，载《审判与法治》2007 年第 4 期。

92. 刘炜：《20 个重要机构执行联动机制破解法院执行难》，载《民主与法制时报》2010 年 7 月 26 日。

外文类：

1.Clive Harfield and Karen Harfield, Covert Investigation, Oxford University Press 2005.

2. BoMe: the Internationalization of U. S. Criminal Law Enforcement. Pennsylvania State University Press 1993.

3.Andrew Ashworh and Mike Redmayne, The Criminal Process, Third Edition, Oxford 2005.

4.Howard Abadinsky, L. Thomas Winfree, Jr. : Crime&Justice, Nelson - Hall, 1992.

5.Mzrx G. T. , Undercover: Police Surveillance in America, Berkeley, University of California(1988).

6.Police Powers_Search and Seizure in Criminal Law Enforcement Working Paper Canada.

7.Jacqueline E. Ross Tradeoffs In Undercover Investigations: A Comparative Perspective. The University of Chicago Law Review. 2002.

8.Marx G.T. , Undercover: Police Surveillance in America, Berkeley, University of California(1988).

9.Cyrille Fijnaut and Gary T.Marx: The Normalization of Undercover Policing in the West: Historical and Contemporary Perspectives, in Fijnaut, C. and Marx G.T.(eds) Undereover: Police Surveillance in Comparative Perspective, the Hague: Kluwer 1995.

10.Walter Gropp, A Variety of Normative Systems: Undercover Policing in Europe From a Comparative Perspective, in Monica den Boer eds, Undercover Policing and Accountability from an International Perspective, European Institute of Public Administration, 1997.

11. Chrisje Brants and Stewart Field, Legal Cultures, Political Cultures and Procedural Traditions: Towards a Comparative Interpretation Covert and Proactive Policing in England and Wales and the Netherlands, in David Nelken eds, Contrastiong Criminal Justice, Ashgate 2000.

12. Andrew Robert, Crime Creation—Some Questions of Fairness and Efficacy in Covert Operations, Police Journal, September 2000.

13. Mike McConville and Geoffrey Wilson, The Handbook of the Criminal Justice Process, Oxford 2002.

14. Simon Bronitt, "The Law in Undercover Policing: a Comparative Study of Entrapment and Covert Interviewing in Australia, Canada and Europe", Common Law World Review 2004.

15. Treaty on Organized Crime Signed in Palermo, UPDATE, United Nations Office for Drug Control and Crime Prevention February 2001.

16. F. Moran, "Allan Pinkerton: Private Police Influence Oil Police Development", In Pioneers in Policing, eds by P. Stead, 1978.

17. Ethan A. Nadelmann: The DEA in Europe: Dealing with Foreign Systems, in Cops Acwss Jacqueline E. Ross: Valuing Inside Knowledge: Police Infiltration As A Problem For the Law of Evidence, 79 Chicago—Kent Law Review 2004.

18. Katherine Goldwasser, After ABSCAM: An Examinaion of Congressional Proposals to Limit Targeting Discretion in Federal Undercover Investigations, Emory Law Journal, 1987 Winter.

19. Lawrence W. Sherman, From Whodunit to Who Does it: Fairness and Target Selection in Deceptive Investigations, in Gerald M. Caplan eds, ABSCAM Ethics: Moral Issues and Deception in Law Enforcement, Cambridge, 1983.

20. Ed Cape and Taru Spronken, Proactive Policing: Limiting the Role of the Defense Lawyer.

21. Thomas A. Mauet, Informant Disclosure and Production: A Second Look at Paid Informants, Arizona Law Review, Summer 1995.

22. Gary T. Marx Undercover: Police Surveillance in America, Berkeley, University of California, (1988).

23. John A. Andrews and Michael Hirst, Andrews&Hirst On Criminal Ev-

idence, Sweet &Maxwell, 1997.

24.G.Simmel,The Sociology of Georg Simmel,freedom press,1950.

25.Olin G.Wellborn Ⅲ,Demeanor, 76 Cornell L.Rev.(1991).

26.Cavanagh,francis a:probable cause in a world of pure imagination: why the candyman warrants should not have been golden tickets to search. St. john's law review,2006,summer.

27.People v. cowman, 233 cal. App. 2d(1963).

28. Laura K. Guerrero&Kory Floyd, Nonverbal Communication in Close Relationships(2005).

29.Edward J.Imvinkelreid, Demeanor Impeachment:Law and Tactics,9 Am.J.Trial Advoc.(1985).

30.Paul Ekman & Wallace V.Friesen,The Repertoire of Nonverbal Behavior:Categories,Origins,Usage, and Coding, 1 Semiotica(1969).

31.Stephanos Bibas&Richard A. Bierschbach,Integrating Remorse And Apology Into Criminal Procedure,114 YALE L.J.(2005).

32.Ellen Yaroshefsky,Cooperation with Federal Prosecutors:Experiences of Truth Telling and Embellishment,68 Fordham L.Rev.(1999).

33.State v. Brown, No.19236,2003 WL 21210456(Ohio Ct. App. May 23,2003).

34.State v. Banks,694 So.2d(La.Ct.App.1997).

35.State v. Perrilloux,864 So.2d(La.Ct.App.2003).

36.State v. Herring,762 N.E.2d(Ohio 2002).

37.Rosales Lopez V. United States,451 U.S.(1981).

38.J.E.B.v.Alabama ex rel. T.B.,511 U.S.(1994).

39.David L.Wiley,Beauty and the Beast:Physical Appearance Discrimination in American Criminal Trials,27 ST.MARY'S L.J.(1995).

40.William T.Pizzi,Irene V. Blair &Charles M.Judd,Discrimination in Sentencing on the Basis of Afrocentric Features, 10 Mich. J. Race & Law (2005).

41.Craig S.Lerner Reasonable Suspicion and Mere Hunches,Vanderbilt Law Review, Vol.59:2.

42.Robert K.Bothwell&Mehri Jalil,The Credibility of Nervous Witnesses, 7 J.Soc.Behav.& Personality(1992).

43. Janice Schuetz & Kathryn Snedaker, Communication and Litigation: Case Studies of Famous Trials(1988).

44. Scott E. Sundby, The Capital Jury and Absolution: The Intersection of Trial Strategy, Remose, and the Death Penalty, 83 Cornell L. Rev. (1998).

45. Brian E. Mitchell, An Attorney's Constitutional Right to have an Offensive Personality? United States v. Wunsch and Section 6068 (F) of the California Business and Professions Code, 31 U.S.F.L.Rev. (1997).

46. Rolla R.Longenecker. Some Hints on the Trial of a Lawsuit(1982).

47. Stephen H.Peskin, Non-Verbal Communication in the Courtroom, 3 Rtial Dipl.J.(1980).

48. Hazel Thornton, Hung Jury: the Diary of a Menendez Juror(1995).

49. Victor Gold, Covert Advocacy: Reflections on the Use of Psychological Persuasion Techniques in the Courtroom, 65 N. C. L. REV. (1987).

50. Caljic 1.02. 3 Federal Jury Practic & Instructions § 103(5th ed.).

51. J.P.Ryan, A.Ashman, B.D.Sales & S.Shane-Dubown, American Trial Judges: Their Work Styles and Performance(1980).

52. Blanck, Rosenthal, Hart & Bernieri, The Measure of the Judge: An Empirically-based Framework fo Studying Trial Judges' Behavior, 75 IOWA L.REV.(1990).

53. Blanck, Rosenthal & Cordell, The Appearance of Justice: Judges' Verbal and Nonverbal Behavior in Criminal Jury Trials, 38 STAN. L. REV. (1985).

54. Commonwealth v. Smith, 444 N.E.2d(Mass.1983).

55. 2005WL 2842055(Cal.Ct.App.2005).

56. Campbell v. State, 501 A.2d(Md.Ct.Spec.App.)(1985).

57. Brothers v.State, 183 So.(Ala.1938).

58. Wherry v. State, 402 So.2d(Ala.Crim.App.1981).

59. Criminal Defense Techniques 1 A(Juliet Turner ea al.eds., 1997).

60. David L.Wiley, Beauty and the Beast: Physical Appearance Discrimination in American Criminal Trials, 27 ST.MARY'S L.J. (1995).

61. David L.Herbert and Roger K.Barrett, Attorney's Master Guide to Courtroom Psychology: How to Apply Behavioral Science Technigues for New

Trial Success(1981).

62.Julie Hinds, Dressing for a Hoped-For Success, USA TODAY, at 3A,available at 1994 WLNR 2334687.

63.Boccaccini,M.T.(2002).What do we really know about witness preparation? Behavioral Sciences and the law.

64.Captain Jeffrey D.Smith,The Advocate's Use of Social Science Research into Nonverbal and Verbal Communication:Zealous Advocacy or Unethical Conduct?,134 MIL.L.REV.(1991).

65.Franklin Strier,Making Jury Trials More Truthful,30 U.C.DAVIS L. REV.(1996).

66.Perry,S.(2008).The judge, your client, and the victim.Communications Lawyer.

67.Norris v. Risley,918 F.2d(9th Cir.1990).

68. Stanton Wheeler ET AL., Sitting in Judgment:The Sentenciong of Whitecollar Criminals(1988).

69.United States v. Gatto, 995 F.2d(3d Cir.1993);United States v. Mickens,926 F.2d(2d Cir.1991);United States v.Maddox,944 F.2d(6th Cir. 1991).

70.United States v. Grayson,438 U.S.(1978).

71.United States v. Beaulieu,900 F.2d(10th Cir.1990).

72.United States v.Pavlico,961,F.2d(4th Cir.1992);United States v. Campbell,684 F.2d(D.C. Cir.1982);Fabiano v. Wheeler,583 F.2d(6th Cir. 1978).

73.United States Sentencing Guidelines § 3CI.I(1987).

74.State v.Rizzo,833 A.2d(Conn.2003).

75.Schiro v. State,479 N.E.2d(Ind.1985).

76. Thompson v. Keohane, 516 U. S. 99, 111, 114 (1995); Miller v Fenton,474 U.S. (1985).

77.Anderson v. City of Bessemer City,470 U.S.(1985).

78.Lilly v. Virginia,527 U.S.(2001).

79.Rosales Lopez v.United States,451 U.S. 182,188(1981).Patton v. Yount,467 U.S.(1984).

80. FED. R. CIV. P. 52 (a); Anderson v. City of Bessemer, 470 U. S.

(1985).

81. Victor J. Gold, Federal Rule of Evidence 403: Obsevations on the Nature of Unfairly Prejudicial Evidence, 58 Wash.L.Rev.(1983).

82. Daubrt v. Merrell Dow Pharmaceutical, Inc., 509 U.S.(1993).

83. Louis S. Raveson, Advocacy and Contempt: Constitutional Limitations on the Judicial Contempt Power, 65 WASH.L.REV.(1990).

84. Marshall V. Lonberger, 459 U.S.(1983).

85. Ronnie Thaxton, Injusice Telecast: The Illegal Use Of Closed−Circuit Television Arraignments And Bail Bond Hearings In Federal Court, 79 Iowa L. Rev(2004).

86. Sham, Demeanor Evidence: Elusive and Intangible Imponderables, 47 A.B.A.J.(1961).

87. Hernandez v. New York, 500 U.S.(1991).

88. Laura K. Guerrero & Kory Floyd, Nonverbal Communication in Close Relationships(2005).

89. Edward J. Imvinkelreid, Demeanor Impeachment: Law and Tactics, 9 Am.J.Trial Advoc.(1985).

90. Bella M. DePaulo et al., Deceiving and Detectiong Deceit, in the Self and Social Life.

91. United States v. Irwin, 450 F.2d(9th Cir.1971).

92. United States v. Butts, 630 F.Supp.(D.Me.1986).

93. Mc Clellan, P. Who is Telling the Truth? Psychology, Common Sense and the Law(2006).

94. Wigmore on Evidence, 3d Edition § 1395, citing Appleton, Evidence.

95. Broadcast Music, Inc. V. Havana Madrid Restaurant Corp., 175 F.2d (2d Cir.1949).

96. E. Imwinkelried, P. Giannelli, F. Gilligan & F. Lederer, Criminal Evidence(1979).

97. United States v. Wade, 388U. S. S. Ct. 1926, 1929 – 30, 18 L. Ed. 2d (1967).

98. United States v. Mara, 410 U.S.S.Ct.35L.Ed.2d(1973).

99. Brett H. McGurk, Prosecutorial Comment on A defendant's Presence at Trial: Will Griffin Play in A Sixth Amendment Arena? 31 U. West. L.A.

L. Rev.(2000).

100.Edward J.Imvinkelreid, Demeanor Impeachment:Law and Tactics,9 AM.J.Trial Advoc.(1985).

101.Willett,A Marix of Meaning,41 J.Mo.B.(1985).

102.Edward J.Imvinkelreid, Demeanor Impeachment:Law and Tactics,9 AM.J.Trial Advoc.(1985).

103.Milern S.Ball,The Play's the Thing:An Unscientific Reflection on Courts Under the Rubric of Theater, 28 STAN.L.Rev.(1975).

104.Weller's Absence Plays Uncertain Role in Trial.

105.Lawrence J.Smith & Loretta A.Malandro,Corutroom Communication Strategies § § 5.93.

106.Sohinka, Lederman and Bryant,The Law of Evidence in Canada, 2nded.(Toronto:Butterworths,1999).

107.arturo v. parcero, rodolfo G. urbiztondo: evidence, philippine law journal, 1963.

108. Robert Bartlett, Trial by Fire and Water: The Medieval Judicial Ordeal(1989);Trisha Olson,The Passing of the Ordeals and the Rise of the Jury Trial,50 Syracuse L.Rev.

109.Robert Kanigel, Apprentice to Genius? The Making of a Scientic Dynasty, New York:Macmillan Publishing Company, 1986.

110.United States v.Cisneros,491 F.2d(5th Cir.1974).

111.Hansen,Mogens H.1999.The Athenian Democracy in the Age of Demosthenes.2nd edition.London:bristol Classical Press.

112. John Lord, LL. D.: The Old Roman World, http://www.blackmask.com.

113.NLRB.V.Dinion Coil Co.,201 F. 2d 484,487(2d Cir.1952).

114.William Roumier,L'avenir du jury criminel, LGDJ,2003,p.l et s.

115.Wolf,Robert V. 1998. The Jury System.Phiadelphia:Chelsea House Publishers.p. 25.

116.Glanville Williams,The Proof of Guilt, Stevens and Sons, London, 1963 at 4-5.

117.Lloyd E.Moore,The Jury:Tool of Kings,Palladium of Liberty(2d ed. 1988).

118. John Lord, LL. D.: The Old Roman World, http://www. blackmask.com.

119.Paul Bergman,The War Between the Sates (of Mind):Oral Versus Textual Reasoning, 40 ARK.L.REV.505,509(1987).

120.Donald B.Fiedler,Acting Effectively in Court:Using Dramatic Techniques,25 CHAMPION 18(July 2001).

121.David L.Wiley, Beaturey and the Beast:Physical Appearance Discrimination in American Criminal Trials,27 ST.MARY'S L.J.(1995).

122. CNN. com, Jurors: Evidence, Peterson ' Demeanor " Spoke for Itself,"Dec.

123.Year Book,2 Hen.IV.as cited by William Forsyth.

124.Coy v. Iowa,487 U.S.1012,1019(1988).Commonwealth v.Ludwig, 594 A.2d(Pa.1991).

125.Pointer v. Texas,380 U.S.(1965).

126.Jeremy A.Blumenthal,A Wipe of the Hands,A Lick of the Lips:The Validity of Demeanor Evidence in Assessing Witness Credibility, Neberska Law Review.

127.Donnelly v. Unied States,228 U.S. 243,273 (1912) ; California v. Creen,399 U.S.(1970) ;State v. White,809 S.W.2d(Mo.App.1991).

128.Sir W.Holdsworth, A History of English Law(7th ed.,1956).

129.Fenwick'Trial,13 How.St.Tr.(1696).

130.Janice Schuetz,The Logic of Women on Trial:Case Studies on Popular American Trials(1994).

131. Hohn Langbein, The Origins of Adversersary Criminal Trial 13 (2003).

132. Lawrence M. Friedman, A History of American Law (Simon&Schuster,Inc.2d ed.1985).

133.Green,Verdict According to Conscience:Perspectives on the English Criminal Trial Jury(1985).

134.Honathan Elliot, The Debates in the Several State Conventions,On the Adoption(Philip B.Kurland&Ralph Lerner Eds.,1987).

135.David J. A. Cairns, Advocacy and the Making of the Adversarial Criminal Trial(1998).

136.T.K.Banarjee,Background to the Indian Criminal Law,1990.

137.A.Gledhill,The Republic of India,The Development of its Law and Constitution,1964.

138.R.Knowmawer,Juries and Assessors in Criminal Trials in Some Commonwealth Countries。 A Preliminary Survey, International and Comparative Law Quarterly,1961.

139.J. H. Jeary (1960/1), Trial by Jury and Trial with the Aid of Assessors in the Superior Courts of Brithish African Territories,1-111,4(3) (1960) ,Journal of African Law(1961).

140.P. R. Spiller, The Jury System in Early Natal (1846 - 1874), 8 Journal of Legal History,1987.

141.C.H.Currey(1968) ,The Brothers Bent.

142.J.M.Bennett,The Establishment of Jury Trial in New South Wales,3 Sydney Review,1960.

143.Erenst Metzger,"Roman Judges,Case Law, and Principles of Procedure" ,Law and History Review, Summer,2004.

144.M.P.Jain(1990) ,Outlines of Indian Legal History.

145. R. C. van Caenegem, History of European Civil Procedure, Boston,1987.

146.Caljic 1.02. 3 Federal Jury Practic & Instructions § 103(5th ed.).

147.Norris v.Risley,918 F.2d(9th Cir.1990).

148.Laurie L.Levenson,Courtroom Demeanor:The Theater of The Courtroom,Legal Studies Paper, No 2007-30,July 2007.

149. Arthur L. Cordin, The Judicial Process Revisited: Introduction, 71 YALE L.J.(1961).

150.Randolph N. Jonakait,The American Jury System xv(2003).

151.Edward J. Imwinkelried, Demeanor Impeachment: Law and Tactics, 9 Am. J. Trial Advoc(1985).

152.Joseph C.Hutcheson,JR. ,The Judgement Intuitive:The Function of the 'Hunch' in Judicial Decision,14 Cornell L.Q.(1929).

153.Jerome Frank,Law and the Modern Mind(1930) ,quoted in Kevin W.Saunders,Realism,Ratiocination,and Rules,46 OKLA.L.REV.(1993).

154. Rupert Cross, Cross on Evidence, Sixth edition, London Butter-

worths, 1985: Andrew L－T. Choo, Hearsay and Confrontation in Criminal Trials, Clarendon Press Oxford, 1996, Preface.

155. Donnelly v. Unied States, 228 U.S. 243, 273 (1912); California v. Creen, 399 U.S. (1970); State v. White, 809 S.W.2d (Mo.App.1991).

156. Benjamin H. Dewey, Evidence: Best Evidence Rule: Use of Summaries of Voluminous Originals, Michigan Law Review, Vol. 37, No. 3 (Jan., 1939).

157. Christopher B. Mueller&Laird C. Kirkpatrick, Evidence under the Rules: Text, Cases, and Problems, Citic Publishing House, 2003.

158. Andrew L.T.Choo, "Hearsay and Confrontation in Criminal Trial", Published in the United States by Oxford University Press Inc., New York, 1996.

159. Edmund M. Morgan, Hearsay Dangers and the Application of the Hearsay Concept, Hearsay Law Review, Vol.62, No.2 (December, 1948).

160. Coy v. Iowa, 487 U.S.1012, 1019 (1988). Commonwealth v.Ludwig, 594 A.2d (Pa.1991).

161. RichardA.Posner, An Economic Approach to the Law of Evidence, 51 stan.L.Rev. (1999).

162. Kenneth M. Wells&Paul B. Weston, Criminal Procedure and Trial Practice, Prentice－Hall, Inc. Englewood Cliffs, N.J.

163. Max Minzner, Detecting Lies Using Demeanor, Bias, and Context, Minzner.Final.Version (2008).

164. Charles F.Bond Jr.&Bella M.DePaulo, Accuracy of Deception Judgments, 10PERS.&SOC.PSYCHOL.REV. (2006).

165. Max Minzner, Detecting Lies Using Demeanor, Bias, and Context, Minzner.Final.Version (2008).

166. Ohio v. Roberts, 448 U.S.

167. G.JOSEPH, MODERN VISUAL EVIDENCE § 9 (1985).

168. Bower v.O'Hara, 759 F.2d (3d Cir.1985).

169. T.Mauet, Fundamentals of Trial Techniques (1980).

170. Jerome Michael&Mortimer J.Adler, Real Proof: I, 5 VAND.L.REV. (1952).

171. J.Weinstein & M.Berger, Weinstein's Evidence 1800[01] (1985).

172.H.Hardwicke,The Art of Winning Cases(1901).

173.Robert C.Solomon, A Passion for Justice:Emotions and the Origins of the Social Contract(1990).

174. J.Wigmore,Evidence § 273(1)(Chadborun rev.ed.1979).

175. Dale A. Nance, The Best Evidence Principle, 73 Law and Law Review(1988).

后　记

　　基于"情态证据"相关议题在我国学界与实务界的新颖性,在本专著的论述中可能引发某些误解或迷思,笔者在此补充说明可能存在的立场或观点上的分歧。

　　首先是立场上可能存在的分歧。

　　一是笔者侧重横向上从多元的角度来解读证据。笔者本来从事侦查学研究,在研究过程当中渐渐对证据法产生了浓厚兴趣,并转而致力于证据法的研究。因此,笔者在思考证据法时,不由自主地从侦查员的角度出发考虑问题。同时,基于笔者多愁善感的性格,也总是从被告人、被害人和社会大众的角度进行思考。相比于证据法应有的"冷峻与理性",笔者似乎有点"格格不入"。不过,证据并非为法官和检察官所独有,证据法更需要警察和其他相关人,包括社会的许容与肯定。缺乏后者参与的证据法是不完美的。从某种意义上说,不包含情态运用的制度是不存在的,因为这是人类正常和必须的识知方式。同时,不包含情态的证据也是不存在的,因为证据必须由人去言说和展示。在与犯罪嫌疑人"面对面"的博弈中,侦查员最能感受到"情态"的可贵,那稍纵即逝的感觉可能决定了人质或警察自身的生死;最能感受到"我们所知道的比所能说的要多。而且,当我们更专业于某项任务时,我们的知识就变得更加不可言喻和难以描述。"①而此种"不可言喻"和"难以描述"却为现有证据体系所否定,必须予以描述才能使之进入法律视野。如果说,判定一个犯罪嫌疑人罪与非罪的分水岭是侦查员的口才或文笔,那么,这种制度无疑是荒谬的。

　　二是笔者侧重纵向上以历史的视角来评价证据。千百年来,人类的诉讼制度和证据制度不断演变。任何一项证据制度都要契合当下的历史

---

　　① craig s.lerner reasonable suspicion and mere hunches, vanderbilt law review, vol.59:2:407, 411。

和社会条件，而且任何一项证据制度都不可能是证据制度发展的终点。面对康德所无数次仰望的"辽阔星空"，人类应有足够的谦虚态度。情态证据曾经在历史上明确存在过，后来逐渐淡化，但是从来没有消失过。而且，现今司法制度和证据规则不断遭遇各种现实的挑战，各种各样的"例外"不断出现。这显然昭示着某种变革从来没有也不应该停止。基于对情态证据的某种认知与信念，笔者尽力还原证据所应有的历史性和科学性，为证据法的历史发展提供一种"养分"抑或"可能"。

其次是观点上可能存在的分歧。

笔者乃"半路出家"，虽然有各位同人的帮助，并且掌握了国内外大量的文献资料，但是仍可能会在论述中出现某些观点上的差异甚至错误。例如，对某些国内约定俗成的观点的讨论等。但是，笔者秉持的是一种朴素的学术研究态度，注重从当下出发，强调学术研究某种意义上的"可验证性"和"可重复性"，并在证据理论纵向与横向的长河中尽可能地保证其历史性与科学性。

一是笔者的研究立足于真实而饱满的实践，而非枯燥而苍白的理论。这使得富含"血与肉"的实践能在心中全面地展开，并全面地深入感性与理性的考量之中。二是对于前人的研究成果，能够做到求其"渔"。笔者尽量寻找原始资料和依据，用当时的知识背景来还原当时的推理过程。如果是简单地用现在的知识背景来理解当时的结论，则可能导致学术的"失真"。三是论证过程踏实而厚重。在确保每个论据能够"落地"并为社会各界所理解后，还坚定每个逻辑展开的脚步，使得论据与论证之间紧密衔接、真实可见。四是表述平实而饱满。这种详尽的细节化的论述过程也是自我检验的过程，同时也为他人检验笔者的思维过程提供了一个绝佳的媒介。这种学术论述的平实与细节化，还为社会大众能够理解并接受该学术观点提供了一个畅通的渠道，利于学术价值的充分体现。五是利于不同专业之间的学术交流，甚至是笔者与普通社会大众的交流，从而推动证据法的全面发展。六是保持研究的开放性。将结论的推理过程详尽展示的另一层含义就是：该结论可能仅适用于所展示的这些情况或范围，在其他情形下，需要进行再次研究论证。以此保持一种谨慎的理性姿态。

综上所述，本专著是对证据理论的一次大胆探索，希冀广大同人以包容的心态和开放的视角对本专著进行批评指正。

最后，笔者要感谢龙宗智教授和孙长永教授对笔者的关心与指导，感谢在本专著的写作过程中给予我关心与帮助的所有老师、同人与朋友，尤其感谢妻子的体谅与关心，感谢可爱女儿无处不在的欢笑。同时，本专著受四川省教育厅人文社会科学重点研究基地——基层司法能力研究中心"情态证据的运行环境与机制"项目资助（课题编号：JCSF2014-10），在此一并感谢。

"雄关漫道真如铁，而今迈步从头越"。笔者将再接再厉，仰望星空，继续前行！

蔡艺生

2014 年 8 月